世界是什么样子

西葡大航海

阿忆 著

中国国际广播出版社

图书在版编目（CIP）数据

世界是什么样子：西葡大航海 / 阿忆著. —北京：中国国际广播出版社，2020.1
ISBN 978-7-5078-4590-7

Ⅰ.①世… Ⅱ.①阿… Ⅲ.①航海－交通运输史－世界－普及读物
Ⅳ.①F551.9-49

中国版本图书馆CIP数据核字（2019）第270820号

世界是什么样子：西葡大航海

著　者	阿　忆	
策划编辑	李　卉	
责任编辑	笑学婧	
版式设计	国广设计室	
责任校对	张　娜	

出版发行	中国国际广播出版社 ［010-83139469　010-83139489（传真）］	
社　址	北京市西城区天宁寺前街2号北院A座一层	
	邮编：100055	
网　址	www.chirp.com.cn	
经　销	新华书店	
印　刷	天津市新科印刷有限公司	

开　本	710×1000　1/16	
字　数	300千字	
印　张	23	
版　次	2020 年 1 月 北京第一版	
印　次	2020 年 1 月 第一次印刷	
定　价	48.00 元	

目　录

序 篇

为什么郑和不在大航海序列

直到 15 世纪，人类仍然不知道世界是什么样子，只知道以自己为中心外围不远的地方。在少数先进民族模糊的视野中，亚洲、欧洲、非洲北部已在，但非洲中南部和南极相连仍是被普遍信奉的传说。北美、南美完全是空白，太平洋有多大无人知晓，大洋洲根本不存在，印度洋被认为是封闭的，北冰洋没有人去过。

所以准确地说，地球已在，但世界尚未形成。

世界诞生了

1418 年，葡萄牙王子恩里克（Henrique）派发一艘轻木横帆船，在非洲西北方向离家不远的大西洋中发现了马德拉群岛（Madeira），拉开大航海的帷幕，人类开始大踏步远足，广泛了解辽阔而陌生的海洋和大地。哥伦布和庞塞·德·莱昂（Ponce de León）自西班牙向西，分别发现了中美洲和佛罗里达，卡布拉尔（Pedro Cabral）自葡萄牙向西，发现了巴西。卡伯特（Sebastian Cabot）自英国向北，发现了纽芬兰岛，进而发现北美洲。达·伽马（Vasco da Gama）自葡萄牙向南，发现了马达加斯加岛和毛里求斯岛，最终找到印度，其他葡萄牙航海家一直深入马六甲海峡。当西班牙航海家巴尔博亚（Vasco de Balboa）穿过巴拿马地峡，站在达连山脉（Darien）西侧的山脊上，看见浩瀚的太平洋，地球上已经不存在人类仍未发现的海洋。1518 年，麦哲伦船队环绕全球，实证世界是一个由海洋和大陆交错包裹的球面。

从 1418 年到 1518 年，在这短短的一个世纪里，欧洲人跨越的水域已经是过去的百倍千倍，他们找到的新天地比数万年来人类彼此发现的要多得多。四大洋的一座座海岛，五大洲的各个角落，不是去发现，便是被发现，所有迷雾渐渐消失，南北东西处处显现出新水域和新土地，有的椰林茂密，有的天寒地冻，地理结构终于变得真切而清晰。

那个时候，人们渴望了解地球真相，旅行书和地图册供不应求，地图制版师不得不日夜工作，而他们印制的图样却常常是来不及着色晒干便会被人取走。由于认知变化神速，宇宙志学家依据最新资料刚刚把世界地图设计出来，新的情报便又到了。也许原来被当作印度的地方是新大陆，原以为是岛屿的地方是大陆的一部分。定论被一次次推翻，必须从头再来，他们不得不在新地图上添加许多新发现的海岸、河流、山脉。制版师们尚未完成原先的任务，就必须半途而废，另做一幅经过订正和补充的新图。

从那时起，各民族、各地区孤立存在的局面被彻底终结，人类历史开始进入全方位交往的新时代，于是世界诞生了。

我们不想知道世界是什么样子

这里有一个问题，大航海源于 1418 年恩里克王子派出第一艘远航小船，只发现了不远处的马德拉群岛。但与此同时，郑和已率庞大的豪华舰队，结束了对东非肯尼亚和索马里的访问，即将完成第五次往返印度洋的壮举。那么大航海为什么不是始于 1405 年郑和第一次远航印度？他比达·伽马找到印度早了 91 年。

弄清这个问题，便于认知西葡航海家的本质，理解大航海的意义。

与欧洲那些领土很小的国家不同，我们的先人已经夺取巨大的陆地空间，并且在征程中充分释放了对周边未知疆域的浓厚兴趣。及至15 世纪，当欧洲小国不得不向海洋和远方寻找空间的时候，中国人对更远的世界已经失去了兴致。另外，幸运的地理位置和纵横辽阔的生存空间让我们物产丰富，无须引进新事物，已经能活得富足。这个国家的对外交流，已经不需要我们走出去，因为已经有足够多的外族不断地走进来。我们不想知道世界是什么样子，只想告诉世界，我们是谁，我们多么富有，我们什么都不缺。

不过，我们中国人并非死守故土的民族，巨大的国土已经足够我们远距离迁徙，从古至今，那些漂洋过海、浪迹天涯的人不计其数，散落寰宇。当欧洲人苦思冥想地中海之外是什么样子，我们中国人对于远处的世界已经有所耳闻。我们 14 世纪绘制的地图，已经有了非洲大陆，只是它被描绘成锐角三角形，中心有个大湖，许多河流向北流去。我们自古就是一个能去远方的民族，只是朝廷没有这个愿望，而派郑和去印度洋是因为一个特殊缘由。

真实的宝船与虚构的麻将

1403 年，明永乐皇帝登基。当时严重威胁这个国家的境外势力，并非频频袭扰东部的日本海盗，它危害沿海，不危及政权。永乐皇帝的心腹大患其实在南北两个方向：北边陆路是蒙元残余势力，南边海路是传说中在部署护卫下逃亡东南亚的明建文皇帝。永乐皇帝采取主动出击策略，陆上迁都北京，六次越过长城，亲征漠北，海上委托亲信郑和，七度往返印度洋，震慑臆想中的反对势力。

郑和在永乐皇帝夺取皇位的战斗中深得信任，而后是内官监四品太监，永乐皇帝几乎是在登基的同时便委托他筹备远航。

因为汉人在元朝备受打压，远洋船建造和远洋运输全由阿拉伯人垄断，在当时，阿拉伯人的造船术和航海技术天下第一。所以郑和以利用外援的策略，代表朝廷提供物资支持，由阿拉伯人提供建造技术，很快使中国造船业遥遥领先，仅次于阿拉伯。

那时候，船场遍及全国，但 62 艘郑和宝船只在南京下关巨大的龙江宝船厂和福建长乐建造。大型宝船的规模是 100 年后的欧洲仍然无法比及的，船长是 139 米，宽 56 米。也就是说，比哥伦布的旗舰长整整 100 米，如果把哥伦布的旗舰横放在郑和宝船上，左右可以各空出 8.5 米。它拥有多层甲板，有 9 个桅杆和 12 张风帆。它是横向平底，稳定性强，吃水浅，不容易触礁搁浅，但首尾翘起，便于靠岸停泊。即使是中小型宝船，也能达到 57 米长，13 米宽，1100 吨排水量，远

远大于哥伦布的旗舰。这些船最引以为豪的技术创新，是率先采用了水密隔舱结构。在船身中，用水密舱壁区隔出多间相互独立的舱室，分别安排为住客舱、机房、货物舱。当船舶遭遇意外造成某个舱室破损进水，其他隔舱不受影响，仍能提供浮力，以减少沉船可能性。由于对稳定性和抗沉性都做了合理设计，船队可以在巨浪如山的险恶条件下"云帆高张，昼夜星驰"，而很少出现意外。

宝船上配备有中国人发明的罗盘，但在大海上应用罗盘最成熟的人，不是中国人。郑和不得不派使节远赴印度洋沿岸，招募具有远航经验的领航员和水手，而船队指挥官有许多是阿拉伯人和波斯人。郑和把他们安置在阿拉伯人云集的福建泉州。泉州是全球最大的国际贸易大都市，拥有辉煌的清真寺。

另外，郑和搜罗来南洋和印度洋海图，确定好海岛方位和洋流位置。

我们国家从 2005 年开始，确定每年 7 月 11 日为中国航海日，全国所有船舶要挂彩旗和鸣笛。因为 600 年前的这一天，也就是 1405 年 7 月 11 日，永乐三年，远赴印度洋的"钦差总兵正使"郑和率 62 艘大船，27800 名官兵，自南京出发，驶往苏州太仓县的刘家港集结。

郑和来到浏河北岸的天妃庙跪拜，乞求海神娘娘庇护。从此他将把妈祖信仰带到海外。而每次归航，他必回天妃庙参拜还愿。

关于郑和出访印度洋，现今民间的嘲讽越来越多，把它说得一无是处，似乎唯一的成果是催生了麻将牌。

一说太仓因为是皇帝的粮仓，麻雀很多，太仓方言管麻雀叫"麻将"。那里的士兵用泥巴打麻将，麻将有时会被东南西北风吹走，而他们打中麻将叫红中，把麻将卖了叫发财，没打中是白板，用来烧麻将吃的那些容器叫筒。他们必须昼夜守粮仓，枯燥乏味，于是用泥土做成长方形泥牌，把东南西北风、中发白、筒条万刻在牌上，麻将牌就这样诞生了。太仓变成郑和的锚地后，郑和招募了许多太仓人随船，于是麻将就在船上打开了。

　　二说长年在海上航行，许多将士因单调枯燥和思乡之苦而精神萎靡，甚至积郁成疾，于是郑和发明了麻将给将士们解闷。他就地取材，利用船上的毛竹做成竹牌，再刻上文字或图案；宝船以风为动力，所以有东南西北风四张牌，红中表示晴天红太阳，发是扬帆出发的意思，白板表示白昼；海上航行，淡水必不可少，装水器具叫筒，放在船舱常常排列成行，一直要排到九，所以麻将里有一至九筒，一至九条表示桅杆绳索的序号，一至九万表示航程里数。郑和制定了游戏规则，麻将放在吃饭的方桌上，便可供一组人娱乐。

　　这些附会是无稽之谈，郑和船队是非常正式的海军部队，不会允许这种带有赌博性质的游戏。欧洲远航船队也一样，船长不允许船员在那么小的空间里玩那些刺激性游戏，以防止长期单调航行形成的坏脾气被激发出来。

为马六甲除害

　　郑和船队移师福建长乐的闽江口，在五虎门太平港驻泊伺风。12月前后，东北季风来了，他们扬帆起航，穿过台湾海峡和南海。

　　白天的时候，如果离陆地近，他采用地文航海技术，根据地上物标确定船位，引航前行，如果远离海岸，便用48方位罗盘导航。夜间，他用罗盘结合天文定位，用牵星板测定星宿高度，精确判断船位和航向。这项技术是那个时代天文导航的最先进水平。此外，他们按约定，挥舞各色旗带，用旗语进行联络。遇到能见度很差的雾天、雨天，改用喇叭、螺号、铜锣进行通讯。他们用测深仪和计程仪求得航路信息。

　　他们在航海技术上绝对不输数十年后的欧洲航海家。

　　郑和的第一站是越南中南部的占城，占城从此成为郑和每次远航的必经地。那时候，正逢永乐皇帝派张辅深入越南腹地，打击篡位的胡朝政权。郑和重兵在握，却无须配合陆军行动，合力去吞并越南。

　　郑和历次出使，每到一地，首先要向当地国王或酋长宣读天子诏

书。其次是对王、后妃、臣僚加以赏赐，国王或酋长日后会有所贡纳，对那些不愿降服又贸然动作的用武力镇压。最后，用所带货物，交换当地土产。这些任务与西葡航海家的任务何其相似，只是后者从无犒赏，仅仅是送些礼物。

郑和顺风南下，航行20天，1406年6月30日，抵达南洋要冲——印尼爪哇岛。此时，恰逢东爪哇被西爪哇灭亡，郑和手下170多名士兵去集市购物，被西王军队误认为是东王残余，将他们统统杀死。西王知道真相后，害怕郑和报复，派使者请罪。如果是西方人，这可能成为他们趁机发兵的借口，然后夺取这片土地。郑和震怒后冷静了下来，迅速向永乐皇帝汇报，说这是一场误杀，西王已害怕并知错，而且派来使者请罪，应该以和为贵，避免厮杀流血。永乐皇帝采纳郑和的意见，赐敕切责西王，命令他赔偿六万两黄金赎罪。

八天后，郑和抵达马六甲海峡南端的巨港，港口水不够深，舰队必须把大船停在港外，驾小船进港。这里广东人和福建人颇多，善于水战，他们的首领和头目住在高处，普通百姓住在岸边木筏上，搬家时起桩便走。

明朝初年，陈祖义在广东潮州犯事，举家逃来这里，投奔渤林邦国王。国王死后，他纠集海盗，自封酋长。经过马六甲海峡的商船，经常遭到他的抢劫。郑和派人招降他，陈祖义诈降，暗地里谋划抢劫官军船队。郑和整兵提防，等到陈祖义来劫，杀其5000人，烧其十艘战船，俘获七艘，生擒陈祖义，为附近各国消除一大祸害。

从此，巨港华人自治，有永乐皇帝委任的首领，相当于总督。

郑和抵达斯里兰卡，发现国王阿烈苦奈儿和陈祖义一样，与邻国极不和睦，经常抢劫往来使臣，各国苦不堪言。斯里兰卡将是郑和往来印度洋的要道，郑和试图以和平方式解决，但阿烈苦奈儿"负固不恭"，未见成效。

对于同类问题进行不同处理，这是郑和与欧洲人的区别。击溃陈祖义，因为他同是中国人，尽管远在域外，仍可视为清理门户。但阿烈苦奈儿是外国人，所以再可恶也要隐忍，寻求外交途径解决问题。如果是欧洲航海家在此，肯定是一样痛击，然后占了这片土地。

郑和抵达印度西南岸的卡利卡特（Calicut），赐其国王印诰和文绮。为了留个纪念，郑和在那里竖立碑亭，上书"去中国十万余里，民物咸若，熙嗥同风，刻石于兹，永示万世"。这里是郑和第一次远航的终点，但此后，这里成为郑和宝船东西往返的中转站。结束访问后，卡利卡特海王特派使臣跟随郑和船队，与其他国家的使者一道，去中国答谢。

1407 年 10 月 2 日，郑和回到南京，献上陈祖义，被永乐皇帝斩于集市。

军事自卫，震慑东亚

郑和回到南京白下区马府街，仅住了 11 天，便率 27000 人再次远赴印度洋。与此同时，越南占城进贡的使者回国，船漂到了马来西亚的彭亨（Pahang），被泰国抓住，泰国人向他索要财宝，将其羁押不还。另外，泰国恃强发兵，从苏门答腊和马六甲两个附属国抢走了永乐皇帝赏赐的印诰。

郑和由占城顺风十昼夜，来到泰国，向国王宣读永乐皇帝敕令。郑和说，占城、苏门答腊、马六甲，与你一同接受明朝恩惠，你怎能逞威扣押占城贡使，夺走苏门答腊和马六甲的诰印；天有显道，善福祸淫，越南黎贼被我除掉，请你引以为戒。泰国国王自感理亏，开始痛改前非，释放占城使者，把印诰还给苏门答腊和马六甲，并且派遣使臣去南京进贡，以谢前罪。

设想一下，如果不是郑和重兵压境，泰国国王是否会乖乖听话。可如果泰国国王不听话，郑和是否会发威弹压，情况犹未可知。

1408 年夏季，郑和再过爪哇岛，西爪哇国王赔偿黄金一万两。消息传回朝廷，礼官以数额不足六万两，请求把西王抓进大牢。但永乐皇帝说，对于那么遥远的一个人，我只是想让他为自己的罪过感到害

怕，哪里是真想要他的黄金，把这一万两黄金也退给他。西王感恩戴德，此后，隔三岔五向明朝进贡。

秋天，郑和自苏门答腊顺风十二昼夜，抵达斯里兰卡。

这一次，他想看看能否感动国王。斯里兰卡长期信奉佛教，郑和自己恰是虔诚的佛教徒，于是他布施斯里兰卡佛寺，立碑勒文，不过还是没能奏效。郑和觉得阿烈苦奈儿的归顺问题不解决，仍是地区隐患。

郑和回国后，住了三个月，于1409年10月从太仓刘家港起航，再度奔赴印度洋。第一站照例是占城，当地首领从大象背上下地，跪行匍匐，听郑和宣读皇帝诏书，获得赏赐。这时，越南已被明朝吞并，成为一个省，周边各国更加臣服，来中国朝拜的各国使臣日渐增多。

郑和特地在马六甲建立官仓，以利日后远赴印度洋购买进口商品的官方贸易。

从印度回程时，郑和三访斯里兰卡，他带着2000人下船，三劝阿烈苦奈儿国王改邪归正。阿烈苦奈儿轻慢不恭，不仅不去听永乐皇帝的诏谕，而且派儿子去索要金银宝物，被郑和拒绝。于是，阿烈苦奈儿集结50000兵马，分兵去劫郑和船队的钱粮。郑和正与国王属下谈话，得到对方暗示，紧急赶回船队，但归路被阻绝。郑和不愧是身经百战的职业军人，他对部下说，斯里兰卡这等小国，集结50000贼众去了海岸，国中必定空虚，我们只要出其不意地攻陷都城和王宫，一切便会妥妥的。于是他攻破都城，直接杀进王宫，生擒了阿烈苦奈儿全家。劫船敌寇听到消息，急忙回援，郑和舰队20000人上岸，与岸上的2000名官军前后夹击，大败敌军。

对此事的记述，斯里兰卡史书说，郑和是想抢走佛牙，斯里兰卡才发动的战争，此说不足信。观郑和七度往返印度洋，均秋毫无犯，不可能像欧洲航海军队那样进行抢劫。总之，这次军事自卫，对南亚国家起到了极大的震慑作用。

1411年7月6日，郑和回国，把斯里兰卡俘虏献给永乐皇帝，朝臣齐奏诛杀。但永乐皇帝怜悯阿烈苦奈儿无知，赦免了他们，还赐予衣食，让他们暂住中国。同时永乐皇帝命礼部商议，选中斯里兰卡贤者波罗伽罗摩巴忽六世。次年，永乐皇帝派使臣持诏书和诰印前往斯里兰卡，遣送阿烈苦奈儿回国，并封波罗伽罗摩巴忽六世为国王。

后来，波罗伽罗摩巴忽六世曾经亲自来明朝朝贡，他又派王子朝贡，王子留居泉州，娶妻生子，成了中国人。

远足东非

1413 年冬天，永乐十一年，郑和第四次远航，任务是通好阿拉伯和非洲东岸。

郑和再过苏门答腊国，那里刚刚发生过政变，苏干剌王子杀了继父国王，然后自立为王。他怨恨郑和不赏赐他，便率兵袭击船队。可他哪里是郑和的对手，不久便土崩瓦解，被郑和追至班达齐亚擒获，妻儿也一并当了俘虏。

郑和率庞大舰队往返印度洋，主要目的是耀武扬威，震慑南洋各国，防止他们支持明朝的废帝建文东山再起。郑和四次远航，三战三捷，让南洋各国知晓了明朝的威力。他的一个船队足以灭亡数十个小国，明朝成了超级霸主，也再没人敢抢郑和船队。此后，各国自动纷遣使者，甚至国王亲驾前来朝贡，与明朝建立宗主与属臣的外交关系。

郑和第四次远航，向西进行了深入，抵达伊朗南部的霍尔木兹（Hormuz）。他照例宣读诏敕，赐其君臣锦绮、彩币、纱罗。

在东非肯尼亚，郑和在帕泰岛（Pate）留下一些船员，也许是为了日后接应船队。这些人在那里定居，和黑人结婚，生下一代代混血儿，这便是现在的上家村。这一点也像欧洲航海家，他们也总是在行程目的地留下一些人，让他们在那里繁衍。在马林迪，郑和第一次见到长颈鹿。这种动物的索马里语是 Giri，与麒麟发音相近。传说麒麟的犄角是肉角，中国人认为，麒麟的美德就是只长肉角，"设武备而不为害"，而长颈鹿头上长的也是肉角，只是脖子太长了。所以郑和确信

长颈鹿就是传说中的麒麟。

这里要特别说明一下。1414年深秋，永乐皇帝巡幸北京，第一次见到了长颈鹿。这是长颈鹿第一次来到中国，但它并非郑和从马林迪带回的长颈鹿，而是孟加拉国的贡品。它套着笼头，由一个胡人牵着缰绳，不鸣不叫，站在地上四下张望。明朝的臣民观者如云，欢喜赞叹不止，此时郑和还在航程中。

1415年8月12日，郑和回国，永乐皇帝下令将他擒获的苏干剌王子斩首示众。11月，马林迪特使来到北京，进献另一只长颈鹿。像那些欧洲航海家一样，郑和也带回许多中国没有的异兽珍禽，比如白象、骆驼、斑马、黑熊、狮子、金钱豹、白鹿、鸵鸟、黑猿、六足龟，但传说他带回两只长颈鹿，一只在船上惊吓而死，这并不符合史实，来到北京的两只长颈鹿均为外国使臣送来的贡品。

结交阿拉伯世界

郑和第五次和第六次远航，新意不多，主要是拓展了与阿拉伯世界的交往，最远同样是东非坦桑尼亚的桑给巴尔岛。特别值得注意的，倒是前四次大规模航海带来的一些结果。因为19国使臣一起来进贡，永乐皇帝派郑和与各国使者一同返程，这便是第五次远航。其间有两件事值得提及：一是苏禄东国酋长和苏禄西国酋长各率亲属和头目，组成340人的使团，携带大量珍宝朝贡，永乐皇帝获得了极大的心理满足；二是1418年中国制作了一份航海图，其中绘有欧洲、非洲、美洲的轮廓，并描述美洲土著肤色黑红，头和腰戴羽毛；描述澳洲土著肤色黝黑，赤身，腰部戴骨制品。这一年，恩里克王子启动第一次远航，被视为大航海的序幕。如果这些图文不是清朝1763年编书时补加纂改的，那便说明，在哥伦布之前80年，郑和船队已经去过美洲。

郑和回国后的第二年，也就是1420年，北京紫禁城竣工落成。

英国历史学家李约瑟（Joseph Needham）写道："1420年前后，中国海军也许超过历史上任何时期的其他亚洲国家，甚至可能超过同时代的任何欧洲国家，乃至超过所有欧洲国家海军的总和。"此时，明朝海军拥有3800艘舰船，在南京新江口有400艘大型主力舰，另有1350艘巡逻船在各地游弋。

郑和第六次远航是1421年。由卡利卡特西去时，郑和奉命率主力船队前往阿拉伯半岛东南岸的阿曼佐法尔（Zufar），对其使臣来华进贡进行答谢。郑和在佐法尔进行广泛贸易，用丝绸和瓷器换取乳香、血竭、芦荟、没药。与此同时，周姓宦官奉命率一支分队，顺风西行二十二昼夜，抵达红海南口的亚丁（Aden），同样是答谢其使臣进贡，然后开展贸易，采买了许多珍宝。

在郑和远航的历史上，也许还有一支分队被忽略了。2002年，英国皇家海军潜艇前编队指挥官孟席斯（Gavin Menzies）出版了一部畅销书，《1421：中国发现世界》，他说郑和船队的一支分队做了环球航行，在欧洲大航海时代之前，他们就发现了美洲和大洋洲。

郑和客死印度

1424年，永乐皇帝不听劝告，在财政严重匮乏的情况下第六次北征蒙古。他已经65岁了，健康状况每况愈下，竟从马上摔了下来，在内蒙古呼伦贝尔的榆木川过世。消息传到北京的第三天，继位的洪熙皇帝跑到关押户部尚书夏原吉的地方，释放了这位因为反对北征而被拘押的大臣。新君和大臣商议丧礼事宜，问赦免诏书应该写些什么，夏原吉回答，赈济饥民，减省赋役，停止对外远航，转而向云南和越南采办金银。于是，洪熙皇帝调整政策，对内减轻民困，对外战略收缩。

郑和无事可做，洪熙皇帝设置南京守备，派他赴任。因为不再出海，各地为郑和远航兴建的天妃庙渐被冷落，不见香火。

宣德皇帝即位后，因为放弃越南而失去对南海的控制，许多藩国

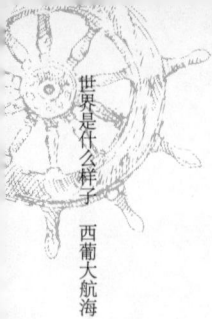

不再朝拜。1431 年已是宣德五年，那些藩国仍然没来朝拜进贡。为了挽回影响，宣德皇帝决定再启远航，派 60 岁的郑和重新出使 17 国。

郑和预知自己时日不多，他立下遗嘱，率 27550 人由南京龙江起航，修葺沿途经过的天妃庙，让它们"弘胜旧规"。在苏州太仓县刘家港驻留的一个多月，他重修了北漕口的天妃庙，但他不知道，这一次他还能不能回来还愿。

1433 年 1 月 17 日，郑和船队抵达终点霍尔木兹，3 月 9 日返航，31 日抵达印度的卡利卡特，郑和在那里病逝，并火葬。4 月 9 日，王景弘太监携带郑和骨灰，率船队返航。7 月 22 日回到南京，在中华门外牛首山下为郑和设衣冠冢，骨灰葬在宏觉寺地宫。

中国没能成为海洋国家

郑和七下西洋是一部航海史诗。他从 34 岁开始，长达 28 年献身远航，每一次出洋都要耗时两三年，他反复出使了 36 个国家。

那么为什么不能把郑和列为大航海时代的第一人呢？

要知道，郑和远航与欧洲人远航有许多相同点，比如说——

他们都是用自己所能掌握的先进航海技术，闯入陌生的世界，开辟航线，拓展海洋事业，留下珍贵的航海经验。郑和是北半球越过赤道航海的第一人，在北半球航行，他参考北极星校正航线，但到了南半球，北极星不见了，他便改用南十字星导航。他对西太平洋和印度洋进行了一些考察，制成《自宝船厂开船从龙江关出水直抵外国诸番图》，俗称郑和航海图。它是一字形长卷，采用山水画法，以南京为起点，东非肯尼亚的蒙巴萨港（Mombasa）为终点，详细记录了 20 多处重要的出航地点和新开辟的 42 条航道，相当准确地标出了航海标志、航向航程、岛屿、暗礁浅滩、停泊港口、城市、山脉，收录了 300 个外国地名，明确标明南沙群岛、西沙群岛、中沙群岛。郑和多次在印度补给，他把航海图送给阿拉伯商人，阿拉伯商人又把它献给教皇，对后来的欧洲大航海有所助益。

他们都有发展海外贸易的任务。他们的第一种贸易形式，同为给弱国礼物和庇护，获得宗主地位，然后收取贡品。有所不同的是，明朝厚往薄来，对大量朝贡者论级行赏，数字极为可观，而欧洲完全是收益。他们的第二种贸易形式都是官方贸易，郑和船队除了装载赏赐礼品，还有满载商品和货币，比如丝绸、瓷器、铁器、铜钱，在双方官方主持下，与当地商人交易，多数是以货易货，有时候也用铜钱买卖。在卡利卡特，由当地代理人把中国商品带进交易所，双方在官员主持下当面议价，一旦定下，双方击掌，绝不反悔。第三种贸易形式同为民间贸易，郑和使团不禁止官兵携带货物在沿途交换，由于沿途百姓特别喜爱中国货，郑和船队一到，他们便争先恐后划船上来，或在码头交易，有的地方还请明朝官兵到集市去设摊交易。

不过，与相同点比起来，郑和远航与欧洲人大航海的不同点更为鲜明——

郑和七去印度洋的前六次，首要使命是震慑南部外邦，让他们彻底放弃支持建文帝的可能性，所以它是六次精心安排的软实力展示，而炫耀自己强大却塑造仁德宽厚的形象是最好的方法。郑和船多兵强，表面上是一支强大的海军，但执行的却是"内安华夏，外抚四夷，一视同仁，共享太平"的和平外交政策。他有足够的军事力量罢黜君主，抢掠各地资源，开拓殖民地，可他做的却只是清剿海盗，在自卫战役中俘获不义国君，维护海上安全和国际秩序。那些不愿接受恩惠，甚至为恶作乱的国王，会被永乐皇帝废掉，另安排一位顺服明朝的新王。欧洲这样做，意在控制傀儡，强行输出天主教，攫取当地资源，而永乐皇帝这样做，完全没有领土要求。所以英国学者李约瑟这样评价郑和："东方的中国航海家从容温顺，不记前仇，慷慨大方，虽然以恩人自居，却从不威胁他人生存。他们全副武装，却从不征服异族，也不建立要塞。"

欧洲大航海家带有赤裸裸的攫取财富的目的，带有明显的侵略性，

有时与烧杀抢掠的海盗无异，但郑和主要是去给予的而不是索取，他只是要向南部诸国宣布，明朝地大物博，什么都不缺。所以永乐时代的南方国王们确实是带着真诚的感恩之心前来朝拜的，文莱、马六甲、菲律宾先后有七位国王亲自访华，另有三位国王在访问期间病逝，被明朝以亲王标准厚葬。

郑和是回族，是佛教徒，出海前后都要拜妈祖，他固然会对南部诸国的信仰产生影响，但他从不强加于人，这与15世纪那些狂热的天主教徒完全不同。

还有一个至关重要的区别是，欧洲大航海家希望世界了解自己的国家，但他们更加迫切的愿望是让自己的国家了解世界。郑和刚好相反，他瞥见了外部世界，但他的主要目的是让世界了解中国。这个区别使愚昧落后的欧洲迅速崛起，使优秀强大的中国渐渐衰落。

另外，欧洲大航海持续了数百年，有无数大小航海家参与。但郑和是一个人，前后不到30年，相比之下，仿佛是个孤立事件。

郑和的每艘宝船，造价近六千两白银，每次出海，要消耗全国财税收入的一半，许多官员怨声载道。《郑和出使水程》包括大量原始资料，比如船队编制、名单、永乐敕书、航海日志、账目，一直存放在兵部。明成化皇帝曾经要兵部尚书项忠把这些资料找出来，有官员担心皇帝又要远航，便把《郑和出使水程》藏了起来。项忠找了三天，没找到。他问，库中档案，怎么会丢失？兵部车驾司主管刘大夏说，郑和出洋，费钱几十万，军民死者万计，就算取得珍宝，又有什么益处，旧档案虽在，也当销毁。《郑和出使水程》是否被刘大夏销毁，至今仍是个谜，但那些档案确实不见了，可见臣属对它的痛恨。

在郑和身后，远洋航海被禁止了，宝船再没出海过。皇帝们加固长城，闭关锁国。1500年，西葡大航海风起云涌之际，明弘治帝下令，建造超过两根桅杆的船只，造者处极刑。嘉靖时代，任何船只不得下海，彻底告别了海洋和外部世界。郑和和他的船队成为遥远而模糊的传说。

因为这些巨大的差异，中国没能成为海洋国家，郑和也没能纳入大航海序列，他只是一个独立存在的东方神话。

欧洲大航海的精神动力

我们再来看看西葡大航海的本质。

15 世纪的欧洲，同时存在着四种思潮，一是圣经思潮，一是先哲和科学思潮，一是《马可·波罗游记》激发出来的探险思潮，一是求财思潮。这四种思潮交织在一起，常常纠缠在一个人身上，弄不清究竟是哪种思潮在起主导作用。

人们在回顾那段历史时，更多地把注意力放在求财思潮上，认为给西方世界找到一条通向东方的不用高额纳税的运输自由之路，是大航海家们的主要动力，这种看法貌似合理，很有市场。

不错，直到十字军东征的时候，欧洲人才知道世界上有一种东西叫糖，极少数贵族从阿拉伯人那里学会了品尝昂贵的甜食。他们尚未见过茶叶和咖啡，也不知道柠檬可以调味。今天比比皆是的土豆、番茄、玉米，很多年以后才被他们引进。欧洲饮食难以想象的乏味，即使君王和贵族们的餐品也不例外。他们发现在单调简陋的菜肴上撒一点点印度作料，比如辣椒、姜、桂皮，舌尖便会产生独特而愉悦的新奇刺激，于是他们的味觉神经越来越贪婪地渴望这些刺激。他们的餐桌再也无法离开这些东西，甚至喝葡萄酒也要放辣椒粉，喝啤酒要放姜。与其说这样味美，不如说这样做更能显示富有和尊贵。

那时候，天主教教会也离不开东方舶来品了。欧洲教堂林立，在那些终日烟雾缭绕的香炉中，没有任何一颗微粒产自欧洲，它们全部是经过无比漫长的陆路、海路从阿拉伯世界运来的。而欧洲女人也越来越需要来自阿拉伯的玫瑰油、麝香和龙涎香，越来越喜爱中国丝绸和印度布，越来越渴求印度的天蓝钻石和斯里兰卡的雪白珍珠。那些

药剂师对来自印度的鸦片、樟脑、树胶推崇备至，因为任何药剂，只要瓷瓶上没有"阿拉伯"或"印度"的蓝色字标，病人就会觉得毫无疗效。

从 900 年开始，阿拉伯是全世界最强大、最富足、最先进的地区，他们不仅最擅长航海，物产最丰富，而且最会控制商路。欧洲属于第三世界，只有领地，没有国家，没有纸和印刷术，没几个人识字。长达 200 年的十字军东征，实际上是一帮狂热的欧洲文盲以"夺回耶路撒冷"为口号对阿拉伯世界实施的大抢劫。在抢劫中，他们发现了有一种物质叫糖，有一种机构叫图书馆，他们甚至惊讶地抢到阿拉伯版本的柏拉图和亚里士多德的著作，伟大的希腊文明早已在欧洲失传，后来是从这些阿拉伯语文献中失而复得。在军事上，欧洲人也不行，除了第一次东征，阿拉伯人因为措手不及，致使耶路撒冷被血洗，而其余八次，全以惨败告终。许多东征贵族不愿回到贫穷落后的欧洲，埃及君主萨拉丁（An-Nasir Salah ad-Din）允许他们留在阿拉伯，而且信仰自由。

那以后，埃及的奴隶王朝和叙利亚控制了东西商路，它们不容许任何基督教商船穿越红海。所有东方贸易，只能通过阿拉伯商人，在亚历山大港和大马士革以高额垄断价格，批售给威尼斯人和热那亚人。而在欧洲，拼命追求东方时尚造成那些紧俏商品不但十分昂贵，而且不断涨价。可在地球另一面，印度西海岸的胡椒、安汶岛上的鸡舌香、班达岛上的肉豆蔻、蒂多雷岛上的肉桂，一直在自由生长，遍地都是，根本不算是稀世珍宝。

于是欧洲人对威尼斯侧目而视，对埃及和叙利亚万分仇视、等到土耳其攻占伊斯坦布尔，灭了东罗马帝国，阿拉伯便彻底断绝了欧洲人去东方的陆路。当一部分人不断大发横财，而另一部分人却没捞到实惠，他们就会另寻他路，于是欧洲很自然地萌发出探寻其他通往东方之路的梦想。

不过，在确信大航海的物欲动因时，人们很少想到两个问题。第一，大家都说，土耳其占领伊斯坦布尔，关闭了东西贸易通道，促使葡萄牙最早产生了经非洲打开水上通道的强大动力。可问题是，伊斯坦布尔是 1453 年陷落的，而葡萄牙早在 1418 年就拉开了大航海的帷幕。第二，每一条海船都会有许多人惨死，上船就意味着可能牺牲，仅仅为了物质利益——而且还不一定是为了自己的利益——那些贵族和海员会前赴后继而大义赴死吗？

答案非常简单，那是狂热的宗教信仰的力量，他们要推广传播天主教，要穆斯林和犹太人改信上帝，彻底消灭异教徒。必须抛弃后世干扰我们的纷杂信息，静下来，全身心回到那个年代，才会理解这一点。那个时代，我们今天耳熟能详的许多词汇都有着狭窄而特殊的含义。比如"文明"，它是专指笃信天主教后达成的社会成果，否则就是野蛮。比如"发现"，在 15 至 16 世纪的欧洲人心中，它的意思是使所有民族并入基督社会，这个特殊含义便是哥伦布的核心思想。这样就可以理解，为什么他们心怀上帝，但欺骗、抢劫、杀戮穆斯林和土著的时候却像是十足的强盗。因为他们认为不信基督的野蛮人，原本就没有活下去的价值。世间万物，只有信仰会让人疯狂，让人不怕死，而且认为死得其所。这便是圣经思潮，它的影响力远远大于求财思潮。

在上述两种思潮的基础上，是《马可·波罗游记》和科学思潮带来的求知欲。欧洲人不断在问：整个地球都有人居住吗？南部世界的海水是沸腾的吗？有一只眼一只脚带尾巴的人吗？欧洲西海岸离亚洲东海岸到底有多远？赤道的长度是多少？他们太想知道这个世界究竟是什么样子。

从这个侧面可以理解郑和为什么不在大航海序列，他的国家什么都有，他没有求财的迫切愿望，他的信仰并不狂热，根本不想强加于人，他不大关注世界是什么样子，他的使命是让世界关注中国。

结果也恰好相反，中国在郑和远航后逐渐衰落，欧洲却在大航海时代强力崛起了。

郑和遗迹

【郑和公园】

郑和府第叫作"马府"，地处南京秦淮区马府街，它的72栋建筑全部毁于太平天国战火，只有马家花园幸存，这便是今天的郑和公园。

【宝船遗址公园】

地处南京下关，原是中世纪世界上最大的皇家造船厂。郑和宝船在此建造，现存上四坞和下四坞，有作塘和水道。

【郑和墓】

位于南京牛首山西侧的郑和文化园，此墓只是郑和的衣冠冢，过去在它50米开外有巨型碑座，1982年被砸毁。墓附近，原有郑家守坟田，西南方向有郑家村，村人先辈本不姓郑，他们全是郑家的守坟户，后来改为郑姓。衣冠冢东南方向2.3公里，有宏觉寺，郑和骨灰葬在它的地宫。

【浏河镇郑和纪念馆】

地处苏州太仓市刘家港，是在过去天妃庙的后殿遗址上建起的。郑和每次出海前和归航后，都要在天妃庙拜妈祖。

【郑和文化馆】

地处马六甲河河口的鸡场街尽头，那里是郑和官仓遗址。新加坡华侨在此建成三个楼的文化馆，展览分为《郑和在中国》《郑和在马六甲》《郑和宝船》三大部分。

【三宝庙】

地处马六甲三宝山，原是供奉郑和的寺庙，而今供奉的是当地土地神。现在只能在三宝井后面的一个角落，看到一座很小很小的郑和像。

【郑和碑】

保存在斯里兰卡国家博物馆，是郑和布施佛寺后留下的纪念碑，其顶端是二龙戏珠浮雕。上面的汉文尚存，记录着郑和前来斯里兰卡的目的，描述永乐皇帝对佛祖的崇敬。可以看到船队布施了1000钱黄金、5000钱白银、100匹丝绸、2500斤香油和各种镀金铜质的佛寺装饰品。碑上的波斯文已经模糊，它大致表达了永乐皇帝对真主的崇敬，颂扬真主和穆斯林诸圣。上面的泰米尔文（Tamil）也看不清了，大约是显示永乐皇帝对特那伐雷那延那的崇敬，他是印度教毗湿奴神的化身。

第一章
驱散非洲西北海域的迷雾

　　葡萄牙王子恩里克，一生只有区区四次近海航行去北非，却被誉为最伟大的航海家。他运筹帷幄，悄然拉开大航海时代的帷幕，不断派出近臣沿西非沿海南下，直至探明西非海岸腰部，扫荡了前人对未知海陆荒谬的讹传。他在葡萄牙南部荒凉的海角，建起古今历史上第一个远航教研机构，为葡萄牙乃至欧洲的海陆探索留下了丰沛的知识和大批人才。他通过改变葡萄牙人的远航技能，进而改变了世界历史的进程。但他在世时能做到的，仅仅是驱散西北非海域的"迷雾"。

举足轻重的恩里克

当郑和从东非大张旗鼓驶回南京结束第四次远航时，远在 40000
公里之外，一支数量上更为庞大的葡萄牙舰队即将起航，进行第一次
境外近海作战，悄无声息地突袭西北非。

船队总指挥是若昂一世（João I）。他领导起义，推翻了侄女的
统治，被议会推举为国王。而后他大败西班牙侵略军，又把阿拉伯人
赶了出去，完成了葡萄牙的独立，使葡萄牙人建立起早熟的民族认同。
现在，他用一场融合中世纪骑士精神和十字军圣战热情的军事行动，
挥洒贵族阶层躁动不安的宗教狂热和民族激情。

他的副帅是三个儿子，太子杜阿尔特（D. Duarte）、次子佩
德罗（Pedro）、三子恩里克。出征前，兰塞斯特王后（Filipa de
Lencastre）忽然染病，临终前她曾分别向三个儿子赠送宝剑，她要太
子保护自己的人民，要二儿子保护贵妇和侍女。然后她转向三儿子恩
里克说，第三个任务交给你，你有能力完成，我想把王国所有领主、
骑士、绅士、侍卫全都交给你，让你承担这个专门任务。

此时，恩里克 21 岁，日后他的光芒淹没了兄弟，也淹没了父王和
身后几代国王。在中国人的传说中，恩里克王子无心王位，备受排挤
和冷落。他厌倦了钩心斗角的宫廷斗争，便躲到偏远的海角，一心扑

在航海上。他一辈子没结婚，终使葡萄牙成为世界上第一个航海大国。这些传说充满了中国人对忍辱负重的历史功臣的主观想象。实际上，他从父王执政时期就拥有最大的话语权，大哥和侄子做了国王以后要听他的。只因为他排行老三，上苍没有给他继承王位的可能性。他在偏远的海角研究航海，只因为他是那个地区的总督。他没有结婚，因为他是狂热的天主教徒，他要把他的一切交给上帝，而不是他的家庭和妻儿。因为他是真正的实力派，所以他用他的奋斗改变了葡萄牙的国运。

扩张第一步

葡萄牙要突袭的城市是休达（Ceuta），那是一座穆斯林海港，地处摩洛哥北岸，是当年地中海最具有战略意义的门户。那里是伊斯兰世界进行香料贸易的最西端贸易站，也是从塞内加尔跨越撒哈拉沙漠输送黄金商队的终点站，各国商旅云集于此。相比之下，葡萄牙实在太穷了。它位于欧洲边缘，处在文艺复兴运动的外围，一直被排除在思想交流和繁忙的地中海贸易之外，其人口仅有 100 万，只相当于明朝南京一城的人口。传统的自给农业和渔业是它的经济支柱。它只能眼睁睁看着威尼斯和热那亚聚敛财富。它们从埃及亚历山大港和叙利亚大马士革获取香料、珍珠、丝绸，然后以垄断高价卖到欧洲。若昂一世雄心勃勃，却没有实力向欧洲发展，他只能把目光投向地中海对岸。

1409 年，葡萄牙内政大臣提交攻占休达的计划，很多大臣不赞同，若昂一世也有所犹豫。那时葡萄牙尚未恢复与西班牙作战留下的创伤，财政上也不允许再发动一次大规模的远征。但虔诚狂热的恩里克王子认定，征服休达，把基督教传播到那里，是上帝赋予葡萄牙的使命，是基督徒的义务和荣耀。他成功说服了父王，于是若昂一世开始为实施这个计划进行各种准备。1413 年，若昂一世请求教皇秘密批准他的圣战计划。

1415 年 7 月 28 日，葡萄牙皇家海军的 200 艘小船从里斯本出发了。和郑和巨大的宝船比起来，这些小船像是一群蚂蚁，它们只能跨越直布罗陀海峡，无法离开地中海扬帆远航。途中，它们突遇风暴，许多人建议返航，遭到恩里克王子坚决反对。根据王子的意见，船队就近停在拉各斯港（Lagos），避风待发。

8 月 21 日，葡萄牙船队悄悄越过海峡，从海路、陆路同时突袭休达。痛恨异教徒的恩里克孤身一人冲入敌阵，被穆斯林包围，一位侍从为救他而阵亡。这场战役，阿拉伯人毫无防备，休达仅一天就被攻陷。葡萄牙一共阵亡八人，其中一人为救王子牺牲。所以时人评价恩里克时说，因为虔诚，他极度勇敢，也极度草率，这是他在组织军事行动方面的致命短板。

在休达，葡萄牙人第一次目睹东方和非洲的财富，亲眼见到那里库存的大量胡椒、丁香、肉桂。就说这胡椒，如今每家饭店的餐桌上都会有一小瓶，任人胡乱撒在菜肴上。但在 15 世纪的欧洲，这东西贵如白银，按粒计算。当人们交易或者想用胡椒面时，他们先要把门窗关上，以免穿堂风把宝贝吹走。许多国王和城市用胡椒来换算税收，它可以换取土地，可以购买公民权，也可以当作陪嫁。如果要形容某人大富大贵，那就戏称他是"胡椒袋"。一个葡萄牙人感叹，跟休达的房子比起来，自己的房子可怜得像是猪圈。

然而，攻打休达的动力是对伊斯兰世界的仇恨，所以葡萄牙人对这座穆斯林城市进行了为时三天的屠城和抢劫。他们洗劫了富商们铺着华丽地毯的豪宅，洗劫了万商经营的商铺集市，号称"非洲之花"的休达狼藉一片。

8 月 24 日，葡萄牙人用盐净化了清真寺，将其更名为"非洲圣母教堂"，若昂一世在那里封赏三个儿子为骑士。

此外，他特别任命恩里克担任阿加维省总督。阿加维省在葡萄牙最南端，离休达最近，他把休达的管理托付给了三儿子。他求得教皇批准，把自己担任的阿维斯骑士团团长（The Order of Aviz）职位移

交给恩里克。这个骑士团在葡萄牙拥有大片地产，恩里克可以自由支配这些经费，这是他日后远航事业的重要物质基础。他用骑士团的年收入，装备了好几支远航西北非的探险队。教皇还特批了恩里克王子的申请，允许他向北非穆斯林出售铁和武器，这些东西在当时本是被严格管制的物品。

恩里克王子在休达创办了第一个教士所，开始讲经传教，这正是他的根本目的，一个可以不惜任何代价去实现的目的。

实际上，休达是一块沉重的鸡肋，葡萄牙人不但没有受益于休达的富饶，而且陷入债务的泥潭。因为宗教禁令，葡萄牙人不能和穆斯林商人私自交往，穆斯林商人恨死了葡萄牙，也不愿意再去休达。而休达过去一直是商业城市，不具备自给自足能力，所以休达衰败了。葡萄牙必须征用大量兵马，轮番镇守休达，守军却无法在当地获得足够食物，必须花费巨资安排船队，从葡萄牙向休达提供补给。为此，葡萄牙全民必须缴纳"休达税"，葡萄牙王室每年要为休达节省出大量资金，恩里克王子为休达欠下大量债务。

不过，这些内幕外人无从知道，外界只是震惊休达的陷落。它让欧洲的竞争对手们知道，葡萄牙虽小虽穷，但它的扩张已经开始。

向海上发展

1417 年，阿拉伯人反扑，包围了休达。恩里克王子率援兵再赴休达，在那里度过了三个月，意外地为葡萄牙的未来找到了方向。

恩里克王子弄到一套犹太地图师绘制的地图，据说非洲中心那些闪闪发光的河流通往"万王之王"的王国，也就是传说中天主教祭司王约翰（Prester John）的国度。恩里克想起欧洲的传言，说 14 世纪初，约翰王居住在伊斯兰世界构成的障碍之外很远的地方，统治着马里王国，控制着塞内加尔河的金矿。他"比世界上任何人都更强大，也更富裕，拥有不计其数的金银和宝石"，他的宫殿屋顶和内壁由金砖砌成。他统率着庞大的军队，兵器全是金的。有些中世纪地图也曾描绘过威风凛凛、富有帝王威仪的约翰王，他身穿红袍，头戴主教冠，宝座是亮闪闪的黄金。恩里克王子萌发的第一个想法便是找到他，和他联手，南北夹击北非的穆斯林。

另外，恩里克王子从战俘和商人口中得知，有一条古老而繁忙的商路可以穿过撒哈拉大沙漠，再走 20 天，到达土地肥沃而树林繁茂的"绿色国家"，那便是约翰的马里王国。

越过穆斯林屏障，向南找到约翰王，顺便攫取财富，恩里克王子脑海里浮现出一幅蓝图。不过，葡萄牙人对陆路穿过大沙漠没有经验，恩里克王子便有了一个大胆的设想，向海上发展，沿非洲西海岸的大西洋南下，从海路去找约翰王，进入那里的"绿色国家"。

向海上发展的思路，得到若昂一世的赞同，立即被确立为国策。

托勒密真的不可能错吗

拉各斯港以西 32 公里，是南欧海岸线的末端。陡峭的圣文森特角（Cape St. Vincent）在这里俯瞰着大西洋，终年承受劲吹的海风，中世纪的欧洲人对世界的认知以此为界。从悬崖上向西眺望，能看到的是一片汪洋，海平线向西弯曲，一直延伸到太阳西沉的地方。千百年来，葡萄牙人在这里举目远眺，满眼都是虚空。当葡萄牙的画家、诗人、渔民欣赏傍晚落日的时候，他们无法像希腊人那样看见罗马，也不可能像罗马人那样看见西班牙，他们看到是无边无涯的大西洋，没人知道大海那边是什么。葡萄牙人只是通过近海航行和捕鱼，掌握了关于海风的初级奥秘，也学会了最初级的行船技巧。不过仅凭这些知识，对于远航理想来说实在微不足道，一切差不多是从零开始。

15 世纪，航海事业远不像现代人想象的那样浪漫，它是极为艰苦、抛家舍业、以生命为代价的殊死拼搏。

海员的死亡率高达 40%，贵族们几乎没人涉足这个行业。但凡生

活正常的普通人，也不愿意去航海，做海员的都是罪犯和失业者。恩里克是葡王的儿子，英王的外甥，是全国最高贵的人，欧洲许多宫廷争相邀请他，英国想让他当总司令。很难想象，像他这样的人，怎么会投身航海事业。

那时航海，船员住在低矮的船舱，根本无法直立。厨房设备简陋，食物常常是半生不熟。最要命的是，一离岸就吃不到蔬菜，许多船员死于败血病。用小木桶装的淡水，很快就会变质，必须捏着鼻子才能喝下去。抛开频频发生的海难不说，仅是极差的卫生条件就能让大批海员死于各种疾病。

那么什么人会聚集在恩里克麾下呢？

恩里克王子想用先人的经验指导自己的航程，他听说罗马人在摩洛哥西方的海洋中找到过加那利群岛（Canary），并从那里开始，向东测量经度。但是再往南去，世界便消失在传说中。阿拉伯人对世界的知识很丰富，但他们的经验也只停止在加那利群岛南方不远的海域，前方无边无际，恐怖至极。可遗憾的是，现在连加那利群岛在哪里也搞不清楚了。

恩里克王子又去研究地理学，得知大地理学家托勒密（Claudius Ptolemaeus）这样描述世界，他说恶浪滔天的大西洋是一个没有边际的水域，根本不可能航行，所以沿非洲西海岸南下是行不通的，而非洲大陆一直伸向南极，和南极大陆连为一片，其间没有任何海峡，所以也不可能绕过这个荒无人烟的原始地带，换句话说，印度洋是封闭的，欧洲没有海路通向那里。

恩里克王子翻阅地图，把当时还不存在的美洲、太平洋、大洋洲抹掉，葡萄牙已经是地球的末端。当时完整的世界，在今天看来，是一个残缺不全的图景。但是地图上分明显示着，有些河流纵横穿越非洲大陆，与尼罗河相连。恩里克王子不禁想到，假如通过这些内部水道穿越非洲大陆，是否可以抵达东岸，直接找到印度。

从休达回来，恩里克王子迷上了航海，他不停地叩问着。

托勒密这位伟大的地理学家，这位绝对正确的自然地理学权威，他真的不可能错吗？在大西洋这边，巨大的西风经常把葡萄牙没有的树木残枝冲上海岸，那么这片大海真的是无边无际的吗？如果非洲赤道有人居住呢？要是托勒密关于大洋里没有通向印度海域的路是错误论断呢？

拉开大航海的帷幕

1418年8月，穆斯林卷土重来，包围休达，但久攻不下。10月，恩里克王子率船队增援，击败包围休达的敌军。

恩里克王子从贩卖奴隶的阿拉伯人那里听说，在利比亚撒哈拉大沙漠那一边，有一个富有的国家叫几内亚，意思是"黑人的土地"。那里有丰富的胡椒、黄金、象牙。恩里克王子发现，一位阿拉伯宇宙志学家在1150年绘制的一张地图，其中精确地标记着"几内亚"的准确方位。令人惊奇的是，这张古代地图上的几内亚位置，与今天几内亚的位置完全一致。就葡萄牙当时的航海条件而言，通往几内亚的海路实在太遥远了，它几乎穷尽了恩里克一生的精力。

恩里克王子回到葡萄牙，派出第一艘远航小船，让它向南寻找几内亚，由此悄然拉开了大航海时代的帷幕。

指挥官是两位勇敢的贵族，扎尔科（Joao Zarco）和戴塞拉（Trist Teixeira），他们驾驶的是轻木横帆船，一种只能顺风航行的无篷渔船，总共只能搭载20人。

他们沿着摩洛哥海岸航行，中途遭遇风暴，被吹向西方从未到过的洋面。11月1日，风暴稍稍停息，他们喜出望外地发现，前方有一个周长32公里的小岛。那里环境良好，没有人类和其他哺乳动物，因为当天是万圣节，他们把小岛命名为圣港岛（Puerto Santo）。

他们驶进小岛西南侧的小湾，静等风暴停息。

扎尔科和戴塞拉回到葡萄牙，向王子汇报了意外发现，请求移民

圣港岛。考虑到在那里建立基地有助于日后的航海探险，恩里克王子欣然应允。有一些具有冒险精神的人加入了移民探险队，其中包括贵族勃德斯戴楼（Bartolomeu Perestrelo），他的父亲是恩里克王子的好朋友，而他将是哥伦布的岳父。

1419 年，扎尔科、戴塞拉、勃德斯戴楼指挥三艘小帆船，带着移民、牲畜、大量种子来到圣港岛安家落户。

他们分地筑屋，播种驯牧。初步安顿下来之后，扎尔科和戴塞拉留下来照顾新领地，勃德斯戴楼回葡萄牙向恩里克王子汇报移民进展，恩里克王子把圣港岛封赏给了他。

勃德斯戴楼启程不久，扎尔科和戴塞拉在巡视探察中发现，西南方向很远的海平面上，有一片巨大的可能是水汽也可能是云层的阴影，根据经验判断，那里应该有一块陆地。于是他俩驾船前去，发现了一座比圣港岛大得多的岛屿。由于岛上树木异常茂密，他俩给它起名叫"木材岛"，也就是马德拉岛。看到岛上环境宜人，土地肥沃，扎尔科和戴塞拉满心欢喜，马上回国向恩里克王子报告新发现。为了奖赏他们的功劳，经国王同意，恩里克王子把"木材岛"作为世袭领地分封给两位贵族，扎尔科封得茴香（Funchal）作为首府，因为那附近生长着很多茴香，后来这里成为整座马德拉群岛的首府，戴塞拉封得马希科（Machico）作为首府。

1420 年，扎尔科和戴塞拉准备开垦家园。由于树木过于繁密，空地太少，两人放火烧林。结果火势蔓延开来，越来越大，一发不可收拾，竟然烧了七年，以至于后来他们缺少可用的木材，"木材岛"名不副实了。

不过许多地方大火过后，留下了厚厚的灰烬，土壤变得更加肥沃。两位殖民者最初在这里种植谷物，恩里克王子很快意识到这是浪费农业潜力，他立即安排引进了葡萄藤，紧接着又把克里特岛、塞浦路斯、西西里的甘蔗送了过来，并找来阿拉伯人当顾问，建成世界上第一个甘蔗种植园，并且学会了蔗糖榨制技术。

1425年，恩里克王子授权勃德斯戴楼拓展圣港岛，批准其作为世袭封地。

勃德斯戴楼初来圣港岛时，他的孩子将一只宠物兔带上船，兔子在途中生下了一窝幼仔。下船后，兔子没有天敌，便以令人难以置信的速度繁殖开来。很快狂增的兔子破坏了生态平衡，吃掉了所有能吃的东西，连秧苗也不放过。人们不得已展开杀兔大行动，一次杀掉了3000只，很久以后渐渐平息了兔灾，勃德斯戴楼的领地才慢慢有所成就。

马德拉群岛是葡萄牙收获的第一个殖民地，葡萄牙人在那里用月桂树造船，使那里成了探险队的落脚点和物资供应站，获得"大西洋明珠"的美誉。

闯入闻所未闻的黑非洲

恩里克王子下一个步骤是控制加那利群岛，1425年，他派卡斯特罗（Fernando Castro）去征服其中的大加那利岛，遭到土著顽强抵抗。因为后勤补给不继，卡斯特罗无功而返。1427年，卡斯特罗再去攻打大加那利岛，依然没能成功。恩里克王子不得不放弃加那利群岛，最后让给了西班牙人。

恩里克王子决定，让探险队沿两个方向探索，一是离开海岸向西南深处航行，以发现更多岛屿，一是绕过加那利群岛，沿非洲海岸南下。

这时的探索规模依然不大，大多是两三艘船，由恩里克王子的宫廷绅士负责，另有一名经验丰富却默默无闻的领海员，负责船务管理。每艘船都配有一些士兵，他们会在接近未知海岸时端着弓弩，严阵以待。

此时，葡萄牙水手满怀探索精神。在他们眼中，每一片海域，每一个海湾，每一条河流，似乎全都充满希望。

不久，西南探险队发现了亚速尔群岛（Azores），这对葡萄牙的航海事业产生了重要影响，因为葡萄牙到亚速尔群岛的距离，几乎等

于葡萄牙跨越大西洋到美洲大陆的三分之一。葡萄牙船队已经走得很远。1432 年，恩里克王子派 16 艘船、数百人、一名牧师，带着几十头牲畜，占领亚速尔群岛，开始在那里殖民。

1433 年，若昂一世去世，太子杜阿尔特一世即位，他把马德拉群岛五分之一的税收作为航海基金。恩里克亲王得到支援，便把主要精力转移到沿非洲海岸南下的探险上。他派埃阿尼什船长（Gil Eanes）从拉各斯港出发远航，完成一个更为艰巨的探险任务。

埃阿尼什行过加那利群岛，前面的首要障碍便是突入大西洋的岬角——诺恩角（Cape Noun）——这是欧洲航海禁区，是传说中的撒旦王国和地狱之门。据说那里的海洋像火山口里的岩浆一样沸腾，红浪翻滚。由于太阳炙热，船板和帆篷会燃烧起来，任何一个胆敢走进这里的基督徒都会立即变成黑人。

埃阿尼什勇敢地闯进了红浪滔滔的地狱之海，那时残阳如血，他的小船静悄悄沉浸在无边无际的血色海洋里。船员们惴惴不安，有种不祥的预感，觉得魔鬼撒旦会从大海里涌出，小船会坠入地狱。恐惧开始漫延，水手们坚持不往前走了，他们飞快掉头，驶离血海。

恩里克亲王没有生气。他说："失败不可怕，失败是成功的开始。你们下一次出海，每天都要写航海日志，把它带回来，我来想办法。"

埃阿尼什再次南下，提心吊胆地驶过那片血海，海水恢复了蓝色。他们镇定下来，开始破解这片海域的秘密，原来这有一个河口，河水冲出来大量红土，当海风卷来沙尘，便会呈现出诡异的图景。

水手们刚刚绽出笑容，狂风大浪又扑面而来，而且昼夜不息。葡萄牙人的轻木横帆船太简陋了，无法抗拒大风大浪，埃阿尼什不敢前行，再次逃回葡萄牙。

改进海船的性能，一直是恩里克思考的问题，他看了埃阿尼什的航海日志，命令设在里斯本的休达事务所（Casa de Ceuta）结合实践情况，抓紧时间研制新型船。不过，新船出炉需要时日，于是先对轻木横帆船实施改造，很快生产出了小吨位轻快帆船（Caravel）。这种船载重还是 50 吨。所以吃水浅，轻便灵活，不必为了躲避暗礁和沙洲而远离海岸，可以紧靠海岸航行，非常适合探索海湾。它全长增加到 25 米左右，长和宽的比例缩小到 3.5:1，由此极大提高了船的平衡力。它有两根桅杆，主桅增大，因此航速和轻木横帆船一样。

1434 年，杜阿尔特一世国王致信教皇，称葡萄牙王室每年要为休达支付 28500 达克特金币，这还不包括时不时必须增加的额外防御建设费。

恩里克亲王毫不在意这些负担，他决不放弃休达，而且依然关注了远航，他派埃阿尼什指挥新型的小吨位轻快帆船向南纵深。

埃阿尼什小心翼翼地穿越红色海面，再次经受了风浪洗礼，最终绕过诺恩角，然后向南成功行驶了 300 公里。然而让他真正害怕的，却是跃入视线的博哈多尔角（Cape Bojador）。它位于北纬 24°西撒哈拉荒凉无比的海岸上，海角突兀探出，插入大西洋，阻挡着海水流动，激起滔天巨浪，令人望而生畏。围绕着海角，险礁林立，有各种神秘莫测的急流和漩涡，船只根本无法靠近。

这便是托勒密在著作中标记的最后一个地点，世界的尽头，是传说中的"死亡角"和"魔鬼海"。在中世纪的阿拉伯地图上，博哈多尔角稍南的海岸边，画着一只从水里伸出来的手。那是魔鬼撒旦的手，阿拉伯人把这片海域称为"黑暗碧海"。14 世纪，西葡航海家曾沿非洲西海岸南航，到过博哈多尔角，至此不敢再向南走。他们回到欧洲，说那里盐厚得连犁都犁不开，是一片根本没有人的荒漠。

埃阿尼什也没有贸然前进，他返回葡萄牙，向恩里克亲王报告说，如果给他更大的船，他有把握南行到更远的地方。

第二年，恩里克亲王给埃阿尼什和 20 岁的波尔图贵族巴尔达亚（Afonso Baldaia）分别装备了一艘大船，派他俩联手，前往博哈多尔角以南更远的地方，考察那片恐怖的无人区。

埃阿尼什大胆采取新策略，他要向西，进入大西洋深处，然后绕

过博哈多尔角。这在当时是一种赌博，因为没人敢于远离海岸线到海洋深处去，那里看不见陆地，可能会失去方向。而通过测量正午太阳和海平面的角度来判断船只所在位置，这种定位法，不经多年学习和训练，不可能掌握。但埃阿尼什毅然指挥船队驶离海岸西航，再折而向南，他计算出绕过博哈多尔角的时间，然后向东，抵达博哈多尔角以南200公里的西撒哈拉海岸。

埃阿尼什和巴尔达亚一举成为最先越过北回归线的欧洲人。

这里风平浪静，巴尔达亚登上帆船桅顶，遥望甩在身后的"魔鬼之手"，一切很平常，很普通，那不过是个很长的海角而已，地狱根本不存在。他们还在海岸上发现了人和骆驼的足迹，这足以证明，博哈多尔角以南是人类无法生存之地的传言是错误的。

困扰恩里克亲王和船长们的梦魇迎风消散，而开辟越过博哈多尔角的航线，标志着葡萄牙人攻克了地理大发现道路上十分关键的一个心理难关，使葡萄牙在南大西洋的殖民开拓中取得了先机。

恩里克亲王受到鼓舞，他再派巴尔达亚出海，弄清博哈多尔角周边的情况。巴尔达亚在博哈多尔角登陆，与一支黑人武装遭遇，旋即退回船上。这是历史上欧洲人第一次接触非洲黑人。恩里克亲王做出判断，从博哈多尔角开始，葡萄牙船队已经完全绕过伊斯兰世界，进入闻所未闻的黑非洲。

巴尔达亚继续航行到毛里塔尼亚的布兰克角（Blanc），然后在所谓的里奥德奥罗河河口（Rio de Oro）发现砂金。他以为那里就是欧洲人传说的金河入海口，其实那根本不是河口，而是一个小海湾，当年没有多大价值。巴尔达亚最远抵达北纬22° 3′的烈风港，他试图在那里和黑人建立贸易联系。

被迫缩减远航船队

恩里克的海上探索成绩斐然，但他念念不忘的还有北非异教徒，他要亲征摩洛哥的丹吉尔（Tangier）。作为虔诚的圣战者，恩里克时常表现出令人难以理解的偏执和冷酷。他甚至僭越国王的权力，会毫不犹豫地把阻挡在圣战前的所有障碍一概扫清。1437 年，他不顾群臣反对，迫使国王哥哥批准了他的圣战计划。

像第一次突袭休达时一样，恩里克个人勇敢有余，军事韬略不足。

他在战争准备阶段就遇到了种种问题，他没有足够的船队运送参战官兵，攻城武器也不充足。特别是，当他获知穆斯林早已做好充足准备严阵以待的情报后，他依然要一意孤行，相信上帝会帮他的。

所以这次远征从一开始就注定是一场灾难。

恩里克亲王因为草率铸下大错，他拒绝按国王指示建立防御工事，也拒绝在穆斯林大批援军到来之前撤退。他执迷地认为，自己对上帝如此虔诚，上帝绝不会不帮他。局势骤然恶化，让恩里克亲王醒了过来，但他已经不可能从包围圈中全身而退了，他不得不与穆斯林议和。为了保全葡军，他居然在没有征询国王意见的情况下擅自把弟弟费尔南多交出去做了人质。恩里克亲王承诺，只要允许葡军撤离，日后他会交还休达，然后换回弟弟。

但是休达对恩里克驱逐北非穆斯林的宏愿太重要了，所以回国后他变卦了。而对一切懵然无知的费尔南多亲王不断给三哥写信，询问人质交换事宜，他的希望渐渐变成了绝望。

经此一败，原本就很虚弱的国王一病不起，1438 年撒手人寰。其子阿方索五世（Alfonso V）继位，但他只有六岁。按照国王遗嘱，本该王后摄政，但在商人和市民的支持下，老二佩德罗亲王逼走嫂子，当上摄政王。佩德罗从小喜欢游历，雅号是"七次向世界出发的王子"，他的性情和弟弟恩里克十分相仿。他把博哈多尔角以南的航海和贸易垄断权交给弟弟，而且免除了航海所得收益的一切税金。

不过，圣战严重消耗了葡萄牙的国力，航海探险也一直没有收益。所以恩里克亲王不得不调整计划，暂时缩减远航船队，把精力转移到了培养航海人才方面。

厉兵秣马

那个时候，欧洲人在地理和航海知识上难以想象的幼稚，恩里克亲王要首先改变葡萄牙人的状况。于是他在自己担任总督的辖区，选择偏僻寂静的萨格里什海角（Sagres），建立全世界第一个远航教研中心。

恩里克在那里建起观象台和旅行图书馆，存放《马可·波罗游记》，还收集了很多地图。他要求大家向他提供世界各大洲的书籍和地图，他还把航海归来的每位船长和水手叫来详细问询，写成材料后小心翼翼地放进秘密档案。

当他得知宇宙志学家和制图大师扎固闷（Jácome）刚刚定居巴塞罗那，他便极力邀请他来萨格里什，出任远航教研中心第一任长官。扎固闷出生在地中海马略卡岛（Maiorca），是皈依基督教的犹太人，当时已经60岁。他像一面旗帜一样成为萨格里什航海教研中心的精神领袖，吸引来一大批犹太宇宙志学家和科技专家。恩里克委托他们制造更加精确的航海仪器和图表。西班牙是反犹排犹呼声极高的国家，但因为恩里克重用犹太学者，犹太人在他那个时代地位是很高的。

恩里克网罗了各国数学家、天文学家、地质学家和地图绘制家，其中甚至包括阿拉伯学者。他让他们广泛收集地理、气象和信风、造船、海流和航海的种种文献资料，然后加以分析整理，绘制新地图。他资助数学家和手工艺人，改良从中国引进的指南针、测量天体高度的象限仪、测量纬度的横标仪，制作出新型航海仪器。

这里要做个说明，中国指南针被改良后，欧洲人叫它指北针，因为司南和中国指南针原本就都是指北的。为什么明明是指北的，却偏偏叫指南针，我们的解释是，这跟中国对方位的认知有关。中国文化一直以南为方位之主，面向南方为尊位，面朝南方的称帝王，面朝北方的是臣子。所以指示方向也以南为主。这些解释不足以说明问题，如若如此，何不把指针直接做成指南的。

这个问题相当重要，它可以让我们清楚地知道，中西地理科学的水平差距究竟有多大。把指北仪器叫指南针，是因为我们宋朝的时候就已经知道地磁南北极的存在，而且懂得地磁南北极和地理南北极刚好相反。地磁南极在地理北极附近，所以指向地理北极附近的指针其实是准确指向地磁南极的。既然指南针是基于地磁原理而不是地理原理，那么指针的命名当然要以地磁南极为依据。而当年，欧洲人并不知道地磁南北极的存在，只能以地理北极为依据给指南针改了名字。至于地磁南北极点与地理南北极点并不重合，而是有所偏离，直到哥伦布远航的时候才发现，但他并没弄清这是怎么回事。

在海船的设计研制上，恩里克亲王也是煞费一番苦心。过去，葡萄牙只是在地中海行船，那些船不适应大西洋的环境条件。恩里克把视线转向海船技术最先进的阿拉伯和中国，他把中国的纵帆和阿拉伯的三角帆安在了他们的横帆船上。

横帆是固定的，与船身垂直，只能顺风航行。而中国自周朝开始就发明了纵帆。它是活动的，遇到顺风，便调整成横帆，让船尾风吹着船直线前行，如果遇到逆风，只需把帆调整成与船身近乎平行，逆风打在帆上，会造成船身以船心为轴向左右方向挤压前进，这样船便会迎着逆风，在水面呈 S 线前行。海船的帆高与船身长度几乎相等，风打在帆上，除了给船提供前行动力，还有一部分风会沿帆向上，形成升力，升力过大会推倒帆船。中国人多在内河、湖泊、近海航行，不会遇到很大的风，风力太大则落帆。因此中国人的帆形和欧洲人的帆形是一样的，都是四角帆。但阿拉伯人要在辽阔的印度洋上行船，经常遇到风暴，他们使用的三角帆，可以使风力在沿帆上升时逐渐消减，保证行船安全。

船帆改造好了，问题解决了一大半，新船真正可以远航了。

恩里克亲王在拉各斯建起船坞，采取许多优惠措施鼓励造船。他规定，造 100 吨以上的船，可以从皇家森林免费得到木材，任何其他

必要的材料，都可以由王室付出相当大的代价，免税进口。

最后一个问题是，远航与近航不同，除了要有具备海洋知识的新型水手，还需要占星术师作为掌舵人的助手。他们善于破解前辈的罗盘航海图，也善于通过天体的位置确定罗盘偏差。恩里克亲王网络了一大批这样的远航能手。

1440年，过去简陋落后的近海船变成了可以在大洋里远航的海船，不过恩里克时代的远航船，船舱空间依然很小，能携带的给养不多，所以特别长途的远航仍是极大的挑战。

探险、殖民、黑奴贸易

1441年，恩里克亲王彻底处理完因丹吉尔惨败引发的政治斗争，重新开始中断了四年的非洲沿岸探险。

此时，恩里克亲王从军事失败中吸取了教训，开始思考利用军事和经济并重的双重手段来对付北非穆斯林。他已经意识到，天主教祭司王约翰不过是欧洲人的幻想，找到约翰王南北夹击穆斯林的宏愿没有实现的可能。同时他又认识到，世界上并不存在统一的阿拉伯帝国。相反，它们是一个个孤立甚至相互敌视的伊斯兰国家，对天主教社会没有致命的威胁。过去，恩里克亲王的船队曾向非洲西北岸的穆斯林聚居点发动圣战，但这些所谓圣战，不过是袭击手无寸铁的穆斯林渔民，将他们俘虏为奴，送到里斯本贩卖。而随着船队探险向南纵深，恩里克亲王发现，与那些保有武装的大型城镇作战，常常是力不从心。于是他转而计划与几个伊斯兰国家形成良好而稳定的贸易往来，逐渐改善和他们的关系，最终归化他们，将他们纳入天主教的版图。

由于葡萄牙人和摩洛哥穆斯林的冲突长期不断，葡萄牙人已不可能和摩洛哥人进行正常贸易，所以恩里克亲王把目光投向毛里塔尼亚的马萨王国（Massa），要在那附近建立一个永久贸易站和军事堡垒。

在恩里克亲王心中，获利的思路第一次压倒单纯的武力征服，他的战略方针偏向和平贸易，从此他只把那些死活不愿进行贸易的穆斯林视为敌人。

恩里克亲王指派亲戚特里斯唐（Nuno Tristao）和年轻的书记官古淖沃世（Ant Gonalves）南下探险，还给他们配上自己的一名穆斯林侍从做翻译。

古淖沃世的职责是考察和捕猎栖息在非洲西岸的僧海豹。他将小船装满了僧海豹皮之后，私自决定买一些非洲奴隶回葡萄牙。于是他和九名船员一起，从一个奴隶商人那里买下一名野蛮人和一名黑人男子。特里斯唐的旗舰抵达此地后，有两名船员也学着古淖沃世的做法，买了十名奴隶，其中一人是野蛮人部落的酋长。接着，古淖沃世带着海豹皮和奴隶回葡萄牙，特里斯唐继续南下探险。

当第一批黑奴被押送到里斯本的市集上出售时，围观市民不禁为奴隶们的哀号而感到难过，这是历史上黑奴贸易的开始。最初的时候，葡萄牙人把奴隶们视作智力发展缓慢而不太会说葡语的孩子，尚未像后来那样歧视他们。而恩里克亲王想的是，把奴隶变成基督徒，要保证他们都能接受洗礼。

与此同时，特里斯唐越过里奥德奥罗港和布兰克角，再向前一点点破了南行记录，发现阿尔金湾（Arguin），在那里带上一些金沙和鸵鸟蛋，然后返航。

1442 年，费尔南多亲王在摩洛哥的囚笼中惨死，他的两个哥哥似乎已经忘记他。他们正在全身心地冥想，南部探险能不能快点儿带来收益。探险不是为了探险而探险，旷日持久的探险花了很多钱，却始终没带来任何收益。摄政王和恩里克亲王遭受越来越多的批评，舆论认为他俩在毫无意义地追求不可知的东西。

恩里克亲王的窘困马上就要结束了，他指示探险船队，找一处可以建造军事贸易堡垒的地方，大搞贸易开发。

年轻的古淖沃世又去探险了，但他的心思已经全然不在探险上。他决定带着先前购买的那位野蛮人酋长，利用他的高贵身份，向奴隶

贩子换取数量更多的普通黑奴。最后他换到了十名黑奴。但这次航行，古淖沃世没能取得任何探险成果，他连里奥德奥罗港都没有到。

而特里斯唐确实在探险，但也没有忽略黑奴的存在。他在毛里塔尼亚沿岸登陆时，抓住 28 名黑奴。葡萄牙人先从一名西班牙商人那里买到一批马萨俘虏，船队以归还俘虏为名进入马萨港，得以与马萨酋长商谈贸易，与穆斯林建立了稳定合作关系。特里斯唐再次考察了阿尔金湾，并在湾中的阿尔金岛为恩里克亲王建起海外的第一个永久军事贸易堡垒。在这里，葡萄牙人用马、小麦、布来换取非洲奴隶和黄金，兼营香料。

与此同时，巴尔达亚也登上毛里塔尼亚海岸，他屠杀了一个村落的黑人村民，抓走十名黑人，回到葡萄牙卖为奴隶。

三艘船队不约而同地开始了黑奴交易，这让恩里克亲王看到了平息舆论批评的希望，他的航海探险终于有了收益。于是黑奴买卖成了恩里克船队在非洲的第一个盈利项目。

摄政王为了鼓励大规模拓展非洲贸易，开始给私人探险者颁发特许状，允许他们获得他们发现的一切。对民间来说，这意味着只要敢冒险，拿出一笔资金，他们就可能发大财。由此，掀起私人探险的热潮，每年都会有 25 艘船开往非洲海岸。与此同时，摄政王决定予以恩里克亲王令人难以置信的特权。阿尔金岛地理位置优越，且有充足淡水，往来西非海岸想赚大钱的商船都想在此停泊，进行交易。于是恩里克亲王解除了阿尔金岛的贸易垄断，允许一般商人参与贸易。1443 年，摄政王授予恩里克亲王垄断经营权，所有有意在西非沿岸进行贸易的商人，都必须向恩里克亲王申请许可，并在阿尔金岛上的军事贸易堡垒缴纳相应税款。其中每一桩黑奴交易，恩里克亲王都将抽取四分之一的税收。但恩里克亲王不必向王室支付"十分之一税"和"五分之一税"。这个政策，消除了恩里克亲王直接承担长途贸易的任何风险，却让他可以通过简单征税的方法，从贸易中获得大量税收。

在大航海时代，这种许可证制度和利用永久军事贸易站征税的模式，成了葡萄牙人开设沿海商贸的典范。后来被荷、英、法的东西印度公司效法，最终成为西方商贸殖民的基本模式。

1444 年，恩里克亲王在拉各斯建起奴隶市场，这是欧洲第一座专门买卖奴隶的建筑。同时，恩里克亲王组织了一次以掠夺奴隶为直接目的的航行，一共带回 235 名奴隶，在拉各斯出售。

此后，葡萄牙的远航，开始探险、殖民、黑奴贸易三者并重，他们通过阿尔金岛和马萨获得了稳定数量的奴隶、金制品、小麦，马萨成了葡萄牙商船常年光顾的港口，阿尔金岛成了奴隶贸易中心和黄金交易中心。

探险有了收益，宫廷内外的批评声沉寂了下来，最终变成热情的赞扬。

接近塞拉利昂海岸

著名的王族世家老迪亚士和费尔南德斯（Alvaro Fernandes）从扎尔科那里弄到一艘装备精良的小吨位轻快帆船。1445 年，两人受命出海，在北纬 16°的西非海岸发现塞内加尔河河口。这里植被繁茂，满眼绿色。经过十几年的航行，葡萄牙人终于进入了绿色国家。

航海家们猜测，塞内加尔河可以向东通向尼罗河源头并抵达埃塞俄比亚，最终进入印度洋。但这个判断是错的，事实上，非洲没有任何一条河流贯穿东西。

随后，费尔南德斯和老迪亚士向南再次迈出一大步，撞见非洲大陆最西端的海角，他俩把它命名为绿角（Cape Verde），也就是现在的佛得角。42 年后，老迪亚士的孙子将从这里经过，去发现好望角。接着，他俩继续南航，到达佛得角和冈比亚河之间的桅杆角（Cabo dos Mastros），然后才返航。

1446 年，特里斯唐向南推进到北纬 12°，发现几内亚比绍的比热戈斯群岛，这里土地富饶肥沃，长满棕榈树。他没有想到，作为罪恶

的黑奴贸易的报应，这里将是他的葬身之地。特里斯唐在比绍登陆，在一处大河中捕捉黑奴，被黑人用毒箭射杀，他于是成为大航海时代第一位丧命的航海家。

特里斯唐死后，他的余部继续航行两个月，长途奔走3500公里，一刻不停歇地赶回里斯本。这是欧洲人有史以来最远的一次不靠岸远航，这足以说明葡萄牙的小吨位轻快帆船的优良性能。

同是这一年，恩里克亲王派遣费尔南德斯再次远航。费尔南德斯比去年走得更远，他向佛得角以南开了600公里，抵达几内亚的科纳克里和洛斯群岛附近，那里已经接近塞拉利昂海岸。费尔南德斯和他的船员们几次遇到黑人袭击，他被毒箭射中，不得不返回葡萄牙。这是在恩里克亲王生前航海家们探航的最远点，费尔南德斯创造的这个纪录，直到1460年塞拉利昂被发现时才打破。

此后，因为财政困难、与西班牙人争夺加那利群岛、摄政王与即将亲政的阿方索五世国王的激烈冲突，恩里克亲王的西非探航事业沉寂了。

恩里克的唯一遗产

1448年起，16岁的阿方索五世亲政，摄政王佩德罗改任顾问官，但仍大权在握，引发贵族们的不满，矛盾愈演愈烈。

恩里克亲王身处旋涡之外，他依然关注他的上帝事业。为了同化阿拉伯人，他强硬改变北非方针，严禁任何人私自攻击北非沿岸的穆斯林居民。

1449年，在与贵族的武装冲突中，佩德罗寡不敌众，最终阵亡。贵族把持了朝政，他们叫嚷着，要重新征服北非。

恩里克亲王成为老国王四个儿子中唯一的在世者，这种超脱的地位让他我行我素。此时，远航探险事业已经开花结果，让他感到欣慰。1452年，马德拉群岛启用第一座加工甘蔗的水动磨坊。在恩里克亲王安排下，威尼斯商人代理了这里的蔗糖买卖，向欧洲市场大量供应蔗糖，终于使这种奢侈调味品的价格大幅下落，走进寻常百姓家。那些引种的葡萄也茂盛生长，后来巴西的甘蔗种植业崛起，这里的甘蔗遭受虫害毁灭，葡萄便成了马德拉群岛的主要经济作物，著名的马德拉葡萄酒一直持续供应着欧洲和广大的殖民地市场。

1453 年 5 月 29 日，土耳其人攻占伊斯坦布尔，灭了东罗马，欧洲人顿时感到伊斯兰世界咄咄逼人的强烈威胁。

在这样的背景下，葡萄牙从教皇那里得到了更多的惠顾。为了和伊斯兰教争夺空间，教皇授权葡萄牙以基督的名义，占有他们找到的所有土地，去推广天主教。1455 年，罗马教皇颁布授予葡萄牙海上霸主地位的特权令："凡属业已征服或将被征服的地方，均应让与并归属国王阿方索、王储及其继承者，自博哈多尔角至几内亚全部海岸以及整个东方，今后将永归国王阿方索及其继承者享有主权。"后来的三位教皇均承认这个授权，他们共同认定，他们完全不了解的东方世界全部是葡萄牙的合法领地。似乎只有葡萄牙，才能为基督控制所有新世界，让新世界不被穆斯林侵占。

恩里克亲王已经老了，但他还在思忖着能做些什么，好让家产变得更大一些。此时，一个威尼斯人来到他的面前，他叫卡达莫斯托（Luis de Cadamosto），在葡萄牙开设了一家对非贸易公司，他愿意为葡萄牙探险。得到恩里克的批复后，卡达莫斯托成为第一个为葡萄牙效力的外国航海家，由此开创了那个时代欧洲探险家为别国效力的先例。

卡达莫斯托第一次出海，便来到冈比亚河河口，在那里抓到大批奴隶。1456 年，卡达莫斯托再次出海，沿冈比亚河上溯 97 公里，找到土著聚居中心，和他们进行了易物交换。

卡达莫斯托并没有把葡萄牙船队抵达的最远点向南推移，但他第一次通过观测南十字星来测定纬度，这对后世那些越过赤道的航海家，是一个宝贵经验。另外，他是第一个详细记录远航过程的航海家，首

开探险家详细撰写考察日记的先河。这些财富，固然是卡达莫斯托留给后人的，但没有恩里克也就没有卡达莫斯托。

1458 年，在贵族们的鼓噪声中，恩里克亲王最后一次参加北非征服战役，这是恩里克最后一次乘船出海。葡军获得胜利，攻占了休达以西的阿尔卡塞。这离把北非变成基督世界的理想太远了，但恩里克亲王已经知道，他的日子不多了，他的伟大理想已无法实现，他留给葡萄牙唯一的遗产是他的远航事业。

1460 年，66 岁的恩里克在萨格里什逝世，他终身未娶，没有后代。

不久，辛特拉（Pedro de Sintra）抵达塞拉利昂，努立（Antonio da Nori）发现了佛得角群岛的另外几座岛屿。

迷信已经破除

葡萄牙 1911 年确定的国旗，从旗杆向外五分之二为绿色，代表民族希望，也是后世葡萄牙人向大航海和地理大发现的开创者恩里克亲王致敬，他找到了中非绿色国度。尾端五分之三为红色，代表为民族希望献身者的鲜血。红绿交间处是一个小型国徽，那是一个浑天仪和葡萄牙盾牌。

有人说，浑天仪表示中国技术对葡萄牙大航海的贡献，这是一个误解。浑天仪是以浑天说为理论基础制造的天文工具，而浑天说许多民族都有。大家都认为天是圆的，"浑"字就是圆球的意思，也就是说，天的形状像蛋壳，星星嵌在蛋壳的内壁上，地球是蛋黄。中国制造浑天仪比希腊早 60 年，但希腊制作浑天仪并非受到中国的启发，它是自主产生的文化遗产。所以葡萄牙国旗上的浑天仪也可能是希腊的，或是他们自己的，总之不确指是中国的。

葡萄牙国旗有两个元素和恩里克直接有关，却没有任何一个元素和另外一位国王、王后、太子、重臣、文化巨擘直接相关。可见恩里克在葡萄牙历史上的重要性，所以历史学家在写那段历史的时候，都会不约而同地选择以恩里克为中心，以其他所有人为陪衬。

恩里克亲王的后半生，长期生活在偏僻的萨格里什海角，倾心于他的远航教研中心。他一生中只有四次出海经历，而且只是从葡萄牙到北非的短距离航行，但他要参透整个海洋的秘密。在他领导下，葡萄牙船队沿着西非向西南倾斜的突出部艰难跋涉，绕过浅滩和礁石，小心翼翼地用铅垂线测量水深，一年又一年，一个又一个海岬，他们把发现的每一个海角和每一个海湾标记在海图上，然后用基督教圣徒的名字或者用当地明显的特征来命名它们。他们一边观察、贸易、袭掠，一边调查和研究各地的民族学情况，勾勒出新世界清晰的轮廓。从直接成果上讲，恩里克在毕生的事业中能亲眼看到的，其实只是一点点可怜的开端，他的船长们抵达的最远地点不过是几内亚，还远没接近赤道。但事实上，恩里克已经取得了决定性的胜利，他的胜利不在于船队航行过多大区域，而在于他的船长和海员们在精神上破除了迷信。而且，他已经使葡萄牙成了欧洲的航海中心，他建立起世界上第一流的船队，培养了一大批一流的航海家。

1471 年，葡萄牙人越过赤道。1484 年，自刚果河岸登陆。1486 年，迪亚士绕过非洲南端的好望角，抵达印度洋的门槛，推翻了托勒密的两个错误论断。达·伽马再过好望角，1498 年抵达印度西海岸。1500 年，卡布拉尔发现巴西。1513 年，葡萄牙人来到中国。1518 年，麦哲伦船队完成了首次环球航行。1543 年，葡萄牙人登陆日本。

在恩里克亲王身后，葡萄牙的航海术，终于超越了阿拉伯和中国。

恩里克亲王的遗迹

【王子宫】

位于葡萄牙北部城市波尔图的海关路 10 号院，这里几乎没有游人。1394 年，恩里克王子在这里出生，后来这里被遗忘，改做波尔图海关。当人们在这里偶然发现恩里克亲王的遗迹，便把这里改为王子宫，兼做城市档案存储馆，其中存放着恩里克王子的出生洗礼记录和他的手记。进王子宫一层左手，有向地下挖掘后展现出来的恩里克王子时代的地砖。

【远航教研中心遗址】

位于葡萄牙南部荒凉而壮丽的萨格里什海角，海角三面临海，为陡峭的悬崖，每天都会有当地渔民在此垂钓，但这里却游人罕至。恩里克亲王曾在这里建立世上第一个远航教研机构，后来渐渐荒废。哥伦布做海盗时，曾在附近海面抢劫，作战中落水，奋力游至海角下西侧的海滩，从此痛改前非。数十年后，恩里克亲王的远航教研中心遭英国德雷克的抢劫和破坏，图书馆和天文台均已不见，现在只剩下小小的恩宠圣母教堂和一个日晷。

【恩里克王子广场】

坐落在葡萄牙南部海港拉各斯老城东南，广场上有一座恩里克亲王的雕像。

【殷皇子大道】

它是澳门的一条街道，恩里克在澳门的音译是"殷理基"，所以"殷皇子"指的就是恩里克王子。

第二章

目标印度：向东还是向西

他们知道地球是圆的，所以无论是向东还是向西，都可以抵达同一个地点。但问题是，他们头脑中没有世界图景，无论怎么走，他们都不清楚要走多远，会遇到什么。葡萄牙航海家的全权大老板，若昂二世，决定向东；西班牙航海家的天使投资人，天主教双王，决定向西，目标一致，同样是印度。

对地球的误判

恩里克亲王去世前后，葡萄牙的远航探险松懈了很长时间，直到他的侄孙若昂二世（João II）登上历史舞台，葡萄牙的远航事业才开始重新启动。

1470年，葡王阿方索五世任命太子若昂二世负责远征与发现事务。此时，恩里克亲王驱逐或归化北非穆斯林的理想已被淡忘，打破穆斯林的封锁、去印度推广天主教、获取香料成为核心目标。而在所有远航专业问题中，最突出的争议是，向东还是向西。

忠实于恩里克传统的航海家坚决主张沿着几内亚，也就是非洲海岸，继续南航，去看非洲大陆究竟是否有南端。如果有，绕过它，向东进入印度洋，抵达印度的香料产地。但既然地球是圆的，向西为什么不能到达印度呢？佛罗伦萨的数学家和物理学家托斯卡内利（Toscanelli）认为，西行完全可以，而且比东航路程更短更顺利。若昂二世派人写信给托斯卡内利，让他就他的结论拿出分析报告。

1474年6月25日，托斯卡内利给若昂二世回信，还寄给他一张亲手绘制的地图。在这张地图上，详细标有葡萄牙的海岸线和岛屿。"你们可以从这些地方向西走，向你们要去的地方，向端点，向昼夜平分线航行，走过一定路程之后，就会到达出产各种香脂、香料的那

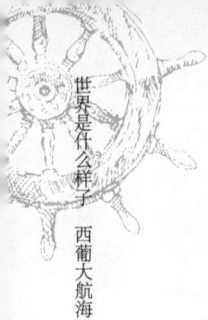

个富庶地区。我称那个产香料的地方是西方，你们不要对此感到奇怪，人们通常说香料来自东方，这是因为沿下半球西航的人总以为那些地方位于西方，而沿上半球东航的人则认为那些地方位于东方。"

托斯卡内利只是晚年才开始研究宇宙志，其动因源于家庭经济困难。而他的家族在经营香料贸易，这可以缓解他的家庭财政，除此并无科学动机。所以他的信和他的地图在富于实践经验的葡萄牙航海家那里没有引起多大反响，无论是宇宙志学家还是经验丰富的船长，都认为托斯卡内利的理论"好而不新，新而不好"。

首先，他说大地是圆的，当时基督徒、穆斯林、犹太人已经普遍接受这个判断，是人所共知的常识。15 世纪后半叶，欧洲出现了航海专业制图圈，这个圈子里的人，早就想到而且也同意，自欧洲向西航行，可以径直到达东方。只不过这是一个理论，没人去证实它。

其次，地球有 360 个经度，托斯卡内利说从里斯本沿陆路向东到印度海岸，要走 230 个经度，他要以此反推从地球另一面走水路只需跨越 130 个经度。这个判断来自古典地理学家蒂罗的错误计算，他认为陆路要跨越 220 个经度，而托勒密早已指出这是错的，认为欧亚大陆只横贯球面的 $180°$，如果从欧洲最西端远航到亚洲最东头，要航行地球另外一面的 $180°$。这个距离太过遥远，当时只有 25 米长的海船无法承担这样的远航。而托斯卡内利不但无视托勒密的修正，而且把蒂罗的错误从 220 个经度增加到了 230 个经度，于是西航到印度便只需 130 个经度。里斯本许多人都知道这是错的，只是不知道错得有多严重。事实上，连托勒密的修正也是错的，欧亚大陆只有 120 个经度，西航至亚洲必须跨越 240 个经度。

再次，托斯卡内利认为，赤道线上每一个经度的距离是 115.75 公里，那么赤道线上大西洋两岸之间的长度便是 115.75 公里乘以 130，也就是 15047.5 公里。他不知道美洲的存在，误以为非洲和亚洲之间全是大西洋。而葡萄牙人认为，赤道线上每一个经度的距离是 129.64 公里，115.75 公里太短了。他们认为托斯卡内利对地球圆周的估算太低，把地球想象得太小了。实际上，两者都把地球算得太大了，赤道线上每一个经度的真正距离是 111 公里。

最后，他认为从非洲佛得角到亚洲东海岸的纬度距离，只占地球同纬度周长的三分之一或是 116 个纬度，实际上是将近三分之二。

在葡萄牙人看来，托斯卡内利的报告不足以作为依据，让他们从里斯本经西部水路前往印度。于是这份报告被锁进皇家档案馆，束之高阁。

只是，这些档案没有严格保密，后来被哥伦布看到了。

海盗小头目哥伦布

1476 年 8 月 13 日，法国海盗领袖哥伦布在葡萄牙圣文森特角海域抢劫热那亚船队，25 岁的海盗头目哥伦布冲锋陷阵，攻打热那亚船，在经历了九死一生的搏斗之后决定洗心革面，重新做人。

有人可能会问，哥伦布不是热那亚人吗，他怎么会帮助法国海盗去打家乡的船队。这是一个隐秘的事实，哥伦布出生在热那亚，但他的家族成员始终是未被热那亚同化的西葡犹太人。所以哥伦布不会写意大利文，只用葡语和西班牙语与亲友交流。他是一名没有家乡意识和家乡心理基础的热那亚人，是随时准备去远方、愿在任何尚未发现的土地上栖息的过路鸟。

在战斗中，哥伦布的船起火了，又与一艘热那亚船撞在了一起。哥伦布怀抱一支桨跳进了海里。他用桨当独木舟，奋力向恩里克亲王设立远航教研中心的萨格里什海角游去。高耸的海角下西侧不远，有一片海岸。哥伦布快到海岸时已是疲惫不堪，他把身子伏在桨上，竟听到一个威严的声音在问，你过去的青春年华都在干什么，你还将要继续当个四处为害的海盗吗？

哥伦布奇迹般游上海岸，把桨扔在一边，他跪在地上仰望蓝天，发誓从今以后要为上帝效劳。从这天开始，哥伦布获得了新生，他要

找一条报效上帝的路。

哥伦布是天主教徒，非常虔诚，每做一件事之前都要祷告。

他在祷告之后，向东去了拉各斯港，那里有恩里克亲王的船坞，最后他还是去了里斯本，那里是充满大发现的狂热都城，也是他二弟巴托洛梅（Bartolome Columbo）打工的地方。

那时候，里斯本已是欧洲航运中心，非常繁荣。那些往来于地中海和法国、英国、比利时、德国汉萨同盟各个港口之间的船只，都把里斯本当作最好的中转站。那些从非洲西海岸满载而归的船，停泊在穿城而过的塔霍河（Tejo），这些船的身价随着它们向未知世界冒险进军的距离而有所不同，走得越远，越感到自得。

哥伦布的二弟在这里工作，职业是书商和绘图员，他可以为海员绘制带有海洋、岛屿、海岸线、海湾、港口的比例地图。哥伦布在一家书店里找到了弟弟，这家书店兼售罗盘、登高仪、沙漏钟。他和弟弟一起，开始从事同样的工作。

轻信权威

除了弟弟的书店，里斯本还有53家注册书店。哥伦布在这座都城中开始如饥似渴地学习宇宙志学和天文学，掌握了观测、计算、制图的技巧。

哥伦布十分崇拜曾在热那亚坐过监狱的马可·波罗，读了《马可·波罗游记》。其中关于日本群岛的故事说："那座岛的领主有一个巨大的宫殿，是用纯金盖的顶。宫殿所有的地面和许多大厅的地板都是用黄金铺设的。金板有如石板，厚达两指。窗子也用黄金装成。"关于中国泉州港，马可·波罗说，那里来往客商之多，"超过全世界其余港口的总和"，在这里卸下胡椒的船只，每年多达100艘。

哥伦布对黄金和宝石尤有兴趣，在读红衣主教戴利（Daly）的《世界的形状》时，他对许多信息并不感兴趣，但见到黄金和宝石他便会认真写下批注。戴利说，幼发拉底河是美索不达米亚的河流，有很多宝石，哥伦布便在边白上写道："幼发拉底，宝石最多的一条河流。"

哥伦布是犹太人（Jew），而宝石（jewel）和珠宝（jewelry）都是由犹太人的原词派生出来的。哥伦布确实喜欢财宝，但因此判断哥伦布的核心目的是追求物质利益，那就大错特错了。在物质利益面前，哥伦布的确很坚定，甚至有些过分，他后来向他的天使投资人索要巨大收益就是明证。但哥伦布是天主教徒，同时有着诗人般的遐想习惯，这让他能够置身于黄金和宝石之上去思考问题。

在知识和理论方面，哥伦布极易轻信，对所读书籍基本上采取谦恭的学生态度。他的批注很少怀疑作者提供的信息，而是以正在求学的学生口气行文。对戴利在描述西班牙河流时犯下的明显错误，哥伦布没有任何一点质疑。于是，戴利对哥伦布诗人般的幻想，产生了权威性的影响。

在《世界的形状》第5章，戴利解释如何利用经线和磁极度数的高低来测量地球的体积。哥伦布由此得出一个严重错误的结论，这最终使他无知无畏地驶向了未知海洋。

在《世界的形状》第12章，戴利荒谬地探讨所谓"人间天堂"的具体位置，哥伦布竟信以为真。在第65章，戴利莫名其妙地说，"人间天堂"有一个泉源浇灌着乐园，这个泉源分出四条大河，"皮松河或恒河、吉洪河或尼罗河、底格里斯河、幼发拉底河，尽管这四条河看起来是在不同的地方"，对此，哥伦布全盘接受。戴利说："'人间天堂'位于东方某个宜人之地，无论走海路还是走陆路，它离我们居住的地方都很远。"哥伦布把这个断言全文照抄在边白上。另外，他又赞同戴利说最高贵、最雅致的"人间天堂"在南回归线以南，那里有人居住。

1477年，哥伦布去了冰岛，并留下了这样一段文字："我们看到了许多明显的事物，在爱尔兰的戈尔韦（Galway），我们发现了两个抱着木头的遇难者，一男一女，女的非常美丽，他们从中国东岸漂过

来。"其实，中国海难者从太平洋漂到大西洋的戈尔韦港，是不可能的。被哥伦布推测为中国人的遇难者，很有可能只是北欧人。那时候任何一艘失事的北欧船上，都有芬兰人或萨米人，他们眼睛细长，很像中国人。但因为这个错误的判断，哥伦布已经在心里酝酿起经西路前往中国的计划。

1478 年，哥伦布从格陵兰岛爱斯基摩人的图勒村（Tule）回到葡萄牙。据推测，哥伦布见到了太子若昂二世，已经告诉他，把非洲抛在脑后向西航行，必然能找到东方。但他像托斯卡内利一样，没有得到回答。

确信大西洋西岸是东亚

哥伦布取得了葡萄牙国籍，常常光顾为圣地亚哥骑士的妻女们建造的圣人修道院。那时，这些修女的丈夫和父亲都在前线和异教徒打仗。哥伦布看中了圣港岛已故领主勃德斯戴楼的女儿。

1479 年，哥伦布与勃德斯戴楼修女结婚了，那时他才 28 岁。

他的岳父岳母全是贵族。岳父是显贵人家的老四，也是大主教诺罗尼亚的内弟。他的岳母出身于有钱有势的莫尼斯家族，从 12 世纪起，这个家族就与王室有着密切关系。

岳母发现哥伦布酷爱航海，便告诉他，他死去的岳父是航海家。哥伦布结婚前不可能不知道这个信息，顶多是不知道具体细节。岳母告诉他，恩里克王子曾派他去拓展圣港岛。1446 年委任他为圣港岛世袭长官，但他 1458 年就去世了。于是岳母把世袭长官的职位送给了小叔子，1473 年又转交给儿子。在哥伦布和她的女儿结婚的时候，她的儿子已经开始行使世袭长官的职权。

哥伦布在圣港岛住了两年多，仔细研究了岳父留下的航海日志和海图，这对他日后的航海事业大有帮助。那时他经常出海。哥伦布妻子的妹夫告诉他，他在圣港岛看到过一根本地没有的大甘蔗。葡王的领航员文森特也告诉他，他曾从海里捞起过一根木制工具，它可能是被风从西方吹来的。亚速尔群岛的居民告诉哥伦布，每当刮西风或西北风时，海上就会飘来一些松树枝，而格拉西奥萨岛（Graciosa）和法亚尔岛（Faial）根本没有松树。

所以，哥伦布确信，大西洋西岸就是东亚。

哥伦布的结论

在西葡的探险竞赛中，两国同时盘算着几内亚和加那利群岛的归属。西班牙想的是，如果放弃前者，必须抓住后者，葡萄牙想的是，如果得不到后者，一定不放过前者。1479 年，两国缔结《阿尔卡索瓦斯条约》，西班牙只得到加那利群岛，而马德拉群岛、亚速尔群岛、佛得角、几内亚全都属于葡萄牙，葡萄牙还有权去发现加那利群岛以南和几内亚沿海的土地。

葡萄牙占了太大的先机，以至于它有点故步自封，对向西找到亚洲的冒险有些持消极态度。此时，哥伦布却越发积极，他最大的变化是得到了第一个儿子，而且他读到了托斯卡内利六年前写给若昂二世的那封信，看到了那份地图。

他琢磨了一番，得出并确信这样一些结论——

一、大地是圆球，陆地和海洋共同构成了球面。

二、从西方之末，也就是加那利群岛，到印度之末，陆路距离是282°。哥伦布的这个根本性错误，是他整个行动的基石。他对欧亚大陆的面积估计过大，于是对海洋的面积便估计得太小，他认为里斯本到印度的水路距离只有 78°。而他从戴利那里找到了依据，他非常赞赏地记下了下面这句话，西班牙末端到印度起点的水路相距不远，如果顺风，不几天就可以横渡这片海洋。

三、在赤道线上，每度距离是 87.73 公里，他修正了托斯卡内利每度 115.75 公里的数据。赤道上，每个经度距离的正确数据是 111 公

里，托斯卡内利把地球想得太大了，而哥伦布把地球想得太小了，他把赤道实际周长缩短了四分之一。

四、他让水手们在加那利群岛的等高线上行驶了一经度，每度是73.88公里，所以他认为沿加那利群岛等高线西航，只要走5762.25公里就可以抵达印度。实际上，加那利群岛西行至印度的距离是25000公里。

另外，哥伦布还读了犹太先知以斯拉（Ezra）的《伪经》，这让他更加信心倍增。以斯拉认为，地球总面积只有七分之一是水，其他七分之六是陆地。哥伦布这样理解，西班牙和印度之间的水域是360°的七分之一，也就是51°，而加那利群岛的等高线上每个经度是73.88公里，73.88公里乘以51只有3767.88公里。这让哥伦布欣喜若狂。托斯卡内利没读过以斯拉的著作，他告诉若昂二世，得让葡萄牙海员横渡130个115.75公里的未知海，即横渡15047.5公里。而哥伦布掌握了以斯拉的秘密数据，只有他知道，这片水域只有3767.88公里。

这一系列错误，使他刚好把印度的位置确定在美洲的大西洋海岸，所以当他登上中美洲岛屿的时候，他坚信自己到达的是印度。

哥伦布算错了，却完全不知，因此抱有万分坚定的信心。

弃葡投西

1481年，若昂二世登基，他着手做的第一件伟业就是探索非洲。

他启动了长达五年的由国家出资的大规模探索行动，他希望达成两个目标：一是找到通往印度的道路，二是找到传说中的天主教祭司王约翰的王国。1482年，他把这些任务托付给了在西非海岸竖立了许多石柱的迪奥戈·卡奥（Diogo Cão）。

1483年夏季，正当迪奥戈·卡奥沿着非洲海岸南下摸索的时候，哥伦布非常自负地向新葡王提出寻找印度的新方案，并以一系列过分要求作为交换条件。

首先，他要求尊重他：第一，封他为佩戴金马刺的骑士；第二，称他为堂基督使者·哥伦布，他的继承人姓名前面也要冠以堂的尊称；第三，授予他海军上将的军衔；第四，任命他为"他亲自发现的以及按他的方法发现的所有岛屿和大陆的终身总督和长官"。

其次，他要求物质条件：在他的海军上将领地之内，国王可能得到的所有金银、珍珠、宝石、金属、香料、其他任何有用的东西以及那些买来、换来、找来或挣来的各种各样的商品，其十分之一归他所有。

最后，他要求："为此项事业装备起来的"所有远征队的费用，他有权担负八分之一的份额，由此得到的收益，他有八分之一的分配权。

哥伦布之前，没有任何人向葡王提出过如此离奇的要求，葡王很是惊讶和不快。他还是想把希望寄托在迪奥戈·卡奥身上，对哥伦布他拿不定主意，便让他去见休达主教堂的奥尔蒂斯（Diego Ortiz）、罗德里戈（Mestre Rodrigo）、比西尼奥（Mestre Bisineo），这些人懂得宇宙志学，其中两位是犹太御医和占星学家，一位是先后出任休达和维塞乌主教的西班牙教士。

这些学者不相信哥伦布的话。

8月，迪奥戈·卡奥首次越过赤道，行过刚果河河口，在一处海岬竖起一根石柱。上面用葡萄牙文写道："最高贵、卓越、强大的君主，葡王若昂二世，派遣他的宫廷绅士迪奥戈·卡奥，发现了这片土地，并竖立石柱。"

这根石柱，对于庞大的非洲大陆而言，只是微不足道的一条细痕，但它却是葡萄牙航海家沿非洲西海岸向南伸展的最远纪录。迪奥戈·卡奥从这根石柱向南瞭望，发现海岸线向东弯曲，他觉得自己已经接近非洲大陆南端，向东拐过去便是印度洋。

1484年4月，迪奥戈·卡奥回到里斯本，向葡王汇报，说他已经看见非洲海岸向东弯曲。若昂二世非常满意，赏赐给他一大笔年金，

封他做贵族。

对若昂二世来说，印度似乎已近在咫尺，只要再来一次远航就够了。

迪奥戈·卡奥的报告意味着哥伦布的希望破碎了。

若昂二世的委托人认为，哥伦布在托斯卡内利的基础上错上加错，严重低估了地球的尺寸。按照他对去印距离的估算，他把地球的尺寸缩小了四分之一，而他还大言不惭地要求赏赐和特权，实在令人不悦。

1485年初夏，迪奥戈·卡奥带着更多石柱再度出航，打算把它们竖立在非洲最南端。几个月后，若昂二世向教皇和世界宣布，他的水手马上就会获得决定性的突破。

在葡萄牙施展抱负的计划落空后，哥伦布思忖着，世上只有三个国王可能给他佩上金马刺——法国国王、英国国王和西班牙国王——哥伦布在戴利的著作一处边白上写道，"法国人和英国人在占星学方面没有能力"，但是法英值得一顾，因为这两个国家有许多港口和不少帆船。于是，他派弟弟北上探访，他自己要去西班牙，因为西班牙有较好的宇宙志传统。

哥伦布手拿着《庇护二世见闻录》，再次钻进藏有托斯卡内利地图的房子，他把地图上的信息抄录在书中的空白页上。

哥伦布抛弃了妻子，"为了从事上帝让他终身而为的事业，有必要脱身对妻子的照顾和义务，不能带妻子"，但他带走了儿子。就这样，哥伦布口袋里装着托斯卡内利来信的附件和记有托斯卡内利地图信息的《庇护二世见闻录》，带上五岁儿子作为唯一的旅伴，偷偷离开了葡萄牙。他选择的不是沿着既慢且危险的陆路逃走，而是出塔霍河河口，走水路前往西班牙的帕洛斯港（Palos）。

葡王三路并进

与此同时，葡王的希望也破灭了。在5000公里之外，迪奥戈·卡奥发现，非洲西海岸向东弯曲只是一个幻觉，那只不过是一个大海湾，跨越海湾，海岸线继续向南延伸。1486 年 1 月，迪奥戈·卡奥的耐力到达极限，他在纳米比亚的十字架角竖立好最后一根石柱，被迫返航。其实他离非洲最南端已经不远了。

1 月 20 日，哥伦布在西班牙帕洛斯港下船，不知道葡王即将心碎。

迪奥戈·卡奥为世界地图新添了 2334 公里的海岸线，但若昂二世为自己提前宣扬的胜利化为泡影而恼怒，他狠狠羞辱了迪奥戈·卡奥，让他永远消失在历史的尘埃之中。

不过，迪奥戈·卡奥的失败并没让若昂二世灰心丧气，反而让他的探索范围变得更大。他不愿放弃任何可能性。恩里克亲王和他都没能在非洲西海岸找到约翰王，他便派两名僧侣向东寻找，但因为不懂阿拉伯语，两人在耶路撒冷被挡了回来。

他精神百倍地筹划了三路并进计划：一路集中力量，继续沿非洲西海岸南下，超越迪奥戈·卡奥的最后一根石柱，努力找到绕过非洲的水路；一路在南下沿途，派遣会葡萄牙语的非洲土著深入内陆，打探天主教祭司王的消息；一路吸取僧侣前往耶路撒冷失败的教训，招募会说阿拉伯语的人直奔印度，沿途打听天主教祭司王、通往印度洋的可能航线、香料产地。

关于哥伦布提议的西进路线，若昂二世也想试试。他授权比利时冒险家乌尔默（Ulmo）自费率领两艘小吨位轻快帆船西航 40 天，允许他占有他发现的任何土地，王室只提成其全部收入的 10%。不过这里可以看出，葡王还是认为西进路线可能性不大，所以他不出资，也不要求太多收益。遗憾的是，乌尔默最后没能筹措到足够的资金，西航没真正启动。

圣乔治城堡（São Jorge Castle）坐落在里斯本一个崎岖的海岬上，视野极佳，可以远眺塔霍河。城堡里收藏着一张豪华版的黄金世界地图，它是老葡王 1459 年聘请威尼斯地图师毛罗修士（Fra Mauro）绘制的，地图配有红墨水和蓝墨水撰写的文字评论。毛罗反对托勒密关

于印度洋是一片封闭海洋的论断，相信有一条从欧洲通往印度的海路存在，他的论据有古代地理学家斯特拉波（Strabo）对一次航行的描述，也有中国平底帆船环绕非洲航行的故事。毛罗的地图上，特别标注着葡萄牙人特别感兴趣的印度洋各港口和香料群岛的位置。若昂二世对毛罗的地图将信将疑，但又渴望它是真的，也期待着他的船队能证实它。此外，他要地理学家委员会认真审视所有世界地图，纠正它们歪曲事实的部分。

西班牙双王的圣战

我们再来看看西班牙的情况。严格说，此时尚无西班牙，那里是一些互有姻亲关系的封建领地。让我们从西北和中部的卡斯蒂利亚王国（Castilla）说起吧。

卡斯蒂利亚国王若昂有两个儿子，一个是继承了卡斯蒂利亚王位的恩里克三世（Enrique III），一个是东部阿拉贡国王斐迪南一世（Ferdinand I）。

恩里克三世的大孙子是性无能的恩里克四世（Enrique IV），孙女是伊莎贝拉一世（Isabella I），小孙子是阿方索（Alfonso）。恩里克四世的王后是葡王阿方索五世最小的妹妹，他的王位继承人是女儿胡安娜（Juana），阿方索是第二继承人，而雄心勃勃的伊莎贝拉一世只是第三继承人。后来，阿方索死后，伊莎贝拉一世只剩下胡安娜一个竞争对手。1468年，有些卡斯蒂利亚贵族说胡安娜不是恩里克四世的女儿，而是王后和阿尔布开克公爵（Duques de Albuquerque）通奸的结晶，于是他们推举伊莎贝拉一世为王位继承人。后来发现，王后给主教的侄子生过两个孩子，大家就更坚定地确信胡安娜不是恩里克四世的女儿。

伊莎贝拉一世被推举为王位继承人的同时，斐迪南一世的孙子斐迪南二世（Ferdinand II）被任命为西西里国王。

恩里克四世希望伊莎贝拉一世嫁给葡王阿方索五世，跟葡萄牙亲上加亲，一同抵制阿拉贡和西西里。伊莎贝拉一世审时度势，认为与其与外人联姻，不如与阿拉贡联手，后者有助于西班牙统一。

恰逢 15 世纪末，整个欧洲，尤其是西班牙，广泛流传着一种说法。预言家透露，斐迪南二世将是力挽狂澜的大英雄，他将率领天主教奇兵，赶走所有穆斯林。西葡自 711 年被阿拉伯人攻占，本地势力被赶到西北一隅，穆斯林的压迫和威胁便是随处可见的现实。因此对穆斯林的圣战不仅是宗教义务，而且是民族需要。预言明确说，斐迪南二世将征服穆斯林盘踞的格拉纳达（Granada），然后跨过地中海，打败北非穆斯林，他还会把犹太人改宗为基督徒，最后夺回耶路撒冷，建立全新的天主教帝国。

这些预言让伊莎贝拉一世对她这位堂弟颇为倾慕。

1469 年，阿拉贡向卡斯蒂利亚派来一名谈判代表，皈依天主教的犹太人佩德罗骑士（Pedro），由他来促成联姻和北方统一。而没受过洗礼的犹太人塞莱莫（Xylem），以斐迪南二世的名义，向伊莎贝拉一世赠送一串美丽的金项链，项链是塞莱莫出钱买的。后来，卡斯蒂利亚的犹太名人塞尼奥尔（Senor），为斐迪南二世提供住宿，陪他与伊萨贝拉一世幽会，这对堂姐弟签订了婚约。1470 年 10 月 19 日，他俩在巴利阿多里德（Valladolid）的比维罗宫（Vivero）举行了隆重的婚礼。

恩里克四世死后，伊莎贝拉一世继承王位，她宣布斐迪南二世和她是共同在位者。而阿方索五世刚刚娶了胡安娜，因而入侵卡斯蒂利亚，想夺走王位。1479 年，伊莎贝拉一世打败了阿方索五世，同时斐迪南二世继承了阿拉贡王位，两人的势力得以最终稳固。

双王准备马上向南圣战，驱逐盘踞在南方 700 年的穆斯林，所以国际间的势力角逐他俩暂时无暇顾及。此时，土耳其帝国处于鼎盛时期，称霸了地中海，彻底切断了陆路通往东方的道路。沿非洲西岸南下的海路被葡萄牙垄断，在与后者争夺西非的角力中，西班牙明显处于劣

势。沿非洲西岸依次南递的亚速尔、马德拉群岛、加那利群岛、佛得角，西班牙只取得了加那利群岛。

而让人意想不到的是，圣战在即，民众却迫使双王首先建立宗教裁判所，要求审判异端。他俩不曾想到，这种宗教狂热具有极广泛的民众基础，根本无法抗拒。宗教裁判所首先对准了富人，原因不过是嫉妒，对别人成功的特殊仇恨。但宗教裁判所没收的钱，大部分用在了马上就要展开的格拉纳达圣战中，一小部分留给了尚未进入西班牙的哥伦布。

1482 年，双王启动对格拉纳达的圣战，那是阿拉伯人在西班牙的最后一个伊斯兰国家，他们一个村庄接一个村庄地向南推进。

随着双王不断取得胜利，关于斐迪南二世的预言一个个变成现实。双王不仅发誓消灭阿拉伯人在西班牙的势力，而且要把战火燃向北非。他俩不失时机地反复宣称，格拉纳达圣战以及日后对北非的圣战，不是为了个人名利，而是为了扩大天主教的影响，荣耀上帝的光芒，这是一项伟大事业。他俩为收复失地运动和征服北非所提出的很多主张，即是日后发现并征服新大陆的思想基础。双王首先是狂热的天主教徒，其次才是以获得土地和财富为目的。

双王并不是一对惨无人道的暴君，相反他俩一直有着不曾泯灭的怜悯心，这对不了解西葡历史的中国人来说可能有些意外。其实，大航海时代的每一位著名人物，无论是国君和大臣，还是航海家和领航员，没有任何一个是没有缺陷的圣人，也没有任何一个是没有优点的恶魔。

在圣战第二年，西班牙人便活捉了格拉纳达总督宝布迪尔（Boyeabudir），把他押到科尔多瓦（Cordoba），交给双王。斐迪南二世认为，宝布迪尔是穆斯林首领，具有和自己一样的对内威慑力，于是他把宝布迪尔放了。斐迪南二世的文臣武将想迫使这位战俘吻自己国王的手，但斐迪南二世拒绝了。他说："他如果自由地生活在自己的王国，我当然要他这样做，但现在我不能，因为他是我的俘虏。"

哥伦布对西班牙心灰意冷

1486 年 1 月，哥伦布自韦尔瓦（Huelva）的帕洛斯港踏上西班牙国土，他完全没有料到，他从这里起航去寻找印度，要等到六年之后。

上岸当天，哥伦布走进拉比达修道院（La Rabida Monastery），与方济会（Franciscan Order）的灰衣修士会面，托他们把西航计划送往王室枢密院。所以，哥伦布把这个日子视为他效力西班牙的开始。为了保险起见，他在葡萄牙护照上加注了方济会的签证，然后上路去塞维利亚（Sevilla）。

伊莎贝拉一世是军队总管，当时住在塞维利亚，斐迪南二世也从前线回来和王后一起过冬。哥伦布没有马上求见双王，而是先去拜访西班牙最富有的梅迪纳 - 西多尼亚公爵（Duques de Medina-Sidonia），他实际统治着塞维利亚南侧的桑卢卡尔港（Sanlucar），只要他愿意，他自己就可以担负远航的一切费用。遗憾的是，这位公爵没兴趣。哥伦布又去找梅迪纳塞利公爵（Duques de Medinaceli），这位公爵原本也是王位继承人，甚至有权认为伊莎贝拉一世是篡位者，夺去了原本属于他的王位，但他不仅没去争夺王位，而且是最忠诚于双王的王公。他喜欢哥伦布的计划，下令保护哥伦布并提供给他食宿，而且还要在自己的港口船坞给他建造三桅帆船。

开春后，斐迪南二世和他的骑兵移师科尔多瓦大本营，按照他的命令，大封建主们已经率领各自的军队整装待发，准备发动春季攻势。梅迪纳塞利公爵也将参加这次战斗，所以他无暇顾及哥伦布，只好把他引荐给塞维利亚大主教门多萨（Pedro Mendoza）。此人相当于总理，拥有"第三国王"的别称，后来是西班牙红衣主教，接近这个人，几乎等于接近了双王。另外，公爵给双王写信，推荐哥伦布，双王回信说，请把哥伦布送到科尔多瓦。

5 月初，双王第一次召见哥伦布。此时，伊莎贝拉一世 35 岁，斐

迪南二世和哥伦布同为 34 岁。哥伦布让双王看他弄到的世界地图，让他俩产生了想探索那些未知土地究竟在哪里的愿望。要知道，哥伦布是在世界霸权分配明显利于葡萄牙的背景下从葡萄牙跑过来向西班牙献计的，双王被他特有的热忱打动了。但他俩确实无暇顾及，驱逐穆斯林的战斗迫在眉睫，于是他俩授权远在萨拉曼卡省（Salamanca）的专家委员会，让他们研究给哥伦布的西行方案。15 日，斐迪南二世离开科尔多瓦去前线。

哥伦布遵照双王指示，去见王室总会计师金塔尼利亚（Alonso Quintanilha），他口若悬河地展望西航奇迹和可能带回的金银和宝石，让总会计师垂涎三尺。总会计师非常同情哥伦布的窘困，下令给他提供吃的、用的。

至于萨拉曼卡专家委员会，中国人编造了许多不实的段子。比如说，有一位委员问哥伦布，即使地球是圆的，向西航行可以到达东方，但回港时，必然要从地球下面往上爬坡，可帆船怎么可能爬上来。这是不可能的。主持委员会工作的是塔拉维拉修士（Hernando de Tallavera），他是伊莎贝拉一世无私的万能大臣，也是她的忏悔牧师，是一位博学的圣人。萨拉曼卡省有萨拉曼卡大学，大学执政马尔多纳博士（Maldona）是委员会的成员，大学里还有最伟大的犹太天文学家萨库托（Abraham Zacuto）。这些人是不可能犯这种低级错误的。哥伦布之所以没有得到委员会的认可，是因为他始终不愿透露托斯卡内利的那些地图信息，也没提及托斯卡内利，他非常害怕委员会问起这些信息是怎么来的。所以他像对待双王一样，只是引证一些无关紧要的空洞理由让大家相信他的计划是可行的，却闭口不谈关键依据。塔拉维拉是一个清澈透明的人，对哥伦布这种不爽快的态度非常反感。其他委员也一样，对这位理由不充足、没有地图规划，却又刚愎自用的外国人，一致感到不耐烦，甚至很生气。

哥伦布太不顺了，所有人都把注意力放在了格拉纳达圣战上，很少有人注意他。事情拖到秋天，整个安达卢西亚区（Andalucia）又遭受了大水灾，大家又忙于抗洪救灾。冬天，双王本可以利用歇战亲自过问此事，但安达卢西亚气候恶劣，双王北上去托莱多（Toledo）过冬。此时，双王的财源彻底枯竭了，他俩把自己的所有财产全用完了，所以非常感谢及时捐献财力的封建领主。哥伦布的远航完全成了泡影。

不过，王室在最困难的时候也没有彻底放弃哥伦布，1487年5月5日，双王送给哥伦布3000马拉维迪，7月3日又给了他3000马拉维迪。8月18日，在梅迪纳-西多尼亚公爵的大力援助下，迂回格拉纳达西侧的斐迪南二世夺回马拉加城（Malaga），然后把王室搬了过去。27日，双王送给哥伦布4000马拉维迪，让他当作去马拉加城的旅费。不过历史文献没有记载哥伦布到底去没去见国王。

哥伦布动摇了，他心灰意冷，常去19岁的犹太少女恩里克斯（Henriquez）那里寻求温暖，继而他给葡王写信，愿返回里斯本，重新为他效力。1488年3月20日，若昂二世给哥伦布回信："您可以来去自由，决不会因任何民事原因或其他性质的罪名而受到逮捕、拘留、控告、传讯、起诉。"哥伦布收到葡王的回信，获悉若昂二世愿意热情补偿他。不过哥伦布冷静地想了想，葡王大航海政策是垄断性的，对任何航海资料全都是绝对保密的，他非常担忧葡王如果知道了他窃取托斯卡内利的信和地图，会如何处置他。所以最终，哥伦布没回葡萄牙。

哥伦布到死也没和恩里克斯结婚，但是8月15日，他俩的私生子诞生了，哥伦布用西班牙最高贵的国王斐迪南的名字给孩子起名。国王也算对得起他，他们再次传令："我们各个王国和领地的所有城镇乡和地方的政府、司法机关、市镇议员、骑士、绅士、官员、名门望族，哥伦布投奔了我们的宫廷，他懂得一些对我们有用的事情，不管他到你们谁那里，都要接待他，并安排好住宿。不过，他的随从无钱不能住店。"

1490年，葡王派专门使者来见西班牙双王，为太子阿方索向伊莎贝拉公主求婚。5月，西班牙为这对恋人举行前所未有的豪华订婚礼。

11月，公主在一大群西葡权贵陪同下前往里斯本。在这段大喜大庆的日子，哥伦布却很痛苦，他等待专家委员会的意见等了四年，结果竟是否定的。双王依然没有做出彻底放弃的决定，但仍以战事为理由暂时拒绝了他。

此时，哥伦布的大儿子迪亚哥11岁，在韦尔瓦的姨妈家。他的私生子斐迪南两岁，和他的情妇在科尔多瓦。哥伦布缺少供养他们的必需品，他再一次感到走投无路。

山穷水尽，柳暗花明

哥伦布垂头丧气地回到拉比达，结识了帕洛斯地方豪强平松兄弟（Pinzon），他们特别愿意出资与哥伦布合作，但他们在朝廷中没有什么地位。

有一天晚上，原本就对西航感兴趣的佩雷斯修士（Juan Peres）与哥伦布谈话，然后派一位信使去宫廷，给伊莎贝拉一世送信。仅仅是这封信，竟一下解决了双王对哥伦布计划怀有的科学疑问，终于在原则上同意资助他进行远航。

15天后，伊莎贝拉一世给佩雷斯回信，说要召见他，并指示哥伦布静等斐迪南二世的来信。

不久，一名帕洛斯公民来到拉比达，给佩雷斯送来伊莎贝拉一世的又一封信，随信还送来两万马拉维迪，女王叮嘱他"把这些钱给哥伦布，让他买些衣服，穿得体面一些，以觐见陛下"。

情况突然转机，西航计划似乎指日可待，剩下的只有一个问题，就是哥伦布那些过分的要求能否被接受。如果说佩雷斯上书之前，哥伦布是为了让双王接受他的理念而奋斗，那么自佩雷斯上书和会谈之后，哥伦布要做的只是为实现他的过分要求而努力。但哥伦布又等了许久。

1491年4月，双王和太子前往塞维利亚，斐迪南二世把妻儿安顿好，转身杀入穆斯林防区。整个春天到初秋，他一直在进行大大小小的激烈战斗，以最终包围格拉纳达。

在战事如此紧张的情况下，一股迫使双王驱逐犹太人的强大压力正在形成。此前，双王企图用天主教信仰拯救所有犹太人，但犹太人或公开或秘密地拒绝，而大多数表面上已经皈依天主教的犹太人，依然坚持着前辈的信仰和生活方式。可以说，普遍同化犹太人的尝试，已经失败了。于是，在自以为满眼都是光明的天主教徒看来，那些拒绝光明的犹太人注定走向黑暗。他们强烈要求双王赶走这些执迷不悟的人。

所有中国资料都把双王说成狂热凶恶的排犹急先锋，其实，伊莎贝拉一世的王室和斐迪南二世的王室一样，全是犹太化的，女王的三名秘书都是皈依天主教的犹太人。排犹完全是民众的呼声，而且它并非是基于种族的原因，只是因为宗教信仰的缘故。

就是在激烈排犹的背景下，双王在这年12月，在格拉纳达的皇家大本营圣菲城（Santa Fe），再次召见了皈依天主教的犹太船长哥伦布。

哥伦布在女王送给他置办新衣的钱款之前，一直穿着破旧寒酸的披风，形同挨饿受冻的乞丐。他自认为他是由上帝选出来的代理人，要去征服新世界。他像对葡王提出过分条件一样，再次高傲地向西班牙双王提出同样的要求。宫廷震惊，他再次被拒绝了。

哥伦布又到了选择出路的时候，不知道该去英国还是该去法国。总之他得先去科尔多瓦情妇那里，看二儿子一眼，然后再决定走哪条路。

然而，就在哥伦布离开格拉纳达那一天，他的两位有势力的犹太朋友推选斐迪南二世的犹太给养员桑坦赫尔（Luis de Santangel）去找伊莎贝拉一世说情，再次改变了女王的态度。但像佩雷斯的上书一样，桑坦赫尔跟女王说了什么，没有人知道。

哥伦布已经离开格拉纳达11公里，越过了松树桥，女王的一名小吏快马追赶上哥伦布，说女王让他回去。哥伦布犹豫了一下，忽然觉

得小吏一定是上帝派来的，于是决定返回圣菲城。他猜测，他取得了最后的胜利，剩下的不过是把他的计划和要求誊写在纸上。

此时，格拉纳达的穆斯林已被围困八个月，饥饿难熬，被迫同意投降，条件是尊重他们的信仰和财产。斐迪南二世希望少流血，便在宝布迪尔的投降书上签了字，宝布迪尔同意 1492 年 1 月 6 日交出堡垒阵地。

因为有一下属造反，不同意投降，宝布迪尔通知斐迪南二世，让他提前进城。1 月 2 日，圣菲石城插满旗幡，无数的马匹和炮车拥满街道，斐迪南二世衣着华丽，骑着用红缎和黄金装饰的骏马，走在一队蔚为壮观的骑兵前头，行进在通向格拉纳达城的路上。队伍中的文臣武将有西班牙红衣主教门多萨、梅迪纳 - 西多尼亚公爵、加的斯公爵（Duques de Cadiz）、令穆斯林闻风丧胆的卡布拉尔伯爵（Piaget de Cabral）。

伊莎贝尔一世站在失火后秃光光的小山顶，带着儿子胡安和公主胡安娜，欣赏着山下壮丽的景象。而满是林木的红山（Alhambra Mountain）上，疲惫不堪的穆斯林官兵伫立红宫（Alhambra Palace）围墙，等待着悲痛却可以解脱的时刻。

与斐迪南二世光彩照人的队伍比起来，宝布迪尔的随员寥寥无几，个个没精打采地骑在马上。以往向基督徒策马喊杀时如同翅膀一样随风飘扬的白色大斗篷，此时毫无生气地垂落在战马的两边。他们缓缓而行，从红山向赫尼尔河边（Genil River）走来。宝布迪尔命令随从，停在威风凛凛的基督徒队伍前面，做出下马姿态，但斐迪南二世表示没必要这么做。于是宝布迪尔坐在马背上，做出一个深表敬意的动作，然后骑马过去，亲了一下斐迪南二世的胳膊，把格拉纳达的钥匙交给他，从此结束了阿拉伯人对西班牙长达 700 多年的统治。

斐迪南二世把钥匙交给滕迪利亚伯爵（Piaget de Tendilla），滕迪利亚伯爵手持钥匙，与莱昂军团长并肩站立，然后以十字架和王旗在前面开路，在无数骑士簇拥下徒步向红宫走去。最后，身披盔甲的武士们高呼，"格拉纳达属于斐迪南国王，格拉纳达属于伊莎贝拉女王"，十字架和王旗先后插上了科马雷斯宫（Comares），在蓝天下飘扬。

女王的歌咏队围着她，唱起感谢天主的《赞歌》，女王双膝跪下，流下眼泪。

光复后，卡斯蒂利亚、阿拉贡和其他封建王国组成家族联盟，构成统一的中央集权国家，西班牙由此诞生。

这个时候，哥伦布的西航方案，终于被提上了议事日程。

终于等到相寻印度的命令

哥伦布来到西班牙之后，不断更改姓名。但从现在开始，他把姓名最终确定为"基督使者·哥伦布"（Christopher Colombus）。

他终于见到了令他西寻印度的命令，但让他惊讶的是，双王同时秘密做出决定，要所有犹太人，或接受天主教，或离开西班牙，并限制他们带走财产。

3月31日，阿拉贡枢密院秘书哥伦马（Juan de Coloma），代表国王，内部签发驱逐不愿皈依天主教的犹太人。这里再强调一遍，西班牙的反犹运动历来是民众性的，而护犹却是贵族性的，排犹不是因为种族歧视，而是因为宗教信仰。哥伦马的母亲就是犹太人，但她已经皈依天主教。

另外，与中国盛传的野史正好相反，给予哥伦布最大支持的并非伊莎贝拉王室，而是斐迪南王室。像皈依天主教的犹太人桑坦赫尔和卡布雷罗（Cabrero），还有这位哥伦马，全都是斐迪南的人。

4月17日，哥伦马代表国王，就他和佩雷斯共同起草的《圣菲协议书》，与哥伦布进行最后谈判。

在先前提出的条件之外，哥伦布突然又提出了一个非同一般的要

求。他要求，对西班牙和他发现的岛屿和陆地之间的一切贸易诉讼，都要由他或他的代理人来处理。这种是中世纪的法律观念，双王正在努力把它从主教和要人们的头脑中根除掉，但哥伦布却要把这个渐渐死亡的观念移植到印度事务中。

哥伦马听了后，感到坐立不安。他不敢让谈判再次破裂，所以签名时，他在哥伦布的这个新要求下写上了这样一句话："如果这属于海军上将的职权范围，陛下就同意。"最后商定的结果是，如果哥伦布同意，他有权对一切远征印度的活动投入八分之一的股份，由此享有八分之一的收益。

这份合同从头至尾，没有"印度"字眼儿，有可能是为了不惊动葡萄牙。

哥伦马和哥伦布在协议上签了字。

此时，哥伦布已通知平松家族准备船队，组织人马，于是平松兄弟便自掏腰包，迅速行动起来。

4月30日早晨，哥伦布被一阵号声惊醒。他探头向窗外看，一名全副武装的军官在两名市长和两名警察的陪同下，正在严肃地发布口头公告，说自当日起，双王限期三个月，让所有拒绝皈依天主教的犹太人离开自己的统治区，准许他们经水路或陆路把自己的产业、家当、不禁止不控制的商品带走，但是金银货币和其他王国的法律禁止的东西除外。

同是这一天，哥伦马又签署了两份文件。一是《圣菲协议书》的法律证书，同意授予哥伦布在协议书中要求的那些头衔和要职，但哥伦布重新被称为"基督使者·哥伦布"，堂的尊称、那些头衔、特权自然推迟到了"在发现和挣来上述大洋海的岛屿和陆地或这些地方以外的任何地方之后"再授予。二是命令帕罗斯市长，把先前惩罚他要他装备的两艘三桅帆船，交给哥伦布支配。

此时，那些拒绝皈依天主教的犹太人四处求情，却很难找到人愿意买下他们的漂亮的大庄园和产业，于是他们只能要很少钱就把这些东西卖给基督徒。由于不许带走金银，他们只能用葡萄园换取有限的呢料和布，用一栋房子换一头驴。当然，许多女人咬碎金银，吞到肚子里，偷偷带走了，但最后要开膛取出。

这次排犹运动，165000 名犹太异教徒，历经重重关卡的盘查和劫掠，在限期内离境。而土耳其总督立刻派海军去西班牙，把这些犹太人接到土耳其，安置在各个省内。他向各省下达命令，必须友好对待犹太人，否则处死。其后，总督给斐迪南二世写信，说他"是个伟大的统治者，宁愿自己贫穷，也要把财富赠送给别人，我实在是太需要这些人才了"。这些被西班牙驱逐的犹太人，把新思想、新技术带进土耳其帝国，增强了其本来就很强大的国力。

5 月 12 日，哥伦布满怀希望，离开格拉纳达，前往帕洛斯港。

流浪天涯的哥伦布行进在胜利的归途，而他看到的到处都是失去家园的同胞。从格拉纳达到帕洛斯港，哥伦布在道路上，在田间，看见一批批走向边境的犹太人。许多基督徒可怜他们，劝说他们接受洗礼。而犹太教士让妇幼唱歌、击鼓、摇铃，激发他们不屈的情绪。

与大航海有关的遗迹

【圣乔治古堡】

它是里斯本最主要的古迹，是阿拉伯人11世纪建在山丘上的要塞，所以是里斯本的最高点，在全城每个角落都可以望见它。城堡中的平台和四面八米厚的城墙上，全是最佳眺望点，可饱览全城景色，也可以远眺塔霍河、大桥、远处的大西洋。这里，曾经珍藏过威尼斯地图师毛罗绘制的黄金世界地图，这是大航海之前人类对世界认知的最高水平。

【海军博物馆】

位于马德里，介绍1492年在卡斯蒂利亚王国和阿拉贡王国联合基础上成立的西班牙王国的历史。馆内珍藏着一张1500年的世界地图，相传由哥伦布船上的官员科萨绘制。

【拉比达修道院】

位于帕洛斯港西南侧，很美很安静，是哥伦布初来西班牙时的落脚点。他曾在这里会晤全力支持他远航的平松兄弟，是这里的修士给伊莎贝拉一世写信，使女王想要重新雇用哥伦布，他的资助人、最重要的帮手、最有力的搭档平松老大埋葬在这里。出修道院不远，可以看到与哥伦布第一次远航同比例的三艘海船，可以登船了解当年的远航生活。

【天主教君主城堡】

位于瓜达尔基维尔河边的科尔多瓦，最早由阿方索十一世在1328年兴建，附带精致花园。15世纪，双王改建新宫殿，在此指挥格拉纳达圣战，并把俘获的格拉纳达总督宝布迪尔暂时监禁在这里，在将近300年的时间，这里还是宗教裁判所。双王正是在这里第一次会晤哥伦布。和它在历史上的重要地位相比，它的规模实在太小了，内部陈设非常普通，除了几幅马赛克壁画，便没了看点。但是，伊斯兰风格的王宫花园很大很有特色，有很多水景和雕塑，阵列树剪得十分整齐划一，远看像是道具。

第三章

非洲与南极并不相连

埃及地理学家托勒密断言，非洲南部与南极洲相接，中间没有缝隙，因此大西洋和印度洋是彼此隔绝的海洋。然而，迪亚士却从大西洋出发，绕过非洲大陆的南端尽头，跨进了印度洋的门槛。

迪亚士远航的目的

在哥伦布西航之前，迪亚士早已成功找到东去印度的门槛，成为地理大发现中第一位声名显赫的大航海家。那我们就先来看看迪亚士的奋斗史。

迪亚士诞生在葡萄牙王族世家。1445 年，他那追随恩里克亲王的爷爷发现了塞内加尔河，并向西航行，找到了佛得角群岛。五年后，迪亚士出生。在他三岁时，世界史发生了重大变故。土耳其攻陷东罗马首都，彻底切断了丝绸之路和南亚与地中海的贸易线，所有来自东方的商品变得离奇昂贵。

这些商品为什么贵如天价，因为在落入消费者手中之前，它们要经过太多太多道手。最开始，印尼奴隶顶着烈日，采集成熟的果实，放进背脊上的草筐，然后气喘吁吁地送到主人那里，他们只能得到一口饭吃。主人把果实加工好，卖给穆斯林商人，他便得到了一笔收入。穆斯林商人组织好独木舟，冒着酷暑高温，把货物从马鲁古群岛（Moluccas）运往无法绕行的马六甲港。在那里，坐地收钱的总督已经伸开了强壮的大手，商人必须把一笔转运税交到他的手上，才能获准把摊进了税钱的货物转换到大帆船上。然后，三角帆船起航了，沿着印度海岸缓缓前进，要一连走上几个月。如果你觉得这段航行是单

调毫无波澜的，那就大错特错了。他们要跟风暴和海盗周旋，能到达霍尔木兹（Hormuz）或亚丁（Aden）实属幸运。那时候，平均五艘船就会有一艘遇难，不过只要五艘船中有一艘船能抵达终点，哪怕是最小的一艘船，它就可以抵偿所有损失并能赚大钱。因为15世纪的一袋胡椒，比15条人命还值钱。接着，货物转移到骆驼身上，开始在沙漠中移动，同样要走上几个月。或者经过伊拉克的巴士拉（Basra）和巴格达、叙利亚的大马士革、黎巴嫩的贝鲁特、黑海南岸的特拉布松（Trebizond），或者经过沙特阿拉伯的吉达（Jeddahi），前往开罗。在这两条道路上，只要遇到一次沙漠盗匪，之前将近一年的努力就白费了。而幸运躲过强盗，却不可能躲过埃及和叙利亚的总督，他们要对每一包货物课征一大笔税款。东罗马帝国灭亡之后，所有货物不能直接运往目的地，只能全部卖给威尼斯船队，然后加高价卖给德国、比利时、英国的经纪人。直到此时，印尼奴隶两年前摘下的果实才被装上火车，卖给欧洲商人，最后进入贵族消费者手中。

欧洲人燃起仇恨穆斯林的怒火，同时迫切需要找到一条绕过穆斯林区域通往东方的水陆。这个夙愿，直到迪亚士葬身好望角仍未实现，但迪亚士发现了非洲大陆南端，来到印度洋的门槛，离实现这个理想只差最后一步。

这里还是要再强调一遍，不要认为迪亚士只是在寻找一条致富之路，迪亚士同样是一个虔诚的天主教徒。他曾说过，他航行的目的是"要给黑暗的人们带去光明"，所以去远方推广天主教和在远航途中认识世界，仍是压倒一切的任务。

葡萄牙为迪亚士留下的历史记录相当少，但因为他在大航海时代的英雄中是唯一没有劣迹的，所以中国人反而为他杜撰了许多虚构故事，作为给青少年学习的品德材料。

迪亚士在历史材料中出现，直接起自对非洲南端的探索，此前是一片空白，此后也不甚详尽。可以说，迪亚士出海是地理大发现中第一次著名的远航，但葡萄牙编年史学家似乎视而不见，他们只整理了一些地图，在书页边缘留下一些零星记录。直到 60 年后，历史学家才对迪亚士远航做出补充记述，增加了航行的规模、细节、成就方面的信息。

作为开辟新航路的重要组成部分，葡萄牙航海家对找到非洲最南端、自海上绕行过去、通过印度洋去东方的构思产生了浓厚兴趣。但 15 世纪 80 年代之前，没有人知道非洲大陆有没有南端，也没人知道如果有，它到底在什么地方。为了弄明白这一点，许多人雄心勃勃地乘船远航，但都没成功。

直到迪亚士出现在历史舞台，世界图景中的这个局部，才得以最后呈现。

但他却是大航海时代唯一一个形象模糊的知名英雄。

葡王兵分三路

迪亚士知道，三年前去了西班牙的哥伦布曾向葡王提出过西航报告，要穿过大西洋一直向西，去找东亚。迪亚士佩服他的大胆设想，但也怀疑这样做能否有成效。因为有《马可·波罗游记》，有丝绸之路，中国和印度的方位是清清楚楚的。沿非洲西岸南下再东行，可以直奔那个方位，这条水路的探索已有许多成果和基础。而横渡大西洋，前边是哪里，没有人知道。所以迪亚士坚定地主张南航东去。

1486 年 10 月，迪奥戈·卡奥最后一次远航回国不久，葡王若昂二世做出三项决定。

一、把迪奥戈·卡奥打入冷宫，不再让他出航，让他永远消失在航海视线之外。

二、择用贴身仆人科维良（Covilhā）和精通阿拉伯语的派瓦（Paiva），从陆路分头去印度洋探险。科维良 40 岁，出身低微却机智敏锐，是个剑术高超的间谍。科维良和派瓦在里斯本东北的圣塔伦宫（Santarem）最后一次觐见葡王，领取信用状和前往埃及亚历山大

港的旅费。此次会见，曼努埃尔一世公爵（Manoel I）在座，他是葡王的堂弟，当时只有18岁。他还不知道，26岁的时候他将继承葡萄牙王位，承袭堂兄在大航海中得到的一切成果。

三、由宫廷骑士迪亚士兄弟带队，沿非洲西岸南下，寻找通往印度洋的水路。

科维良和派瓦由巴塞罗那乘船，先去希腊罗得岛（Rhodes）买了一批蜂蜜，然后假扮成商人，前去埃及的亚历山大港，那里是伊斯兰世界的门户。

迪亚士得到王室提供的两艘小吨位轻快帆船。由于航程遥远，小吨位轻快帆船载货量有限，"之前多次因为缺少给养，探险船吃了极大苦头"，迪亚士又准备了一艘横帆补给船。他仿效迪奥戈·卡奥，带上了一些石柱，以标志船行的每个阶段。他还要带上迪奥戈·卡奥从非洲绑架回来的两男四女，教这些非洲土著葡萄牙语，把他们留在非洲沿岸，宣扬天主教和葡萄牙，并搜集天主教祭司王约翰的信息。

科维良和派瓦在亚历山大港发起高烧，奄奄一息，入秋后却奇迹般恢复了健康。他俩乘船逆尼罗河而上，进入开罗，然后跟随一支商队跨越沙漠，直奔红海。

经过十个月准备，迪亚士兄弟于1487年8月初从里斯本的塔霍河起航，沿着被前辈探查过的非洲西海岸向南行驶。

迪亚士穿过非洲西岸和加那利群岛中间的海洋，他指着前方说："前人说，前面是大地的边缘，再往前走，人和船就会掉进无底深渊。可是，这些年来，我们的探险家越过了那里，全都平安地回来了。"

船队驶入非洲大陆西侧最突出的海角，遇到大风大浪，一艘船漏水了，十分危急。迪亚士命令抛掉一些物品，补好漏洞，船队转危为安。

迪亚士来到北纬5°附近，发现非洲大陆在这里突然形成一个拐角，海岸远远地向东伸去，海域比较平静。他感到天气炎热，得知淡水开始短缺。迪亚士向东行至尼日利亚的拉各斯，补充了淡水，又用铜铃铛和玻璃珠项链跟土著黑人换来一些食物，一连休整了几天。

迪亚士沿着又一次向南延伸的海岸前行，越向前走，气温越高，太阳总在当头，他们即将进入地球上最炎热的赤道。

此时，科维良和派瓦已在红海出入口处的亚丁，分道扬镳。科维良搭乘阿拉伯的三角帆商船，穿越印度洋，去了印度的卡利卡特（Calicut），那里是香料贸易中心和远东贸易的终点。派瓦去了埃塞俄比亚，他相信，那里就是祭司王约翰的王国。

残忍而理智的决定

迪亚士用圣徒瞻礼日给沿途发现的海角海湾取名，所以我们今天很容易洞悉他的旅程进度——12月8日抵达圣马尔塔湾（Santa Marta），21日，抵达圣多美岛（Sao Tome），随后越过赤道，23日抵达圣维多利亚，圣诞节到了圣克里斯托弗湾（Saint Christopher）——此时，他们出海已经整整四个月。

1487年最后一天的夜里，一名叫作坦丹加斯的青年船员狂叫不止："救救我吧……救救我吧！"大家被凄惨的叫声惊醒。"怎么啦？病了？哪儿不舒服？"坦丹加斯指指头，迪亚士摸了摸他的前额，很烫，体温肯定在39°以上。

医生看了看病人，皱起眉头，半天不说话。

迪亚士把医生叫到自己的舱室，问："他得了什么病？"

医生摇摇头说："怪呀，像热病，也像热带人常害的疟疾，我担心。"

"担心什么？"

医生站起身，走到船舱门口，对迪亚士说："我担心，他是伤寒。"

迪亚士头上像挨了一闷棍，他懂得航船上一旦有了传染病，那将意味着什么，何况是可怕的伤寒。他愣在那里好久，但是想了想，他又摇头说："不会，上船之前，我们都是严格检查过的，没发现有

病人。"

几天过去，坦丹加斯的热度不仅没降低，反而更高了。他的头发脱了个精光，身上出现红点斑疹。晚上，医生慌张跑到迪亚士身旁，说是非常糟糕，坦丹加斯得的真是伤寒。

迪亚士说："医生，你是知道的，得了伤寒病，十人九个没命。一旦传染开，我们就全完蛋了。你想想看，怎么办？"

医生说："隔离，马上隔离！"

"我们船舱很小，人又密集，怎么隔离？"迪亚士停了一会儿，小声说："我看，只有一个办法，明早我们就靠岸，不管是什么地方，把坦丹加斯留在岸上。"

医生有些惊慌："道理我懂，可是把一个病人放在一个人生地不熟的地方，无依无靠，那太残酷了。"

"您说错了，我的处理办法已经够仁慈，要是在别的船上，船长会毫不犹豫地把伤寒病人抛进大海。"

"那您为什么不把他抛到海里？"

"如果我们远离海岸，我也会这样做。但现在我们有可能靠岸，所以我不想那样残忍。我还建议，您留下陪他，就地治疗。"

"我可以留下陪他，但他可能会死，可能会活，我们将来怎么办？"

"您放心，我们返航时，一定会来接你们。"

第二天，风浪很大，船未能靠岸。第三天，船靠岸了，但岸上只有荒凉的沙滩，没有村庄，没有人烟。迪亚士让船员们给医生和坦丹加斯搭好一个窝棚，安置好他们，留下足够的食物，然后一步一回头地登船离去。

发现非洲南部尽头

1488年年初，科维良在印度果阿（Goa）乘船北上，来到波斯湾的霍尔木兹，这是印度洋的另一个中心，他秘密记下了航道、风向、海流、港口、政治信息。然后，他搭船从东非海岸出发，南下去莫桑比克。

此时，迪亚士越过南纬22°，在纳米比亚途经迪奥戈·卡奥留下的最后一根石柱，开始探索所有航海家从未到过的未知海域。

船队顶着西南风蜿蜒前进，海流涌向北方，但他们没用多长时间便到达了鲸湾（Walvis Bay）。充满着探险热忱的迪亚士一心想加快速度，而补给船太慢。于是他命令，把补给船上的食物尽可能搬到两艘小吨位轻快帆船上。补给船上剩下的物品，还有九名水手，包括迪亚士的兄弟，全部留在纳米比亚，等待回航接应。

在南纬29°，南非的西北海岸，迪亚士又做出一个惊人决定。他下令，把风帆降成半桅，驶离海岸，向西进入茫茫大海。这与他们东航的目标相反，没人理解这是为什么。但事实上，迪亚士十分天才地避开了逆风逆流的消耗战，在大海深处找到了西风。这是迪亚士留给后人的绝妙经验——进入印度洋最好的办法，不是紧贴着南非海岸逆风逆流前行，而是提前绕一个大弧线，深入大西洋，然后利用西风，把船吹过非洲南海岸。

迪亚士走了13天，行程将近1600公里，进入南温带。天气变得寒冷，有些水手被冻死了。天空是灰暗的，整个大海的颜色加深了，是铁青色。有时大风狂吼，大浪几丈高，小吨位轻快帆船就像是无际水域中的树叶。有人小声说："看到这种景象，我真有些相信，我们接近了地球边缘，接近了无底深渊，接近了死亡。"迪亚士说："我相信上帝，上帝会保佑我和我的船队，让我们顺利通过这海浪区。"

在南纬38°，西风将他们吹向东方，迪亚士的判断应验了。

不过，迪亚士希望西风送他们回到西非海岸，但海平线上却始终不见陆地。迪亚士最初判断："我们离开非洲大陆太远了，继续向东前进！"于是，两艘船向东航行了好几天，海岸线非但没出现，反而似乎越来越远了。

"奇怪，这究竟是怎么回事？"迪亚士不由得寻思起来。

船员们茫然不知所措，不得不减慢航行速度，等待迪亚士的决断。

终于，迪亚士兴奋地大叫："我们很可能已经绕过非洲最南端，所以向东航行永远找不到大陆，快，掉头，向北前进，那里是非洲南岸！"

1月底，迪亚士远远看见非洲南岸高耸的山岭，这是历史性的时刻。

迪亚士明确无误地取得了两项伟大突破：一、非洲是一块被海水包围的大陆，南端是它的尽头；二、大西洋和印度洋之间有海路相通。

迪亚士彻底推翻了托勒密地理学说的重要结论，为达·伽马开辟通往印度的新航线奠定了基础，从而改变了世界。

半途而废

2月3日，他们登陆后，看到牛群，迪亚士便把这个地点命名为牧牛人湾，这就是今天的南非盛产贻贝的莫塞尔贝湾（Mosselbaai）。

迪亚士看到，放牛人的头发像是羊毛，他无法和他们交流，便让船员们把礼物堆放在海滩上，土著却吓跑了。迪亚士找到牧牛人湾的泉水，当他取水时，土著从小山上向他投掷石头，他便用弓弩射死其中一人。

这是迪亚士在探险中染上的唯一一次鲜血，而且始终没被中国人知晓。在中国人对欧洲大航海家的记述中，迪亚士是唯一的十全好人，所以才选择他编织了许多启迪青少年的励志故事。

此时，科维良抵达莫桑比克的索法拉（Sofala），这里是阿拉伯人在印度洋向南航行的极限。科维良努力研究着在东非海岸航行的信息，也设想着从西非海岸绕过来找到东非海岸的可行性。这个时候，他离南非海岸的迪亚士太近了，但他无法知道迪亚士在哪里。

迪亚士向东航行了300多公里，发现海岸线一直在折向东北方向。于是他确信，他已经绕过非洲大陆的最南端，跨进印度洋的门槛。

这里，海水变得温暖，但海浪还是很大。

3月12日，迪亚士抵达一处海湾，竖立最后一根石柱。此时，精疲力竭的水手纷纷开始抱怨，说给养已经快耗没了，必须尽快返回补给船。现在他们已经离补给船太远了，很有可能还没回到那里就全死了。迪亚士还想继续前行，但国王给他的指示是，凡遇大事，必须征询其他官员的意见。迪亚士大失所望，大家只同意再航行三天。

三天后，他们遇到一条河，迪亚士以因方特船长（Infante）的名字命名它，这便是今天南非的大鱼河（Great Fish）。

随后，迪亚士服从民主决议，掉头返航。

回程中，他依依不舍地一直回头张望，当他途经几天前自己竖立的最后一根石柱时，感到极度悲伤。他似乎预感到，他再也无法回到这里。

迪亚士西返，在即将折而向北时见到一个海角，他把它命名为风暴角。

离开风暴角时，背后吹来对他有利的劲风。7月24日，他远远看到了停泊在纳米比亚沙滩上的补给船。

补给船孤独停驻九个月，看到两艘小吨位轻快帆船出现在眼前，身患重病的补给船文书克拉索（Curaçao）当场喜极而亡。除了克拉索，留守九人中还有六人已经死亡，包括迪亚士的兄弟，他们全是在和土著交易的纠纷中被杀死的。

补给船被虫蛀得千疮百孔，迪亚士下令把物资搬到大船上去，然后将补给船付之一炬。

迪亚士回到留下医生和坦丹加斯的海岸，窝棚还在，但一对医患没有留下任何痕迹，再也找不到了。

这年冬天，迪亚士经过一年五个月的远航，返回里斯本的塔霍河。

有些史书说，迪亚士向葡王做汇报时，正逢哥伦布在西班牙失意后返回里斯本寻求发展，所以同在现场全程听了报告。这个说法，没有过硬的史料证据，西班牙那边的记录是，哥伦布尽管很失望，但他没离开西班牙。所以两位大航海家唯一一次会晤是在哥伦布第一次远

航回程之后。

与广为流传的说法刚好相反，葡王并没有表示出高兴，没有奖赏迪亚士，也没有给他什么荣誉。迪奥戈·卡奥曾经让他空欢喜一场，所以他比以往谨慎多了，不想再出洋相。他没有发布迪亚士发现非洲大陆最南端的公告，似乎他依然笃信着托勒密的学说，认为非洲和南极是连在一起的。

但有一件事是真的，就是葡王觉得"风暴角"这个名字不吉利，把它改成了"好望角"，希望它给葡萄牙找到印度带来美好希望。

希望已成现实，却装作要对未来寄予希望，而且并不奖赏已经实现了希望的迪亚士。或许是若昂二世不想让西班牙知道这个秘密，以便把通往印度洋的水路秘密控制在自己手里。葡王真是太鬼了。

若昂二世发表一个演讲，内容和他过去写给教皇的报告几乎一样。他说："每一天，我们都在努力抵达那些海岬……我们通过那里可以抵达印度洋，然后从那里去往野蛮人的海湾，后者就是无尽财富的源泉。"

他依然没有透露已经找到了路径的消息。

葡王不着急

1490 年年初，科维良返回开罗，得知派瓦已在去埃塞俄比亚的途中过世。此时，他把印度洋的主要贸易航线，已经侦察得清清楚楚，完全可以为葡王提供详尽的报告。葡王因为等不到两个探子的消息，便派两名犹太人——一位教授，一名鞋匠，去寻找两人。他们在开罗找到了科维良，把葡王的信交给他。葡王命令他，在"目睹并了解伟大的祭司王约翰之后"，返回里斯本。

科维良写了封长信让鞋匠带给葡王："我们频繁出入几内亚的小吨位轻快帆船，可通过四处航行，找到马达加斯加岛和索法拉海岸。从中穿过，轻松进入东方海洋，最后抵达印度的卡利卡特海岸，因为海路是贯通的。"

科维良已沉迷于漫游，在替派瓦完成寻找约翰王的任务之前，他要带着教授先游荡一番。他俩去了亚丁和霍尔木兹，乔装打扮，去游览麦加和麦迪那。最后才前往埃塞俄比亚高原，见到埃斯肯德国王（Eskinder）。

科维良成为第一个见到埃塞俄比亚基督徒国王的葡萄牙人，他大概就是欧洲人传说的天主教祭司王约翰。埃斯肯德隆重欢迎他，但不再放他走，于是科维良在那里生活了 30 多年，最后死在了那里。

听了迪亚士的汇报，若昂二世已经掌握了进入印度洋的秘密。读了科维良的回信，他更是掌握了把两片海洋连接在一起的基本信息。

不过，他停下了脚步，忙于其他事务。

他唯一的合法子嗣骑马摔死，他失去了继承人，痛苦地思索江山给谁。

1492 年，葡萄牙皇家制图大师贝格依姆（Martin Bergerem）在他的地球仪上忧郁地写下，印度香料落在消费者最后这双手上之前，至少要经过 12 双手的盘剥，它们是野兽之手。但若昂二世似乎并不着急越过这些双手，直取印度香料，他在想方设法地利用西班牙的排犹大潮。

他一直像雇用基督徒一样雇用自己想用的犹太人，让他们从事科学和贸易工作，从来没想过要驱逐犹太人。当他得知西班牙在大举驱逐犹太人，他下令开放边境，允许一些犹太人交纳八个克鲁扎多的过境费，来葡萄牙定居，而贫穷的犹太人可以卖身为奴，也来葡萄牙生活。

这些难民中，居然包括犹太数学家和天文学家萨库托，他发明的航海星盘和记录天体位置的图表书，给后来的航海技术带来了一场革命。

总之，一大批犹太知识分子和勤劳的犹太商人，给里斯本带来了大量知识和宝贵经验。

两个小国瓜分世界

1493 年 3 月 3 日，一艘破破烂烂的海船挣扎着，驶入里斯本的拉

斯特洛港（Rastello），那里是返航船只的传统锚地。但这艘船不是葡萄牙的，而是哥伦布的西班牙船。他刚刚完成第一次远航，被风暴吹到了葡萄牙。

和悄无声息的迪亚士不一样，哥伦布一下船便高调宣布，他找到了印度。

哥伦布在郊外见到默默无闻的迪亚士，说他抵达了靠近日本的岛屿。

葡王的谋臣建议，把哥伦布杀掉，让西班牙的发现就此毁灭。若昂二世否决了这个建议，认为这个建议在道德上不高尚，在外交上更是愚蠢，两国关系本来就因为犹太人问题有点儿紧张。最后他决定，迅速给西班牙双王送一封措辞严厉的书信，指责哥伦布违背 1479 年的水平边界约定，侵犯葡萄牙领土，扬言要立即派自己的探险队去占领哥伦布找到的所谓印度。

双王有些焦急，急忙向西班牙裔的教皇亚历山大六世（Alexander VI）求助。教皇规定：西距"像亚速尔群岛和佛得角那样的群岛中随便哪一座岛屿"143 公里的地方，从北极到南极画一条直线，把大西洋一分为二。凡属这条线以西的未知土地，归宠儿西班牙，这条线东边尚未发现的土地归另一个宠儿葡萄牙。

结果，西班牙很满意，感激不已。葡萄牙却很有情绪，并以战争相威胁，提出分界线必须向西移动。

为了避免大规模激烈冲突，西葡决定撇开教皇。在西班牙中部平原古老的托尔德西里亚斯小镇（Tordesillas），由西葡两国代表直接议定瓜分世界的方案。经过讨价还价，1494 年，西葡签署《托尔德西里亚斯条约》。若昂二世和他的天文学家数学家团队，终于迫使西班牙把教皇批准的这条线，向西移动 1770 公里，确定在葡萄牙占据的佛得角和哥伦布发现的加勒比群岛之间。

西葡船队处于世界探索的最前沿，整个 15 世纪，除了这两个国家，没有其他国家可以驰骋于大西洋狂风巨浪之间，也没有哪个国家拥有足够的经验能去挑战这两个国家。所以这两个国家，可以旁若无人地把欧洲之外的所有土地变成双方斗法的空间。小小的西班牙得到了辽阔的美洲，更小的葡萄牙获得了整个印度和非洲，此外，巴西东海岸也划进了葡萄牙的势力范围。

这份条约是一个标志，尽管它后来得到了庇护三世教皇（Pius III）的批准，但实际上，瓜分世界的权力已经不在教皇手上。

新葡王雄心勃勃

沿非洲西岸的探索，已经把里斯本催化成欣欣向荣的超级大都市，它的商品丰富程度令人震惊。突尼斯的染布、地毯、铜锅，几内亚的火辣胡椒、象牙、黑奴，天天卸载在塔霍河平缓的河岸。数量惊人的核桃、柠檬、燕麦、沙丁鱼、金枪鱼时刻在向地中海各个角落运送。

里斯本也是宇宙志学和航海术的最前沿，要想知道世界的图景渐渐变成了什么样子，只能来这里学习。

这里有最好的造船厂、军械厂、航海物资供给仓库，它们赋予葡萄牙最强大的航海实力。若昂二世让军事工程师在小吨位轻快帆船上安装大型射石炮，试验如何在颠簸中的甲板上操作。他们把炮安置在船首尽可能低的位置，好让炮弹能在水面上打水漂，以增加有效射程。更可怕的是，他们已经拥有生产优质铜炮的能力，研发出炮身可以四向转动的轻型后装回旋炮。它们可以安装在小艇上，每三分钟发射一枚炮弹，射速比射石炮快多了。

面对西班牙的海上挑战，葡萄牙储备了足够的能量，决定加快探索通往印度海路的步伐。事实上，哥伦布在竞赛中找错了目标，而且无意识中驶进了死胡同，被美洲大陆挡住去路。只有葡萄牙拥有相对多的世界知识，能够找到通往印度的真正海路。于是，若昂二世修订了赴印计划，准备启动新的远征，但他把朝廷移驻阿尔卡索瓦斯（Alcáçovas）后却病倒了。御医诊断是水肿病，无法医治。

若昂二世没有合法子嗣，他与王后商议，能否让私生子继位。王后坚决反对，坚持要若昂二世的堂弟曼努埃尔一世做继承人。1495 年 10 月，葡王在弥留之际向王后妥协，批准由曼努埃尔一世继任国王。

曼努埃尔一世，出生在耶稣圣体节，双臂及膝，如同传说中的刘备，看上去像是猩猩。葡萄牙人称他是"幸运国王"，他恰好是在堂兄播下的所有种子已经结出果实的季节意外登上了王位。

但曼努埃尔一世自己并不就此满足，他认为消灭伊斯兰教把天主教传播到全球的事业远远没有完成。他要继承叔叔恩里克亲王的衣钵，绕过伊斯兰世界，与传说中的非洲约翰王和印度基督徒会合。然后摧毁埃及的奴隶王朝，攫取其贸易，另外取代威尼斯人，控制香料贸易，让葡萄牙成为东方奢侈品中心。

他的理想图景是，葡萄牙人称霸世界，由一位世界君主统治天下。很显然，他的计划是帝国主义的，具有经济目的，但更是一种狂热的宗教情怀。

登基几周后，曼努埃尔一世召开会议商讨国策，立即遭到贵族们强烈反对。大家认为长途探险得不到上帝的荣耀，风险太大，如果在咫尺之外对摩洛哥穆斯林进行圣战，可以轻松取胜。曼努埃尔一世力排众议，坚持要去印度播撒基督的光辉。

他派达·伽马远航，赶在西班牙前头，找到了真的印度。

迪亚士葬身大海

紧接着，葡王又派贵族指挥官卡布拉尔去远征印度西岸，降伏那里的各种势力。不过，像他的堂兄一样，曼努埃尔一世似乎并不看重首立汗马功劳的迪亚士，迪亚士只是卡布拉尔的下属。

1500 年 3 月 9 日，卡布拉尔率 13 艘船 1200 人起航，迪亚士和他另一个弟弟分别担任其中两艘船的船长。

两个月后，卡布拉尔按照迪亚士和达·伽马的航行经验，要船队远远绕过好望角，但他们绕的弧线太大了，竟意外地发现了巴西。

5月12日，船员们看见一颗彗星划过天际，经好望角，朝阿拉伯半岛方向划去，迷信的船员们认为这是灾难降临的预兆。24日，海风原本从背后吹送着船队，但突然遇到迎头狂风。大家措手不及，其中四艘船被大风吹翻，船员全部遇难，包括迪亚士。

此时，迪亚士50岁整，他并不是像中国人传说的那样死于好望角，而是死于好望角外海较远的地方。那时候，葡萄牙最荣耀的大航海家已经是达·伽马和卡布拉尔，在中国赫赫有名的迪亚士已经黯然无光。

迪亚士遗迹

【迪亚士纪念博物馆】

位于南非莫塞尔贝的摩梭湾小镇。为纪念迪亚士发现好望角500周年，葡萄牙人集资，一比一仿造了迪亚士的远航船。1988年，他们按照迪亚士的航海路线，沿西非海岸绕过好望角，来到莫塞尔贝，把仿造船赠送给南非迪亚士纪念博物馆，作为永久纪念。此船分为上、中、下三层，顶部是船长驾驶室，中间是水手操作室，下层是等级分明的卧室区，船长房间的家具十分完备，水手房间是一个大屋子，摆了许多上下铺，小厨房厨具完备，卫生间用的是抽水马桶。但这船实在太小，难以想象当年那些水手如何在其中生活那么长时间，可以想见远航的艰苦。

第四章

那里既不是日本也不是中国

当美洲和太平洋不为人知的时候，所有人都认为，欧洲、非洲和亚洲之间只隔着大西洋。因为抹掉了美洲和浩瀚的太平洋，地球被估计小了。于是哥伦布抵达中美洲岛屿时，他以为他已经抵达日本和中国。他发现的是闻所未闻的新世界，却以为那只是不曾去过的旧大陆。

被迫与平松兄弟合作

哥伦布得到双王的财政允诺，便撕毁了与平松兄弟的约定，如果没有这个家族掺和，探险所得的全部荣誉和收益都将全部属于他自己。

哥伦布在圣豪尔赫教堂（San Jorge）召集帕洛斯官员和市民开会，宣读双王信件，命令帕洛斯必须准备两艘三桅帆船供他支配。

然而，对国王的命令，帕洛斯尊重但不执行。

一个月后，哥伦布又从双王那儿弄到一道命令。这道命令不只是针对帕洛斯官员的，而且是针对整个安达卢西亚区沿海所有当局的，要求他们为哥伦布准备三艘船，而不是上次说的两艘。

但是，大家嘲笑哥伦布异想天开，是胡闹，根本不愿意搭进去三艘船。这些人尚不知道，哥伦布不该被嘲笑，该被嘲笑的是嘲笑者。但这也不算奇怪，历史上只要有探索者、发现者、创造者，就一定会有守旧者、怀疑者、阻碍者。

对于哥伦布来说，最难的是招募水手。不得已，他让哥伦马下达一项命令，凡愿跟他一起出航的犯人，刑期终止。他要拿着这道命令，去各个监狱招募海员，组织一支由罪犯组成的团队。

哥伦布走投无路，被迫重新与平松合作，双方和解得非常彻底。

哥伦布太想承担八分之一的费用，以便日后获得八分之一的收益，但他没有钱，平松便借给他50万马拉维迪。王室也没钱，女王把皇冠上的宝石拿去当铺当了，让桑坦赫尔借给哥伦布50万马拉维迪。平松兄弟弄来了两艘船。一艘是17米长的平塔号，重90吨，四角形帆，速度最快，由马丁·平松指挥，领航员是他弟弟弗朗西斯科·平松。一艘最小的尼尼亚号，只有60吨重，三角帆，仅有艉漏，由维森特·平松指挥。帕洛斯应该提供两艘船的事就不提了。从此开始，平松家族越来越占主导地位，船队大部分指挥权由平松兄弟担任。

哥伦布的旗舰圣玛利亚号，是宇宙志学者科萨贡献的，船长自然是海军上将哥伦布，科萨担任大副。旗舰全长39米，排水量233吨，船身长且窄，只有一层甲板，有艉楼也有艉漏，它有三根桅杆，四角形帆，所以速度很快。

三艘船上都装备了轻型火炮、小口径炮、长铳，当作大炮子弹的碎石和铅粒兼做压舱物，好让船吃水深一些，以求平稳。因为三艘船合一起，还没有郑和的一艘船大，在大海上简直渺小得像三片茶叶。

不管怎么说，这三艘船跟双王没有效果的手谕无关，完全是平松兄弟的功劳。在召集水手问题上，平松兄弟一样不遗余力，他们一会儿劝说一些人借机摆脱贫困，一会儿劝说另外一些人一起来淘金致富。因为他们有威信，城里许多人报名。他们的热情动员，使哥伦布避免了用罪犯来组织船队的危险。不过，这并不是说船上没罪犯，事实上有24个，最危险的任务要由他们来执行。

哥伦布是个多疑的人，他让情妇恩里克斯的堂弟迪亚哥来做船队总法警，维护他的统治。那时候的欧洲人误认为，所有语言的母语都是阿拉伯语。哥伦布便把会说阿拉伯语的犹太人托雷斯（Torres）拉进队伍。他要与日本国王会谈，劝其改信天主教并服从西班牙双王，那时候他需要翻译。船队的领航员、海员、见习水手共有90人。此外，哥伦布还要带上另外20多人，他们有的是双王的仆人，有的是他的仆人和熟人，全是出于好奇而自愿随行。

这支远征队，没有女人，最奇怪的是，没有天主教修士。

探险队带上了半年的食品，还有用于物物交换用的玻璃珠、小镜子、眼镜、铜铃、针线、花布、衬衫、花帽子、饰针、小刀、石球、铅球。

42岁的哥伦布，怀揣着双王写给蒙古皇帝的国书，准备上路了。出征前，他把两个儿子托付给情妇恩里克斯。这说明他已经做好了回不来的准备。

疑神疑鬼

1492年8月2日，大多数犹太人踏上不幸之路的同一天，犹太人哥伦布发出准备起航的命令。第二天黎明前半小时，哥伦布下令起航，三艘三桅帆船升起风帆，沿着落潮的廷托河顺流而下，驶离帕洛斯港。经过萨尔特斯岛（Saltes）时，白帆被朝霞镀上一层玫瑰色。而通过海峡时，到处是犹太人的叹息和号哭。

平塔号航速最快，但平松老大却想走在最后，哥伦布没同意。此刻，它劈波斩浪，走在队首，在船舷两边划起两道向后阔开的白浪。然后是尼尼号。最后是哥伦布的旗舰。哥伦布站在艉楼上，看着海员们来来往往，各司其职。

船队先向南偏西方向航行，目标是加那利群岛。哥伦布这样做的理由是：加那利群岛是西班牙远在大西洋中的群岛，从那里开始横渡，可减少航程和航期；而根据托斯卡内利的地图所指，加那利群岛和日本同在北纬28°，从这里横渡可以应用等纬度航行法，向西直行，两地之间直线距离最短，而且可以保证准确直达日本；另外还可以避开夏末大西洋上常有的飓风。

不多时，平塔号的舵脱扣，旗舰险些撞上它。平松老三告诉哥伦布要修理一下，多疑的哥伦布觉得他的哥哥还是想走在队尾。

这一天，在远航日记首页，哥伦布有一段写给双王的话——

在把所有犹太人从陛下的各个王国和封地上驱逐之后，同在元月里，陛下则令我率领一支足够的武装去远征印度各地，为此，陛下施给我隆恩，把我变成贵族，从此我可以在姓名前冠以"堂"这个尊称，并成为海军上将和那些岛屿及大陆的终身总督和长官。

第二天，平塔号的舵又坏了，哥伦布再次产生反感。

8月9日，船队遥见大加那利岛，由于顶风，拼命走了三天才靠上岸。哥伦布急于求成，心情迫切。他让平松老大留在岛上，专心修理平塔号，顺便再看看能否另造一艘船，他率领旗舰和尼尼亚号继续向戈梅拉岛（Gomera）行驶。

在戈梅拉岛，哥伦布想从岛上女首领那里买一艘船，耽搁两天，但没成功。然后他在加那利群岛之间来来去去，荒废了三个星期。25日，他回到大加那利岛，催促船员加紧准备，把尼尼亚号的三角帆换成直角帆，他要速度。接着，他又返回戈梅拉岛，补充食品和柴火。

9月6日，船队重新汇合，准备从戈梅拉岛开始向西横渡。但哥伦布忽然听到从埃尔希罗岛（El Hierro）那边来的船说，那片水域有三艘葡萄牙船，他便幻想出葡王派这三艘船来和他竞争。其实葡王不可能组织这样的远征，如果葡王敢于做出这样大胆举措，当初就不必拒绝哥伦布。所以，海上什么动静都没有，哥伦布白白耽误了两天时间。

妄言破除恐惧

9月9日黎明，星期日，哥伦布驶过埃尔希罗岛，又走了53公里，再也看不见陆地，进入远洋深航状态。许多海员失魂落魄，他们不止一次远离陆地航行，但他们总是知道自己走到了哪儿，知道一会儿就会看到海岸。但这一次，他们却是去寻找一个绝对未知的世界，谁也不知要走多远，不知什么时候能找到。早晨，整个船队的气氛非常阴沉，有些海员和见习水手不断哭泣。

哥伦布后来说，从这一天起，他开始隐瞒真实航速和航程，少报已走过的路程，以防船员因为航程过长离开陆地太远而惊慌。据说为了安慰船员，他搞了两本航海日志。一本放在外面，刻意写上假航程距离，只有真距离的一半，大家都可以翻看。另外一本私藏在船长室，记下真实情况，只有他自己能看到。

这可能是哥伦布在夸耀自己的诡计，实际是不可能的。海员恐慌和泄气，不仅会随着距离越来越远而增加，而且会随着时间越来越长而增加，在距离上骗过他们，在时间上却无可隐瞒。另外，他的真实距离，也无法向三艘船的领航员隐瞒。而且，哥伦布对航船所走的距离，是必须通过领航员才能获知的，他没有什么特殊方法能比领航员更清楚行程。至少是当他睡觉的时候，他只好把测量距离的工作交给领航员，等醒来时再听汇报。除非他用自己的名气让大家接受他的简单断言。至于说后世计算发现，哥伦布误以为是假的航程距离，远比他私藏的真航程距离更接近事实，这是根本不可能的。

哥伦布指示船队，航行到 3900 公里之后，半夜到黎明这段时间必须停航。这是真实的。他是在暗示，只要航行 3900 公里，就可以遇见陆地。

9 月 13 日，水手们发现，罗盘磁针竟然由北向西偏了四分之一方位点。他们都知道，罗盘一般是微微向东偏离北极点，所以他们觉得茫茫大海中最可靠的工具失灵了，非常悲观和害怕。

第一章中提到过，地磁南北极和地理南北极的位置刚好相反，地磁南极处在地理北极附近。请注意"附近"两字。这意思是，地磁南极和地理北极离得不远，但并不重合。地磁北极和地理南极也一样，彼此都是相距 1500 公里，所以指南针指出的南北方向和地理南北极有个偏差，这个偏差夹角是 11° 30′。宋朝沈括在《梦溪笔谈》中说过，磁针"常微偏东，不全南也"，哥伦布那些船员平素观察到的磁针也是偏东的，这是因为观察点同在东半球，而此时哥伦布船队却航行在西半球，磁针所偏方向便反了过来，变成西偏。

　　德国现代地理学家洪堡后来评说，哥伦布发现地磁变化，是欧洲航海天文史上值得纪念的日子。其实，是船员们首次发现了进入西半球后磁针会变成偏西。哥伦布听说后，没能给出正确解释，只是运用他的权威，把大家哄骗了过去。

　　哥伦布的第一反应是北极星移动了，于是他胸有成竹地说不是磁针失灵。看到他这么有信心，海员们镇静了下来，不再怀疑罗盘。像科萨这样的宇宙志学者和平松老二这样的优秀领航员，尽管听了哥伦布的解释有些怀疑，但还是选择相信了他。哥伦布命令停船，天亮时再走。天亮后，大家看不见北极星，于是以为罗盘恢复了正常。

　　这里要说明一下，哥伦布尽管常常因为无知而无畏，最终要靠运气成功，但是他有时确实有过人之处。在他之前，阿拉伯人和郑和早已掌握了运用天体来确定航向的技术，但在他之前，从来没有过欧洲人曾在大海里这样做过。在恩里克亲王的远航教研中心，这是授课内容，但哥伦布是第一位在没有其他参照物的大洋中教人按照太阳和北极星的方位航行的人。

　　顺便说一下哥伦布对季风的掌握程度。他从加那利群岛的戈梅拉岛出发，经埃尔希罗岛，向西航行，一直有船尾风推着他前进。这似乎是他从科学知识出发选择了一条最佳航线，因为只要把航线再向北移动一点儿，就会离开顺流区，变成一场灾难。所以有中国人说，哥伦布其实有三大发现，我们只注意到他的陆地发现，却忽略了他的去程航线发现和返程航线发现。哥伦布四次远航，由东向西的去程确实快且顺利，但这不是因为他知道顺流区，而是因为他要按照等纬度走直线去日本，是歪打误撞选择了顺流区。至于回程，哥伦布同样不知道有一条顺流航线存在，而且没能幸运地碰上，所以四次返航没有一次是顺利的。

　　所以，当船员们忽然意识到去程一路都是顺风，那回程怎么办，岂不是回不去了，因而很恐慌。哥伦布也不知道该怎么办，只是上帝太帮他，竟突然刮起了顶风。算是告诉大家，回程也可能顺风。

9月23日，船员们又开始抱怨，说海上这么平静，大家无法驶回欧洲了。悲观的情绪弥漫整个船队，连哥伦布也产生了自我怀疑。最可怕的是，他觉得受到了威胁。哥伦布告诉平松老大，旗舰海员在搞阴谋，快暴动了，快来保护他。平松老大强势回答："您绞死他们几个，或者扔大海里几个。如果您不敢，我和我弟弟把船靠过去，我们来干。"平松兄弟的霸气产生了效果，旗舰海员大概寻思着，即使杀掉哥伦布，平松兄弟还是会把他们绞死。也或许，这只是哥伦布多疑，是他的错觉。

看见了陆地

10月6日，旗舰召开船长、大副、要员会议，哥伦布表达了前进的决心。

夜里，平松老大建议，把向西行改为西南行，先找座海岛。哥伦布敏感地觉得尊严受到了损害，他是为了去找日本群岛，怎么去西南找海岛。所以他说，如果没找到海岛，会耽误找陆地，最好先找陆地，然后再找海岛。

直到7日上午，哥伦布仍在高傲地固执己见。

此时，尼尼亚号船员误以为看见了陆地，按照哥伦布的事先指示，他们竖起旗帜，鸣炮一声，但很快发现自己搞错了。

哥伦布错乱了，不知为什么他忽然想到是不是驶过了日本，离它越来越远，他又发现成群的鸟向西南飞去。于是他又想起了平松老大的建议，还想到葡萄牙人发现大多数陆地都是归鸟所示。最后在天黑前一小时，他终于决定改向西南。

10月11日，平塔号捞起半根甘蔗、一根树枝、一根似乎是用刀砍过的木棒。他们还见到青草和一块小木板，船员们顿时觉得有了希望。

大家唱完《圣母颂》，夜幕降临。在微弱的油灯下，大家听哥伦布颂扬上帝的恩惠。然后，他重申双王的许诺，第一个见到陆地的人，

赏一万马拉维迪。此外，哥伦布自己又附加了一项奖励，一件丝绒坎肩。

宁静的黑夜中，三艘船仍在前行。22点时，哥伦布发现前方有一点亮光，好像是烛光。他叫来宫廷糖果点心师古铁雷斯（Pero Gutierrez），让他仔细看。古铁雷斯说好像是光亮，但双王的远征队监察官塞戈维亚（Rodrigo Segovia）说什么也没有。于是哥伦布灭了念想。

凌晨两点，哥伦布猛然听到炮响，又听到船头人声嘈杂。他抬眼望去，平塔号燃灯竖起了旗帜。船员贝尔梅霍（Juan Bermejo）的报告传来，说他在平塔号船头看见了陆地。为了安全，哥伦布命令："留下直角大帆，不带附帆，其他帆全部落下，半停泊，等待天明。"

哥伦布兴奋异常，他知道，自己已经是海军上将了。

哥伦布日

10月12日，远航第71天，哥伦布向前方望去，曙光洒在沙滩上，远处是茂密的树林。他命令驶入小海湾，慢慢靠近海岸。然后，他换乘小艇，登上西半球第一块陆地。这些与世隔绝的群岛，它们的幸运和不幸，同时开始了。

这是世界史上重要的一天，西班牙把这一天定为国庆日。美国、巴西、智利、洪都拉斯、厄瓜多尔、委内瑞拉、哥伦比亚、巴拉圭、哥斯达黎加、巴哈马把这一天或这一天前后定为哥伦布日。但委内瑞拉原总统查韦斯曾呼吁美洲人不要庆祝哥伦布日，称哥伦布的地理大发现带给土著的是150年的种族屠杀。他在委内瑞拉首都举行的美洲大陆土著代表大会上说："哥伦布是人类历史上最大的侵略者和种族灭绝的先锋。"

受惊的鸟扑打着翅膀飞走，赤身裸体的土著敏捷地跑到海滩，看到从未见过的帆船，他们个个目瞪口呆。哥伦布手举王旗，带着各拿一面绿旗的平松兄弟，率领众人陆续跳上岸。绿旗一面绣着十字架，一面绣着双王姓氏的第一个字母 F 和 I。塞戈维亚和远征队秘书埃斯科维多（Rodrigo Escovedo）站在人群中，手拿着纸笔，记下每一个细节。哥伦布要他俩作证，他已经为双王占有了这座岛。武装卫队围绕着他们，在更外一圈是一大群赤身裸体的土著。

这些土著处在新石器时代，是原始人。他们全无财产观念，所以根本无法理解这种奇异的占领仪式，只能把它想象成自己没见过的巫术。他们不解地看着，那个面色苍白的秘书，手拿一支羽毛，在腰间的牛角里蘸了蘸黑水，然后在一些又薄又硬的方片上画出一行行符号。当他画满几片之后，那些白人首领便一个个弯身下来，接过那支羽毛，纷纷在最后一片的末尾画了几下。

白人们很友好，拿出玻璃球、铜铃铛、金属装饰品、帽子，和土著交换手工棉制品和鹦鹉。一名土著忽然对西班牙军刀产生了兴趣，不明就里地抓在手里，刀刃划破了他的手，血涌了出来。他受惊了。像闪电般在土著群中狂奔，嘴里大概喊着，这些人是魔鬼，他们挂在身上的那些硬条条，可以让人流血。

这是巴哈马群岛中唯一一座带状珊瑚岛——萨马纳岩礁（Samana）。哥伦布猜想它是日本群岛的外围岛屿，把它命名为圣萨尔瓦多岛（San Salvador），也就是神圣救世主的意思。

哥伦布抓走七名土著，想把他们运回西班牙，学西班牙语。

他在日记里写道，这些人的武器很简单，只要陛下下令，我率50人，就可以把他们全部征服，随心所欲地支配他们。或者把他们全部弄到西班牙，或者把他们全部关押在这座岛上，"他们应当是顺从的仆人"。

错把古巴当中国

哥伦布考察、交易、休整了两天，然后起航，去寻找日本。在此后两个星期中，哥伦布从这座岛漂到另一座岛，以圣徒和王公的名字给这些岛屿命名。他认为，这些岛屿肯定就是托斯卡内利的地图上标

明的那些东方岛屿。

他越来越相信他已经到了东亚海岸，离日本主岛不远了。而所有土著都告诉他西南有一座大岛，叫古巴。哥伦布查了一下，发现这座大岛恰好处于犹太先知以斯拉、马可·波罗、托斯卡内利描述的日本岛的位置。在10月23日的日记中，哥伦布按捺不住欣喜地写道："我想今天就启程去古巴岛，根据这些人用手势比画的它的大小和财富情况，我认为它应该就是日本。"

事实上，哥伦布当天就起航了。10月28日，他的船队抵达古巴东北部的巴里亚门港（Bariay）。哥伦布忽然改变了看法，认为这不是日本岛，而是中国大陆，是蒙古皇帝的国土，他所在的位置是泉州或者杭州。

他用伊莎贝拉一世的继承人胡安娜公主的名字重新命名了这片大陆。

哥伦布任命会说希伯来语、库尔德语、阿拉伯语的犹太人托雷斯（Louis Torres）做信使，由赫雷斯（Rodrigo Herres）陪同，深入内地，去打探这块国土的国王是谁。他以为中国还在元朝统治下，而且各个地区像欧洲一样各有封建领主。

11月5日，两位考察者回来了。他们没有蒙古皇帝的消息，没有打听到国王在哪儿，也没有找到出产黄金的地方。但他们发现，那里人人手拿一些卷好的草叶子，悠然地吸一口，然后吐出白烟。据说这样能减轻疲劳，这就是日后风靡世界的烟草。此后，西班牙人很快学会了抽烟，烟草和金子一样令人向往。

在航向费尔南迪纳岛（Fernandina）的途中，哥伦布遇到一条小筏子，他看划桨者实在太累了，便请他上船休息。划桨者是圣萨尔瓦多岛的通信员，带着一个小筐，要去费尔南迪纳岛报信，告诉邻岛自己那地方来了许多白人。哥伦布送了信使很长一段路，又送给他面包、蜂蜜、酒，送他到他要上岸的地方。

哥伦布解释说，这是为了让他说西班牙人的好话。他在日记曾说，他不是为了保护土著而保护土著，全是为了留下好印象，以便以后西班牙人再来时不至于遇到麻烦。但他的一些做法和他的想法有时是矛盾的。11月6日，六名土著划着一条木筏子来到哥伦布船边，其中五人爬上船，哥伦布下令把他们抓起来，带回西班牙。当他经过波尼恩特河边（Poniente）时，他派人抓走七个女人和三个孩子。在记述此事时，哥伦布用牲口的量词作为人数的量词，在他那里，没信天主教的不是人。这一天，哥伦布给双王写信，要求弘扬天主教，让土著们皈依上帝。他似乎从未意识到，他把土著变成奴隶的做法和他想让土著信奉上帝的意愿是矛盾的。不久，土著远远看见他们就会逃跑，甘愿把家丢掉。

多日巡查之后，哥伦布认为古巴是中国最贫瘠的地区，富饶的日本群岛在它的东面。于是他沿古巴海岸向东前进，去找海地岛。11月20日，平松老大的平塔号消失了，多疑的哥伦布一整天都在担心，怕平松抛下他是要利用船速快的优势，抢先回西班牙报喜，夺得发现新世界的桂冠。第二天，哥伦布又猜想平松老大已经抢先到了他要去的海地岛，因此大发雷霆。

没能找到黄金和香料

12月6日，哥伦布抵达海地岛西北部的托尔图加岛（Tortuga），发现平松老大没在这里抢先登陆，但仍不知去向。

中国人的流行说法是，平松兄弟听说海地岛有大量黄金，便脱队去抢黄金，这说法毫无史料依据。事实上，平松兄弟从来没有过这类卑劣想法，平松老大只是偶然跑到贝贝克（Bebek），发现了一条河流，他用自己的名字命名了它，仅此而已。

哥伦布比发现古巴还要高兴，他看到海地的河滩地耕作得像科尔多瓦的田野一样棒，于是把这座岛命名为西班牙岛。他还意外地发现，赤身裸体的土著皮肤非常白，男人、女人都很漂亮。但他低估了海地

103

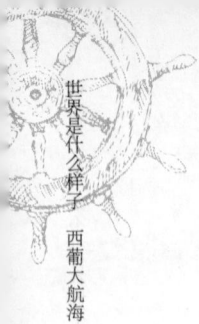

土著的战斗力，说他们完全不懂武装，没有武器，非常怯懦，1000人也抵不过他的三个人。所以他断定，他们很好指挥，可以迫使他们干那些对西班牙有用的事情。

哥伦布后来才知道，在他登岛的第二天，斐迪南二世国王险些被刺杀。国王那天在巴塞罗那法庭办公，中午12点离开法庭，走到最下边一个石阶与司库交谈。此时，石阶前的国王广场有许多骑着马的市民和骑士，国王完全没有注意到一个刺客正在从后面接近他。国王告别司库，正准备下石阶，刺客抢起刀从他的头顶砍到肩上。伤口最深处达到五厘米，所幸没砍倒后颈骨和筋腱。而此刻，远在海地岛的哥伦布，正在为国王找黄金。

一名土著老头告诉哥伦布，数百公里外的许多海岛有大量黄金。其中有一座岛上全是黄金，可以用箩筐装。于是哥伦布去转了一大圈，先后登上长岛（Cayo Largo）、克鲁克德岛（Crooked）、哥伦布沙洲探查，但根本没发现黄金。

圣诞节深夜，船员们想去寻欢作乐，纷纷违抗命令下船去找土著女人，旗舰只剩下一名见习舵手。这一夜，一些海员染上了梅毒，并把这种闻所未闻的疾病带回欧洲，传播给世界。还有一件糟糕的事，是海流把旗舰冲到了海地角以东，在岸边搁浅了，而且无法抢救。

第二天，哥伦布召集全体船员，大发了一顿脾气，把科萨也骂了，而旗舰的船主正是这位宇宙志学家。

海地土著很有同情心，看到哥伦布损失了那么好的一艘船，他们难过地哭了。他们竭尽全力帮助哥伦布，不仅秩序井然，而且诚实可靠。他们迅速把船上所有货物卸下来，存放好，没有一样东西丢失。

这里的酋长告诉哥伦布，海地岛的石奥（Civao）有黄金、香料、乳香、大黄，于是哥伦布认为，这里是真正的日本。不过，他还是非常担心平松兄弟抢他的头功，而且怕他提前回去向王室汇报他的失误和软弱。所以他决定这次就这样了，黄金等以后再说，还是先回西班牙，抢先向双王报喜。

可是，旗舰搁浅了，平塔号失踪了，剩下的一艘小船没法把两船人都带走。所以哥伦布不得不把一些人留在岛上。他动员大家："我知道，主让船在这儿搁浅，是想在这儿打下基础。"他选出38人留守海地岛，让他们在这个新世界建造第一座基督城，他把它命名为圣诞城。他任命情人的亲戚阿拉纳（Diego Alaina）做长官，又留下古铁雷斯给他做副手。

不过，哥伦布一直对留下的这些人，感到忧虑和放心不下。

1493年1月4日，哥伦布改乘最小的尼尼亚号，返航西班牙。

最后离开海地之前，他特意下令给旗舰一炮，石弹穿破船体，落在远处的水里。哥伦布看到酋长大为震惊，他为留守人员悬垂的心稍稍安稳了一些。

归心似箭却恋恋不舍

在返程之初，哥伦布心中一直有两种力量在争夺。一种力量在催他赶快回到西班牙，别让平松老大把风头抢走。另一种力量是慢些走，最好能在沿途找到黄金，因为他担心平松已经弄到满船黄金，这会让他在双王面前无地自容。但后一种力量似乎很容易大于前一种力量，于是他慢吞吞不停地驻足，沿着海地北岸向前行驶，他要探查每一个海角、每一处海湾、每一片海滩。

6日午后，星期天，海地岛北岸刮起劲风，由南向东吹，哥伦布命令海员爬上桅杆向南观望海滩，却见平松的平塔号顺风而来。

平松终于出现了，哥伦布冷冷地听他解释，否定他有权力以自己的名义占领他所发现的谷底和河流，当然更不能用他的名字命名，所以必须把那条河流改名为格拉西亚河（Gracia）。他还释放了平松兄弟抓回的六名土著，高傲拒绝了平松老大送给他的黄金。他过于敏感，觉得不震慑平松老大，不可能安全返航，所以扬言要把平松老大吊在自己的寝舱过梁上。

不过，他的担心完全是多余的。平松老大从来没有过背叛他的想法，没有抢先登陆海地岛去抢黄金，也没有抢着返航。他不过是跑丢了。

1月12日，哥伦布发现仍未离开海地岛北岸，对海地岛之大感到惊讶。他估算海地岛的人口一定很多，而他的圣诞城只有40人，他们的命运会是怎样，他感到极度不安。13日，哥伦布登岸，在一片树丛中，发现150名埋伏在那里的土著。他们赤身裸体，头发很长，头顶插着鹦鹉毛，手拿弓箭。哥伦布觉得他还从未见过这么丑的土著，而且觉得他们举止非常野蛮，有动武的危险。他让海员们拿出玻璃串之类的东西，把他们的弓箭换过来。土著表示弓箭不够，跑到远处拿来很多弓箭，同时带回很多绳子。船员们觉得他们是想捆绑自己，于是便向他们发动了攻击，杀死了许多土著，只有少数人逃跑了。哥伦布断定，这些人是吃人的加勒比人，而他这场胜仗，足以威慑土著们不敢贸然去挑战圣诞城。

接下来几天，哥伦布还是没有离开海地岛，因为没有岛上吹来的风，船队根本动弹不得。他寄希望17日的日月重合，那天太阳会和木星相冲，月亮会和木星、水星相冲，他认为这些天象可能会导致大风。但他打算起风后去加勒比食人族的岛屿看看，然后再去马蒂尼诺岛（Martinino）转转，那是一个女儿国，不让任何男人染指。很多人反对，因为两艘船都开始渗水，形势刻不容缓。

1月16日，起风了，哥伦布放弃那两座岛，最后离开了多米尼加的萨马纳湾（Samana），顺风向东北四分之一方向驶去，真的要返航了。

遭遇大风暴

对回程路线，哥伦布进行了慎重选择。先顺风向东北航行，然后仍采用等纬度航行法，但纬度要比来时高11°。顺风向东北航行是被迫，比来时高11°航行会是什么样子，他也不知道。

1月22日，船队越过来时的航行纬度28°，2月3日抵达百慕大群岛以东 805 公里处，那里是北纬 30°，海员们感到寒风刺骨。哥伦布原计划是抵达北纬 39°之后再东驶，但此时他们恰好遇到西风，他当即下令沿北纬 30°东去。

2 月 4 日黎明，他看到北极星位置很高，好像在圣文森特角上方。因为风浪太大，船不平稳，他没办法用等高仪和四分仪测量北极星的高度，所以不好校正航向。糟糕的是，平塔号的中桅杆坏了，速度减慢。哥伦布在日记里抱怨，说平松兄弟如果像关注黄金一样来关注桅杆，哪会出这种事。

2 月 6 日，领航员说，已进入亚速尔群岛水域。哥伦布认为，离亚速尔群岛还很远。哥伦布的判断完全正确。

2 月 12 日，船队遇到强烈而持久的大风暴，风力八级。小小的平塔号和尼尼亚号如同两片树叶，随时有翻船危险。从第二天起，哥伦布开始彻夜不眠，与风浪搏斗。14 日夜晚，两艘船不停地相互打信号，但它们还是被夜幕和惊涛骇浪分开了。这一次，它们开始各自求生，直至回到欧洲，再也没有碰到。

15 日早晨，哥伦布把海员召集起来，提议全体抽签，挑出一人守候两公斤重的大蜡烛，向瓜达卢佩圣母（Our Lady of Guadalupe）祈祷。他们找出鹰嘴豆，在其中一粒上用小刀刻出十字，然后放进一顶圆帽子里，哥伦布第一个伸手去摸，直接拿到了刻着十字的那一粒。哥伦布把这粒鹰嘴豆放进帽子里，提议大家再摸一次，以求得到神灵的救助。摸中的人要用整个晚上向光明女神莫格尔（Moger）的圣克拉拉（Santa Clara）做祈祷，天明后，大家做一次弥撒。这一次，又被哥伦布摸中了。另外，全体船员一致赞同，到达第一个地点，大家要不惧寒冷，只穿衬衣，列队去最近的一个圣母教堂祈祷。

前方终于见到了两座岛屿，哥伦布认为那就是亚速尔群岛，但风浪太大，根本无法靠近那些岛屿。

他们继续在狂风恶浪中漂泊，没人知道自己的命运会是什么。哥伦布想到自己的发现可能无法让世人知道了，他痛苦万分。于是开始

一页一页地在羊皮纸上记述自己的航程和发现，上面写着，谁要是捡到这些文字，请一定转交给双王。在悲壮的情绪下，哥伦布习惯性地夸张起来，他说他的两个儿子在异国他乡，没有父母照料。事实上，他的两个儿子交由他的情妇恩里克斯抚养，并非无依无靠。哥伦布把又硬又厚的羊皮纸紧紧卷好，包上油布包后扎结实，放进一个密封木桶，投进波涛汹涌的大海。

葡兵放走哥伦布

奋力搏斗了六天之后，尼尼亚号终于驶出风暴区，18日抵达亚速尔群岛的圣玛利亚岛（Santa Maria），受到葡萄牙殖民政府的热烈欢迎。葡萄牙人把软面包、鸡肉、甜食送上船，让这些饿得半死的人饱餐一顿。

用完餐，大家想起共同许诺过的大事，于是向葡萄牙人打听附近是否有圣母院，得知岸边小山顶上有一个供奉圣母的白色小教堂。哥伦布让一半人只穿着衬衣，光着腿脚，坐小船先去山顶祈祷，自己和剩下的一半人等小船回来再去。

哥伦布利用这段时间给国王写了一封夸耀自己的信。信的原件已经丢失，我们只能通过哥伦布的航海日记对这封信的简要记述来推测它的内容。它旨在说明：一、他接近了中国和蒙古皇帝；二、那些岛屿肥沃富饶；三、那里有大量黄金；四、土著善良而怯懦，很容易征服和教化他们；五、海地岛西部有两个省有待考察，其中的石奥省，那里的人长着尾巴。

信刚写完，情况突变，圣玛利亚岛长官卡斯塔涅达（John Castaneda）突然指挥一队士兵，把山上的船员抓了起来。哥伦布遥见山上乱作一团，感到大事不好，急忙下令起锚，围着海角转圈。卡斯塔涅达带领一队骑兵跑到岸边，翻身下马，登上小船，朝尼尼亚号追去。他站在小船上，引诱哥伦布向他靠拢。哥伦布站在三桅帆船上，想骗

108

卡斯塔涅达上船，抓他做人质。他大声斥责卡斯塔涅达必受惩罚，卡斯塔涅达回答说，老子不知道什么西班牙双王，也不管他俩有什么命令，更不怕你哥伦布。哥伦布向天发誓，不踏平这座岛，不抓到100名葡萄牙人带回西班牙，他绝不下船，也绝不退走。

其实，哥伦布什么办法也没有，他的船上只有三个人是能工作的海员。而且他找不到港口抛锚，随时可能被暴风雨袭击，他只能乞求上帝。

结果上帝又一次帮了哥伦布。

第二天，哥伦布从圣米格尔岛（Sao Miguel）折回圣玛利亚岛。他的小船回来了，不过上面坐的不是他的人，而是两名葡萄牙教士、一名葡萄牙公证人、五名葡萄牙水手。哥伦布看到了希望，赶紧请他们上船，给他们出示了海军上将和总督委任状，又经过一番唇舌，他的人终于被全部送了回来。

尼尼亚号太轻了，哥伦布想在圣玛利亚岛找些压舱石，却始终找不到。24日，星期天，风很大，有些危险，但风是吹向西班牙的。哥伦布决定，不要压舱石了，撞撞大运，当即下达起航命令。

让葡王后悔

3月3日，星期天，强风把他们的帆刮破了，哥伦布又把全体船员召集起来，要再抽签，确定一名朝圣者，回到韦尔瓦的时候，由他向辛塔（Cinta）的圣玛利亚祈祷。奇怪的是，这一次还是哥伦布抽中了。然后，他们落下破帆，任凭大风把自己吹往西欧。夜晚雷雨交加，哥伦布发现接近了陆地，他下令升起破帆，让狂风加速把他们吹向海岸。

3月4日黎明，哥伦布远远看见葡萄牙的罗卡角（Roca），而风把他们吹到里斯本西侧的卡斯凯什沙滩（Cascais）。

看到哥伦布的船，葡萄牙人万分惊讶，他们听说连天风暴吞噬了许多船，而这些人是怎么逃过来的呢。

哥伦布决定向东进入塔霍河，去里斯本避风休息。上溯到传统

锚地拉斯特洛港，哥伦布遇到停在那里的葡王大船。它的船长达曼（Alonso Daman）派一位大副，驾一艘武装小船，来到哥伦布船下，请哥伦布换乘小船，来向自己汇报情况。哥伦布说，他是西班牙双王的海军上将，不应该向葡王的船长做什么汇报，他绝不离船。大副请他派他的大副去汇报，哥伦布说不派任何人，派人就等于自己去。即使你动武，西班牙双王的海军上将宁死不投降，也不会交出部下。大副让海军上将出示西班牙双王的证书，哥伦布非常高兴，让大副看了他的证件。

听了大副的汇报，达曼船长亲自带着小号手、长号手、铜鼓手，隆重登上哥伦布的帆船上。两人交谈甚欢，达曼说愿意随时效劳。

随后，尼尼亚号成了朝圣地，大批好奇者登船参拜，观看鹦鹉和土著俘虏。哥伦布给若昂二世国王写信，请求让他带船进里斯本，因为拉斯特洛港一直有一些坏人在转来转去，他们认为他的船上有许多黄金，所以随时想来抢劫。

葡王派里斯本大主教诺罗尼亚对哥伦布做礼节性拜访，他是哥伦布已故妻子的亲戚。大主教带来了国王的信，邀请他去觐见。

3月9日，葡王接见哥伦布。哥伦布趾高气扬，滔滔不绝。他介绍行程时极为夸张，又极力渲染新大陆的广阔和富饶，还大肆吹嘘所获金银财富的数量。

若昂二世看到哥伦布抓回的土著俘虏，大为震惊。这些人从外貌上看，显然不是非洲黑人，更像是想象中的印度人。若昂二世颇有些后悔。哥伦布不留情面地指责葡王当初对他不信任，没有采纳他的建议。若昂二世真是不知道，哥伦布究竟是被风暴吹进塔霍河的，还是他故意绕道葡萄牙来羞辱自己的。

葡王对西班牙王室是否有权占有已发现的土地提出疑问。哥伦布推说自己完全不懂外交问题，搪塞了过去。葡王没有接受哥伦布的礼物，他很尊重哥伦布，否决了大臣们想要杀掉他的建议，还吩咐给哥伦布带来的土著穿上漂亮衣服。

哥伦布准备启程时，得到国王的许诺，允许他沿陆路前往西班牙。哥伦布怀疑这是圈套，怕中途出事，便回绝了。

3月13日，尼尼亚号起航，15日黎明驶过萨尔特斯岛，中午出现在人声鼎沸的帕洛斯港。下午，平松老大率平塔号返回，停泊在尼尼亚号旁边。

至此，人类史上空前的224天、往返行程15000公里、无一人损失的远航大探险，宣告结束。

凯旋朝圣

在帕洛斯港，拉比达修道院和平松兄弟的家，成了凯旋上将的大本营。

回家17天之后，平松老大去世了，埋在拉比达修道院。这位资助人、最重要的帮手、最有力的搭档一去世，哥伦布便成了地理大发现的唯一主角。平松老大去世的那一天，哥伦布接到双王从巴塞罗那发来的信，他们称他是"堂基督使者·哥伦布，我们的大洋海的海军上将，在印度所发现的岛屿的总督和长官"。

双王希望哥伦布即刻去巴塞罗那，越快越好，这样就可以把再次远航的时间提前。他们问哥伦布，有什么需要由塞维利亚或其他省准备的东西，以便在他来巴塞罗那的途中就做好贮备。当他从巴塞罗那返回时，一切就万事齐备了。

第二天，哥伦布带上黄金、鹦鹉、土著俘虏，招摇过市，来到塞维利亚。经过短暂休息，他启程继续赶往巴塞罗那。

哥伦布的人带着金面具、珍珠、热带水果、鹦鹉、土著俘虏，组成一列庞大的街头展览队，把通向巴塞罗那王宫的路堵死了。伊莎贝拉一世和被刺客砍伤尚未康复的斐迪南二世，率王子和所有大臣在那里等候他。哥伦布一进大厅，双王起身迎接。这样的礼遇，只有超级大人物才可能享受得到，这让哥伦布颇感踌躇满志。

哥伦布的激情演讲，深深打动了双王，他们含着眼泪，竟然跪在了地上。于是，宫廷乐队的歌手唱起赞歌，高级神职人员肃穆祈祷。

夜晚，双王命令，宫廷所有人员陪哥伦布回到下榻的地方。斐迪南二世让王子在他一侧骑马，而另一侧就是哥伦布，这种特权只有王室血亲有权享受。

一个来历不明的外国冒险家，职位所得这么高，荣誉所获这么多，必然会引起许多贵族的非议。有些人瞧不起他，觉得他没什么了不起，只要坐船出海，谁都能碰到那块陆地。

有一次参加宴会，哥伦布又听见有人在讥笑他，说"上帝创造世界的时候不就有了西边那些陆地吗，我们也能找到它"。哥伦布听了，沉默了好一会儿，从盘子里拿出一个熟鸡蛋，站起来问大家："谁能把这个鸡蛋立起来？"

大家都试了试，把鸡蛋扶直，可是手一松，鸡蛋立刻又会倒下去。

大家纷纷摇头，觉得不可能让鸡蛋竖立。

哥伦布拿回鸡蛋，大家鸦雀无声，都要看看他究竟能有什么办法。

哥伦布把鸡蛋往桌上用力一磕，蛋壳破了，于是鸡蛋稳稳地直立在桌子上。

"这有什么稀罕？我们也会！"宾客们又讥笑起来。

"是没什么稀罕的，但你们为什么没想到？"

"鸡蛋都破了，这不能算数吧？"

"我设定过不许把鸡蛋磕破的条件吗？"

"那这谁不会呀，我们也行！"

哥伦布离席时，留下一句令人深思的话："你们能想到的却没有做，我胜过你们的地方就是把你们只是想要做的给全部做了出来。"

新世界炙手可热

哥伦布引起的震荡还在喧嚣中，梅迪纳西多尼亚公爵通报双王，葡王要派阿尔梅达（Francisco de Almeida）率船队驶往哥伦布发现的群岛，双王紧急求助亚历山大六世教皇。

5月3日，教皇发布训谕，如同过去承认葡王有权占有在西非和几内亚发现的土地一样，也承认西班牙双王有权占有已经发现的或将要发现的西大西洋岛屿。第二天，教皇发布另一份重要训谕，规定在西距"像亚速尔群岛和佛得角那样的群岛中随便哪一座岛屿"143公里的地方，从北极到南极画一条界线，西边属于西班牙，东边属于葡萄牙。

与此同时，斐迪南二世向葡王发出强烈抗议，要求他立即停止向哥伦布发现的群岛派发船队。

这就像是一个讽刺，曾经倍受西葡冷落和怀疑的西航计划，当它获得成功之后，两个宫廷几乎要大打出手，去争夺那片双方都曾不相信存在的土地。

5月20日，双王授权哥伦布在自己的武器上镌刻城堡和狮子的标记，这是极大的破例，城堡和狮子全是皇家标记。23日，双王颁诏，让哥伦布把他三个头衔所辖范围扩大到划给西班牙的所有地方，此外他还得到1000乌拉赏金。

还有，双王许下承诺，谁最先发现新土地，谁就得到每年一万马拉维迪的赏钱。请注意，那天晚上哥伦布先叫来两个人，帮他看前方是否是灯光，显然他并不确定那是土地。如果他当时看见了土地，他会按照自己的规定，立即升旗并鸣炮一响。所以应该领赏的是平塔号海员贝尔梅霍，而不是哥伦布。但哥伦布却领走了这笔钱，受伤的贝尔梅霍便去了摩洛哥，抛弃了天主教。

哥伦布并不是文艺复兴运动中第一个从理性角度提出西航的人，但他却是把西航设想付诸实施并且获得成功的第一位航海家。

此前，郑和的宝船队和葡萄牙人的非洲探险，都是近陆沿岸航行或是不远离陆地的近海航行。郑和离陆地最远点不过是1300公里，葡

萄牙人离海岸最远点从来不到 800 公里。他们的确都是远洋航行，却不是跨洋远航。而哥伦布离海岸最远点是 2800 公里，不见陆地的跨洋航行超过 30 天。另外，葡萄牙人发现的亚速尔、马德拉、加那利、佛得角等群岛，都是欧洲或非洲的附属岛屿。他们长期探索的非洲西海岸和南端，也只是已知大陆的未知部分，而哥伦布找到的是新大洲的新岛屿。

哥伦布还证实了确有传说中处于原始状态的"善良的野蛮人"，这对早期空想社会主义有着深刻的影响。如果没有哥伦布的首航发现，英国的莫尔（Thomas More）和意大利的康帕内拉（Tommas Campanella）就不可能去美化美洲的原始共产主义，他们的空想社会主义也就没有了思想基础。

哥伦布遗迹

【帕洛斯港】

韦尔瓦的天然良港，远离风浪，深度足以让三桅船驶入，装运货方便，曾经是国际性繁荣港口。古代帕洛斯港由四部分组成，一是没留下任何古迹的船厂区；二是有井水和喷泉的泉镇，在考古挖掘活动中，发现了许多工艺品和航海用品；三是发现了七个窑厂古迹的陶器作坊区，那里是瓷器、砖瓦、炊具的生产基地；四是商贸区，那里有酒肆、客栈、仓库遗迹。哥伦布曾在这里进行远航准备，这里是他第一次远航的起点和终点。

【巴塞罗那主王宫】

位于旧城哥特区国王广场的山丘上，曾是巴塞罗那伯爵和阿拉贡国王的住所。它包括圣亚加大、小堂、皇家礼拜堂、建于 14 世纪初的八角塔。哥伦布第一次远航凯旋，曾高调穿过国王广场，进宫觐见双王。

第五章

殖民新世界

意大利多产作家马蒂，在写给显赫的博罗梅奥家族的信中，首次使用了"新世界"这个词汇。他赞赏西班牙双王是地理大发现最热心的鼓吹者。他创造的这个新词汇，日后不断激发着欧洲人对于未知世界的想象。

紧急殖民令

1493年5月28日，双王任命哥伦布为第二次远航船队总船长。

为了抢在葡萄牙前面，焦急的双王不断催促哥伦布。6月12日，他们给哥伦布写信，让他快点出发。7月25日，他们给塞维利亚副主教丰塞卡（Juan Fonseca）和哥伦布同时写信，要求他们快点能让船队起锚。8月3日，他们给日后会跟船队一起远航的心腹特略（Gomes Tello）写信，要他尽一切努力，使舰队尽快启程。8月4日，他们给司库皮内洛（Francisco Pinelo）写信，请他多加用心，让船队早走。

但组织17艘船的舰队，编制1500人的人马，并非容易事。尽管双王反复催促，但许多事情进展不顺。桶匠提供的木桶质量很差，致使船舱里的酒大量破损。骑兵们骑着安达卢西亚的良马，在丰塞卡、哥伦布、王子秘书兼出纳索里亚（Juan Soria）面前转了一圈，私下里却把在塞维利亚吉卜赛教区弄来的劣马装上了船。这些事情都要一一解决。

一切在紧锣密鼓地进行。

皇家炮兵总管纳尔瓦埃斯（Rodrigo Narváez）给哥伦布提供了火炮、火药、投石器、军需品。船员们还将装备上格拉纳达长矛、马拉加胸甲、长铳。这一次，双王指派了一些随船专员，负责向他俩提

供对地理大发现实际价值的判断，王子奶妈的弟兄托雷斯（Antonio Torres）就是其中一位，他被任命为一艘船的船长。当然，哥伦布也要带上自己的人，比如他的小弟弟迪亚哥。这一次，哥伦布再也不必拿着国王的命令去要求释放罪犯了，也不再需要平松兄弟去劝说那些犹犹豫豫的海员，因为自愿者太多了，任哥伦布随便挑选。

哥伦布要在他上次发现的地方建立永久殖民统治，所以他将带去2000名志愿殖民，让他们建立三到四个营地和村庄。不愿在那里建住宅并定居的人，不许挖采或淘洗黄金。为了迫使大家从事耕作，一年有几个节气禁止去寻金。哥伦布还要带上牧师和宗教用品，在那里建立教堂。他要带上小母牛、560马拉维迪买来的八头母猪、山羊、绵羊、母鸡、甜橙、柠檬、甜瓜和各种蔬菜的种子。这些动植物，过去美洲没有，现在它们即将在那里生长，变得到处都是。

食人族不是蒙古人

这次哥伦布选择的港口不再是帕洛斯，那里容纳不下如此庞大的船队，他选中了加的斯港（Cadiz）。早在古罗马时代，加的斯是第二大城，人口仅次于罗马。

9月24日上午，哥伦布对17艘舰船下达命令，扬帆起航。

他们用五天时间到大加那利岛，又用五天时间到戈梅拉岛，补充肉食、淡水、柴草，消磨了很长时间，然后前往加那利群岛最西南的埃尔希罗岛。

10月13日，远航从埃尔希罗岛正式开始。这一次，哥伦布选择了不同的去路，他不是向西走，而是直接向西南走。他要发现大陆而不仅仅是岛屿，于是他十分幸运地驶入了比上次远航还要有利的顺风带。

经过20天航程，旗舰领航员看见远方有岛屿，船队一片欢呼声。哥伦布来到多米尼克岛（Dominica）和玛丽-加朗特岛（Marie-

Galante）之间，觉得后者地形更好，于是驶近它，手举王旗上岸，宣布占领了它。

第二天，他们发现了瓜德罗普岛（Guadeloupe），未经哥伦布批准，马尔克斯船长（Diego Márquez）擅自上岸，和八名船员一道走失。好在他们最后沿着海岸，找回到停在海边的船队，被哥伦布大骂一顿。

他们登上食人族居住的岛屿，解放了被食人族从邻岛俘虏的土著女人。这些重获自由的土著女人向哥伦布描述岛上的生活情况，说食人族经常去邻岛掠夺妇孺，然后逼迫女人给他们生孩子，当作食物，被他们抓来的孩子则阉割掉，等长大了再吃。哥伦布知道了，这些食人族，不是蒙古皇帝的臣民。

哥伦布向西北做弧线航行，发现一系列海岛，却离南美大陆越来越远了。他们记录下许多海角和港口，最后又意外发现了美丽的波多黎各岛。尽管这座岛很大，但它仍然不是大陆，哥伦布感到有些失望。

谁也不知道圣诞城经历了什么

波多黎各岛往西就是海地岛了，哥伦布放弃了寻找大陆的思路，要径直去海地岛，看望那些留下来营建圣诞城的部下。

他们先遭遇了一群食人族，一名船员被打成重伤，几天后死去。

一些海员认为这是不祥的征兆。

他们找到一处海岸，用小艇运送尸体上岸，被土著围住。土著要求上船，被西班牙人拒绝，于是有两名土著划着独木舟靠近船队，向哥伦布喊话，说他们酋长派他们来打探你们这些陌生人是谁。他们邀请哥伦布上岸，说这里有许多黄金和给养。哥伦布送给他们每人一件衬衣和一顶圆帽，还有一些小玩意儿，并告诉他们，他要去瓜卡马里酋长（Guacamali）所在的地方，没时间停下来。

第二天，离圣诞城 93 公里，船队发现两具尸体，面貌已难辨认，其中一具尸体长着胡子。御医昌卡（Diego Chanca）说，土著不长胡子，

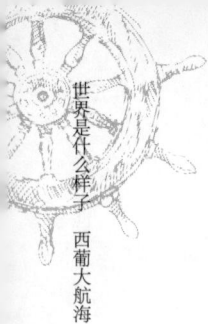

这是我们的人，有人估计圣诞城凶多吉少，是有道理的。

船队来到圣诞城港外的时候是半夜，不得不停在很远的地方。第二天太阳升起，船队向港口进发，下午抵达港口附近，但离岸边还有很长一段距离。他们看到五名土著划着独木舟远远驶来，大概是瓜卡马里的人。哥伦布等不及独木舟靠近，便下令两次打出排炮，期盼情人的亲戚阿拉纳从圣诞城那边发炮回应。但令他担忧的是，那边没有回音，静静的。独木舟不明船上情况，划回岸去。哥伦布不知岸上深浅，便在港口停了下来。

晚上，独木舟又来了，它靠近远征队的一艘船，被指引到旗舰旁边。土著登上旗舰，拒绝和任何人交谈，要见哥伦布。当哥伦布跟他们说话时，他们没认出来，也不理睬，直到船员拿来火把，他们看到眼前确是海军上将，才开口讲话。他们带来一些金面具，要送给哥伦布和平松老大。他们说，另外两个酋长卡奥纳博（Khalnarbonne）和马雷尼（Maurine），向他们的瓜卡马里酋长发动了一次进攻，烧了他们的村庄，瓜卡马里腿受伤了，不能来迎接海军上将，但他明天会来。哥伦布问他们，圣诞城的基督徒去哪儿了。一名土著说他们都很好，只有几个人或者病死了，或者因为内讧战死了。另一名土著说，基督徒全死光了。

第二天，船队仍在港口等待瓜卡马里，但没等来。哥伦布派出一支考察队，他们回来报告说，基督徒驻地已经被烧毁，只能依稀看出一半是庄园，一半是堡垒。周围曾有栅栏围着，现在里面什么东西都没有，周围的土著见人就跑。

后来，瓜卡马里的一名亲戚来到船上，说卡奥纳博和马雷尼把所有基督徒全杀了，而且把瓜卡马里打伤了。

哥伦布没有表现悲伤，只下令找一找有没有基督徒埋下的金子。他去年临走时曾叮嘱他们，把找到的黄金埋在地下。

情况到底是怎么回事一直弄不清，瓜卡马里又始终不露面。几天后，哥伦布的几名船长在圣诞城以外20公里找到这位酋长，他正在吊床上睡大觉。他解释说，自己受伤了，希望海军上将来看他。

哥伦布上岸了，率豪华队伍去隆重拜访酋长。过去酋长送给他黄金，他也给酋长带来礼物作为回报。结果酋长送给他更多黄金，外加珠宝和土著首饰。哥伦布让两位医生给酋长看病，酋长惊慌，却没办法拒绝。昌卡医生让酋长挪到明亮的地方，在外科医生帮助下，把酋长腿上的包扎拆开。医生奇怪的是，尽管酋长疼得大喊大叫，但他腿上一点儿伤也没有。这太蹊跷了，哥伦布断定瓜卡马里是叛徒，但他不动声色，还说了许多安慰话。

第二天，瓜卡马里来到旗舰，他竟劝诱和西班牙人一起回来的两名土著女人入夜后跳水逃跑，两名土著夜里果真跑了。哥伦布给瓜卡马里府第送去便函，要他把这两名土著女人送回来，但没有回音。

背运的开始

哥伦布决定放弃圣诞城港口，他游荡了整整一个月，终于找到一个合适的地点。他下令船员和牲畜全部上岸，他要在这里营建第一座欧洲城市，并把它命名为伊莎贝拉城，由托雷斯担任要塞司令。很快，他们建起了教堂、医院、军需仓库，哥伦布和各个首领分别建起自己的设防住宅。只可惜，这个城市就像刚刚消失的圣诞城一样，今天已经不复存在。

哥伦布派奥赫达（Alonso de Ojeda）带上15个人去考察石奥，弄清它到底是不是日本，有没有黄金。15天后，奥赫达回来报告说，不知道是不是日本，但那里有金子，土著性情温和。哥伦布听说有黄金，便不在意它是不是日本了，他忽而又想到奴隶也是一笔财富。他立即给双王写报告，请求让他抓一些食人族奴隶运回西班牙，把他们卖了，让他们在欧洲慢慢接受教化。船回来时，请装上牲畜和西班牙农作物，让它们在这边繁衍。

1494年2月，因为粮食短缺，许多船员病得很严重。昌卡医生统

计了一下，有三分之一的人生病了想回家。哥伦布留下五艘船，让托雷斯率其余船返回西班牙，把病人送回西班牙，把他的报告交给双王。

哥伦布走背运，正是从这份报告开始的。这是哥伦布第一次提议建立奴隶贸易，而这却是双王非常反感的，他的报告因此被束之高阁。但哥伦布不明就里，一再坚持，于是引起双王越来越严重的厌恶。

当托雷斯汇报圣诞城的悲惨消息时，大臣们认为哥伦布建这个堡垒美其名曰是为了上帝和西班牙，其实是因为他损失了旗舰，没办法把人全都运回来，不得已采取了这个十分危险的应急措施。

后方已经出现对哥伦布的极大非议，哥伦布在前方又恰好遇到大麻烦。

宫廷法警皮萨（Bernal Pizza）表面是船队会计，其实肩负着为双王监视船队的使命，他一直以辛辣的笔调给索里亚写秘密报告。他写了一份对哥伦布的稽查报告，把它藏在一块木浮标里。他哪里知道，哥伦布也有自己的密探，秘密报告被发现了。哥伦布把这位会计关进了监狱，同时严惩了他的同谋，其中一人被打死。许多人很不满，说哥伦布对瓜卡马里束手无策，对自己人却心狠手辣。

哥伦布听了奥赫达的报告，出于好奇，他要亲自去石奥看看。

走之前，他要选出一位临时长官，替他管理伊莎贝拉城。他任命的是他的小弟弟迪亚哥。哥伦布一直奉行一个错误原则，他总是把最重要的职位留给本族，这种做法不可避免地会让那些拥戴过他的船长们最终疏远他。

哥伦布到了石奥才发现，那里跟日本一点儿关系也没有，只是一座石城。不过在许多小河边，哥伦布都找到了金子。于是他下令留下50名士兵，在这里建一个堡垒，命名为圣托马斯城，由马尔加里特（Mosel Marcaritter）担任要塞司令。

17天后，哥伦布返回伊莎贝拉城，发现口粮已断，民怨沸腾。要知道，西班牙人每天的花费要比土著一个月的花费还大。哥伦布下令，贵族必须和平民一起劳动，丰衣足食。听到反对意见后，他绞死了一些人，鞭打了一些人。

负责处理精神事务的布伊尔神父（Buyiell）是女王的特派代表，他指责哥伦布给大家分配的食物太少，对自己人惩罚太严酷，为了抗议，他罢工了。哥伦布下令，停止给布伊尔神父和他的属下提供食品。

哥伦布开始断断续续地发烧，许多船员也是，他们大多数认为自己是在遭受天谴。而后世认为，这是他们先前染上了当时只有海地岛才有的梅毒，此时发作了。

哥伦布已经内外交困。

在极大的烦恼中，哥伦布接到消息，说卡奥纳博要进攻圣托马斯城，那附近的土著都已经弃家逃亡。哥伦布把所有没病的和能走动的人都编进远征队，让奥赫达率队增援圣托马斯城。抵达后，奥赫达负责留守，把马尔加里特换出来让他去野战。他让奥赫达转告马尔加里特，为了推广天主教，无论他们走到哪里，"都要在大街小巷竖起高高的十字架和路标"。

他又叮嘱奥赫达，必须首先尊重土著。如果他们不同意，不要拿他们的东西，用他们的东西必须要给予补偿，防止任何损害他们的事发生。但是如果碰到土著偷窃，必须要严惩他们，把鼻子和耳朵割掉。

有人误以为这是哥伦布专门对付土著的酷刑，这是因为许多人不了解欧洲历史。当时欧洲惩罚所有偷窃犯，都是削鼻割耳。哥伦布不过是把欧洲流行的刑法带到了中美洲，并非区别对待。

奥赫达和 20 名军官带上 16 名骑兵、110 名长铳手、250 名弓弩手抵达目的地。后来，他以偷窃基督徒衣物罪割掉了一名土著的耳朵，酋长和两名土著首领前来斥责他，奥赫达把三人抓了起来，送交哥伦布。哥伦布下令，在广场中心把三人的脑袋砍下来。这是基督徒在新世界对土著执行的第一次死刑判决，这个判决显然是错误的，土著不理解酷刑，提出批评，不是犯罪，何至于死。

那个时候，哥伦布在日记里痛苦地写道："看来，我只适合做去

海地岛和这些群岛的远征船长，不适合做治理城市、乡镇、村庄的好长官。"

古巴必须是中国

4月24日，哥伦布带着尼尼亚号、圣胡安号、科尔德拉号返航圣诞城遗址。不知为什么，哥伦布仍想和令人怀疑的瓜卡马里建立联系，但这位酋长还是不露面。白等了两天之后，哥伦布西航古巴，想继续了解它是不是中国大陆。

船队快到古巴岛时，先远远看见东首西尾岛，哥伦布第一次远航时认为，这里是西方之末，东方之始。行至此，哥伦布的一名土著仆人——迪亚哥·哥伦布告诉他，最值得去的地方其实是牙买加，那里盛产黄金。于是哥伦布改变航向，掉头去找金子。

哥伦布找到牙买加，觉得这是到此为止他发现的所有岛屿中最美丽、最迷人的一座。但他沿海岸转了五天，没找到黄金，却和一群好斗的土著打了一场恶仗。

然后，哥伦布还是想去看看古巴到底是不是中国，于是船队北航。路上，他们遇到一名土著，这人告诉哥伦布古巴是一座大岛，但哥伦布不信。6月7日，哥伦布正在寻找各种依据想要证实古巴是大陆的时候，西葡在托尔德西里亚斯（Tordesillas）签订协议，确定两国大发现的界线在佛得角以西1770公里，不及中美洲群岛，哥伦布的探索发现有了合法性。6月12日，遵照海军上将的命令，伊莎贝拉城及船队公务秘书卢纳（Fernando Luna）逐个问询三艘船的领航员、大副、海员、见习水手，让他们一一表态，承认古巴是大陆。他要所有人起誓，"以后任何时候不能反悔刚才说过的话"，否则，割掉舌头，罚款一万马拉维迪，见习水手抽100鞭子。

第二天，哥伦布掉头，在皮诺斯岛（Pinos）稍事停留，又在牙买加南岸转了一圈。在船过伊莎贝拉城时，哥伦布派九人上岸，向留守人员通报船队信息，然后继续漫无边际的发散航行。

秋天，哥伦布再度发烧，连续 32 天睡不着觉，身体虚弱万分。当船队发现阿莫纳岛（Armona）时，哥伦布突然病情恶化，高烧不退，完全失明，精神恍惚，力气逐渐消失。最后竟晕死过去，呼吸微弱。大家以为他活不到第二天了。

失去指挥的船队，只好返回伊莎贝拉城。

征服海地土著

哥伦布没有死，却被疾病折磨了五个月，无法自己进食。

让他高兴的是，他的大弟弟巴托洛梅率船队来到伊莎贝拉城，他是哥伦布兄弟中最果敢、最有活力的一个。但此时，正是伊莎贝拉城军心不稳的时候，移民们不喜欢总督，也就连带着不喜欢他的兄弟。布伊尔神父乘坐巴托洛梅带来的那些船回西班牙了，马尔加里特也辞职放弃圣托马斯城，和神父一道走了。

不久，托雷斯带着一支船队回来了，他给哥伦布带来双王的一封信。双王提议，在西班牙和新领土之间建立正常联系，每月对开一艘船。此后，双王将尽可能引导前往海地岛的移民不再依赖皇家财力，让他们去殖民地自力更生。双王还告诉哥伦布，西葡已确立大发现分界线，请他回国参加地图上的画线工作，如果他本人不能回去，请派小弟弟回去。托雷斯还带来双王同天签发的命令，要求所有骑士、绅士、官员、要人服从海军上将以国王名义发布的所有命令。

此时，双王尚未对哥伦布失去信心，这让哥伦布感到莫大安慰。

由于巴托洛梅和托雷斯先后两支船队带来了大量给养，入冬后，伊莎贝拉城的内部民怨稍稍平息，但是外部民怨又正在大量积聚。

哥伦布成为海地岛的主人后，他强迫土著缴纳黄金。居住在金矿区的男土著，凡 14 岁以上者，每人每季度必须上交很多金子。居住在不产金地区的土著，必须要上交大批棉花。凡是纳过贡的土著，在脖

子上挂一个黄铜牌作为标记。

哥伦布的这个制度，是完全失败的。土著生活需求极低，几乎没什么需要，他们吃得少又不穿衣服，所以他们拒绝劳动。为了躲避白人的压迫，他们宁愿逃进山里，而这意味着饥饿和死亡。于是海地岛中部暴动了。

1495年3月24日，刚刚康复不久的哥伦布，率巴托洛梅和奥赫达，带着20名骑兵、200名步兵、20多条军犬出征，要彻底征服土著。两天后，奥赫达终于生擒了卡奥纳博酋长，抓到1500名俘虏，赶跑多达10000人的土著大军。

美洲没有马，所有马都是从欧洲引进繁殖的。土著也没有黄铜，所以黄铜在这里比黄金贵重。当然他们更不知道什么是脚镣。奥赫达请卡奥纳博第一次骑上马，又拿出一副黄铜脚镣，让他觉得是一种脚饰品。当一名俘虏给他的酋长戴上脚镣，卡奥纳博便失去了自由。

卡奥纳博被绑在哥伦布的门厅里。看到高大威武的哥伦布，他连动也不动。但看到矮矮的奥赫达走过来，他便站起身，恭敬崇拜地问候。有人告诉他，高个子是伟大的海军上将，奥赫达不过是他的下级。卡奥纳博断然回答，海军上将一直不敢去抓他，但奥赫达却敢。

决定回国洗白

哥伦布取得了伊莎贝拉城内外的胜利，但远在马德里的双王却对他的态度发生了极大反转。看来奴隶贸易问题和移民回国后纷纷告状已经产生了影响。4月9日，双王派糖果点心师阿瓜多（Juan Aguado）前往海地岛，代表他俩与哥伦布兄弟谈话。他们命令哥伦布兄弟，到那时必须信任他，服从他。

哥伦布没有感到明显的危险，依然沉浸在奴隶贸易的遐想中，但他变得小心翼翼。根据西班牙法律和欧洲宗教伦理，只有从异教徒敌人那里抓来的俘虏才能当奴隶。所以他让小弟弟迪亚哥押解500名土著战俘回西班牙，他们不再是随便抓来的，而是在战斗中刚刚抓来的异教徒战俘。

双王命令丰塞卡不得索要或收取迪亚哥为他们带来的黄金，因为他们允许哥伦布兄弟享有这些东西，如果接受了他的黄金，请退给他。另外，双王根据习惯法，先是指示丰塞卡把土著俘虏卖掉，但又听到布伊尔神父的劝告，他俩便下了一道新命令："我们想征求一下文人、神学家、圣典学家的意见，看他们是否赞成交由你们把他们卖掉。此事暂时搁置一下，让我们等待海军上将的来信，以便了解把他们抓送来的原因。"他俩指示丰塞卡，未研究出结果，绝对不要接受任何人购买土著的钱。

秋天，阿瓜多抵达伊莎贝拉城的时候，哥伦布仍在与土著作战，他急忙从战场赶回来迎接钦差。阿瓜多对哥伦布冷冷的。他开始搜集殖民地对他们总督不满的材料。有人揭露说，大家天天吃的是麦糊糊和变了味儿的肥猪肉，几乎无人吃过饱饭。有人恳求说，我们什么都不想，只想让上帝把我们接回西班牙。

哥伦布得知糖果点心师四处搜集他的黑材料，认为自己的权威和特权受到这位皇家奴仆的损害。于是决定和他一起回国，为自己洗白。

伊莎贝拉港是良港，但它的西北稍稍有些暴露，所以一场狂风过后，阿瓜多带来的四艘船全吹丢了。哥伦布下令造了两艘船，一艘给自己，一艘给糖果点心师。这说明这个殖民地已经具有基本设备，而且拥有足够的技术员，他们完全可以建造横渡大西洋的海船了。

哥伦布又在海地岛选择了几个地方，建立堡垒，布兵驻扎，并任命巴托洛梅为总司令长官，迪亚哥给二哥做助手。另外，他犯了一个严重错误，他把海地岛的司法权和伊莎贝拉城的市长职务，交给了没有文化的随从罗尔丹（Francisco Roldán）。

一切安顿好了，哥伦布开始挑选和他一起回航的人。双王有令，要保证病人和穷困者一定回来。有些人远在西班牙的家眷向皇家枢密

院告状，说哥伦布不让他们的亲人回国，对于这些人，也要保证他们这次回去。还有许多人听说有船回国，便缠着哥伦布非要回西班牙不可。另外还有 30 名土著俘虏。最后统计，失望的移民和被征服的土著一共 220 人。

1496 年 3 月 10 日，哥伦布坐一艘船，阿瓜多坐一艘船，一同离开伊莎贝拉港返航。不过，哥伦布没有径直取道西班牙，而是在他发现的群岛中走走停停，像是在品味自己的杰作。

哥伦布在玛丽－加朗特岛的那天，双王给丰塞卡写信，以为哥伦布死了，说"这么长时间我们不知道他一点消息，我们决定派骑士团卡里利奥（Carrillo）和另外一名理财能手前往那里，以备海军上将不在时处理那里的一切事务"。第二天，哥伦布抵达瓜德罗普岛时，遭到一群女土著的痛击。他派 40 人迎战，追杀至内陆。他们除了弄到一些像公鸡一样大的鹦鹉，还抓回两个小伙子和三个女人。其中一个女人是女首领，另一个女人是她女儿。哥伦布要把女俘虏放了，每人送她们一份礼物。没想到的是，女首领和她女儿不愿走，要去西班牙。

4 月 20 日，哥伦布开始真正返航，但一路不顺。当时没人知道由西向东航行的顺风区在北纬 30°或更北。哥伦布取道北纬 22°，逆风和海浪经常把他们往回推。所以直到 6 月 11 日，哥伦布才回到加的斯港。

哥伦布遇到两艘帆船和一艘小船正准备去海地岛给他送粮食、牲畜、信件，哥伦布拆看了信件，又给弟弟写下新指示，然后让船队开走。

哥伦布在加的斯港稍事休息，动身前往塞维利亚。

他率领着一队人马，但他却不是过去那个趾高气扬的人，而是一个面容消瘦、眼窝深陷、头发花白、满脸胡须的人。他特意换上一身棕褐色衣服，打扮得像是方济会修士，神态很可怜。这是他的计谋，他要低调一些，不再引起嫉妒和攻击。不过一路上，每经过一个村庄，他还是忍不住会把卡奥纳博改信天主教的弟弟迪亚哥拉出来向大家炫耀。

一到塞维利亚，哥伦布和迪亚哥便住进王宫牧师伯纳兹

（Bernards）的家，与住在那里的丰塞卡会合。丰塞卡对哥伦布已经明显不客气了，他满脸蔑视地静听着哥伦布申诉，想找出话中的错误。

哥伦布讲起他是从哪个方向找到古巴，而古巴是蒙古皇帝的王国，是世界上最富裕的地方。伯纳兹讥讽地说："蒙古皇帝从前是鞑靼人的天主，而鞑靼里亚国位于布克西亚和巴伊亚之间。也就是说，它是从匈牙利开始的。所以从咱们这儿看，它应该位于每年大月份太阳升起的右手。而按照海军上将您现在寻找中国走的这条路线，我看再走6700公里，把大海和陆地全走一遍，也不可能找到那里。"丰塞卡赞同地点了点头。

弟弟的举措

哥伦布在加的斯港遇到的那艘船，7月初抵达海地岛。巴托洛梅看到哥哥的命令，要他在南岸建立一座城市。于是他选择去圣克里斯托巴尔金矿（San Cristobal）附近的一条河流寻找合适的地点。这个选择事出有因。

这之前，巴托洛梅的仆人迪亚士（Miguel Dias）因为和同伴争吵时理亏，用刀把对方刺伤，伤势倒是没大危险，但他主动要求流放。迪亚士在几名警察和朋友的陪同下前往流放地，他们沿着海岸走到东角，转了一圈，继续向西走，来到一个河口，迪亚士在一个土著村庄住下来。他在那里遇到一位女酋长，两人过上了愉快的生活，后来女酋长还接受了洗礼。女酋长告诉迪亚士，十公里之外有金矿。于是迪亚士回到伊莎贝拉城去见巴托洛梅，告诉他金矿的消息。巴托洛梅亲自找到了金矿，并以哥哥的名字"基督使者"（Christopher）命名了它。

巴托洛梅不知道双王不喜欢奴隶，又往西班牙发去三艘船，满载300名土著奴隶。然后，他留下迪亚哥统领伊莎贝拉城，自己带着所有能走能打的人穿越内陆，向金矿方向进发。抵达迪亚士得到爱情的那条河，巴托洛梅看到河两岸住满了人家。他派人仔细考察了河口，

发现是良港，于是决定在这里建城。这便是今天多米尼加的首都圣多明各（Santo Domingo）。

巴托洛梅很快设计出城市的主要街道，并给迪亚哥送去指示，让他把伊莎贝拉城造船的人和病人留下，把其他所有人全都迁到圣多明各。

伊莎贝拉城，从此废弃了，这是历史的遗憾。

弟弟的人马还没到，巴托洛梅从自己带来的人中挑出20人，让他们留下伐木，建造堡垒，这将是圣多明各的起点。他自己带上其他的人，前往萨拉瓜酋长（Saragra）那里，去寻求统一战线。

萨拉瓜酋长的妹妹阿纳卡奥纳（Anacaawner），是卡奥纳博酋长的遗孀，她的丈夫死在哥伦布手里。但她似乎对西班牙没有怨恨，反而对基督徒非常友好。

走了190公里，巴托洛梅迎头遇到萨拉瓜酋长的大队人马，他们一丝不挂，手持弓箭，拉出开战架势。巴托洛梅派一名徒手先锋去解释，说自己是朋友，不是敌人，于是两队人马握手言和。土著把巴托洛梅送到酋长府中，酋长准备了一顿丰富的晚宴。

第二天，酋长给西班牙人准备了一场比赛表演，两队全副武装的土著，用弓箭对射，势如仇敌。不一会儿，四个人被射死，许多人受伤。但是土著首领谈笑风生，丝毫没有停止自相残杀的意思。巴托洛梅实在看不过去，请求叫停，酋长这才下令停止比赛，赶快救人。

不久后，巴托洛梅要求酋长用黄金纳贡。酋长说他的领地没有金子，巴托洛梅说可以用棉花顶替，于是酋长让他的属民种棉花。

巴托洛梅回到圣多明各，得知300多人已经病死。其余许多人正在遭受多种疾病的折磨，特别是梅毒，发作的人满身脓疮，而给养又快断了。

巴托洛梅决定把他们疏散到其他堡垒和村庄，这引起土著不满。他们在瓜里奥内斯酋长（Griones）的带领下，秘密筹备向基督徒发起决战。

瓜里奥内斯的手下中有一个人喜欢西班牙人，想去给巴托洛梅报信。他知道所有路口都有酋长的密探，于是他把密信藏在空手杖里，装成哑巴和瘸子。一遇到密探就用手势比画，表示不会说话，然后把身体重心压在手杖上。他混过了所有关口，把情报送给了巴托洛梅。

巴托洛梅决定抢先下手，他带上有限的健康人，在博纳奥（Bonao）休息一夜，向康塞普西翁（Concepción）奔去，最后趁夜色向土著发动突袭，大败 15000 名土著。

巴托洛梅回到圣多明各，收到萨拉瓜酋长兄妹的口信，说贡品已经准备好。巴托洛梅亲自前去收获，得知酋长不仅缴纳了足够多的棉花，而且还给他的全部人马提供了给养。巴托洛梅忙让人把在伊莎贝拉城刚造好的船开过来。阿纳卡奥纳说服哥哥，让她去陪巴托洛梅迎接新船，此时阿纳卡奥纳已经对 35 岁的巴托洛梅产生了爱意。在半路上的一处闺房，她和巴托洛梅共度一夜。第二天船到萨拉瓜，阿纳卡奥纳放弃美丽舒适的独木舟，和巴托洛梅一起坐大船回家。

巴托洛梅为挨饿的西班牙人装满了木薯粉面包和其他给养。

稳住内外局面

有了充足的给养，巴托洛梅以为军心可以稳定了。但恰恰相反，总督府侍从兼伊莎贝拉城警备司令罗尔丹造反了。

为防止罗尔丹把船抢走开回西班牙，迪亚哥用障碍物把船挡住了。这给罗尔丹激发不满情绪提供了机会，大家纷纷谴责哥伦布兄弟控制移民行动，迫使大家为他们自己的利益干活，而且对待土著手段卑劣。最后，罗尔丹借用国王名义，领导着近 80 人宣布起义，自称是土著的解放者。

巴托洛梅试图和起义者达成协议，但没成功。此时，两艘船从西班牙赶到，带来了给养，带来了 90 名劳动移民，还带来了王室任命巴

托洛梅为先行官的委任状，这使罗尔丹措手不及。在罗尔丹的死亡名单中，巴托洛梅是第一个应该被处决的人。现在，他们不是在反对一个权威尚有争议的外国人，而是在背叛总督不在时王室任命的最高官员。

先行官再派使者与起义者谈判，虽然谈判又失败了，但起义者妥协了。他们决定偃旗息鼓，撤到萨拉瓜。

内讧收敛后，巴托洛梅着手对外事务，他无条件释放了瓜里奥内斯。

土著重新有了酋长，而西班牙人内讧分裂的消息，鼓舞了土著的斗争情绪，他们再次发起战斗，卷土重来。巴托洛梅不得已，再次派兵作战。

瓜里奥内斯躲进马约巴内斯酋长（Mayobarnes）的西古艾山区，巴托洛梅下令进山搜索，遇到马约巴内斯的阻拦。巴托洛梅仅有数名骑兵，却在初次战斗中给土著造成了灾难性杀伤，土著根本拦不住基督徒的骑兵。

巴托洛梅决定军事行动和外交手法相结合。他释放一些俘虏，让他们回去告诉马约巴内斯，让他把瓜里奥内斯交出来，不过这位忠于友谊的酋长拒绝交出同伴。后来，巴托洛梅抓住两名土著，他们为了保命，供出了酋长的藏身地。两名西班牙人自愿扮成土著，他们脱光衣服，把剑藏在棕榈叶里，径直进入马约巴内斯的藏匿处，把他和妻儿一块儿擒获。瓜里奥内斯在躲藏了几星期之后，饿得不行，被迫投降。海地岛最后两位好战的酋长被降伏。

在战斗中，瓜里奥内斯的妹妹也被俘虏了，她的丈夫也是一位酋长。这位来到巴托洛梅面前，跪在他的脚下发誓，如果能把妻子还给他，他和手下的人将给西班牙人当奴隶。巴托洛梅无条件释放了他的妻子，并同时释放其他一些要人，让他们陪她隆重回家。几天后，知恩图报的酋长来到圣多明各，带来了4500人的劳动大军。他们每人手里都拿着用来耕作的尖木棍，播下了第一批种子。

后来，西古艾山区的土著来请愿，他们每人都带着面包和烤鱼做献礼，呼吁释放马约巴内斯。巴托洛梅释放了酋长的妻子和眷属，但没有释放酋长。

激情打动双王

在西班牙，双王听布伊尔神父说，哥伦布在殖民地不分贵贱，压迫所有人。像他这样拒绝服从的人，得不到饭吃，也没有其他必需品。

不过夏秋两季，伊莎贝拉女王一直忙着她两个孩子的婚事。一个孩子是次女胡安娜公主，她将嫁给神圣罗马帝国皇帝马克西米利安一世（Maximilian I）的儿子，另一个孩子是胡安王子，他将迎娶马克西米利安皇帝的女儿。为了把公主护送到比利时，把准儿媳迎接到西班牙，女王组织了一支130艘船和25000人组成的庞大船队。

9月底，婆嫁船队起航后，女王返回布尔戈斯（Burgos），和丈夫一起，处理新世界事务。此时，双王听到许多哥伦布兄弟的负面消息，特别是听到巴托洛梅在海地岛施暴。他们无法不觉得这两兄弟在使用武力的时候太残酷了。

尽管如此，双王仍未做出轻率决定，他们想听听哥伦布怎么说。

哥伦布辩护说，他发现了东方之始，有幸给700多座岛屿命名。他走遍了比西班牙还长的海地岛，此岛人口众多，他却让所有人都向他纳了税。这是哥伦布习惯性的夸张。实际上，被他催税的人是有限的，他收到的税收更是微乎其微。

哥伦布虚晃一枪，他先是拿出他找到的黄金，有的像鹰嘴豆，有的像胡桃，有的更大，还有一条特大的金项链。然后他慷慨激昂地大声说："让这种可怜的算计见鬼去吧！让所有的生意经见鬼去吧！陛下是要做商人还是要做基督世界最光荣的王子？"然后他用激将法，用隔壁葡王的伟大暗示双王的短视。他说四代葡王一心想找到几内亚，整个王国前仆后继，花费了大量人力物力，还有一半人死在了几内亚。他们的事业开始的时间更长，收益却很少，但他们的目的不是金钱，

133

而是为了扩大葡萄牙领地，为上帝效劳。

哥伦布改换话题，不再提黄金、金屋顶的日本、金砖铺地的中国。相反他建议双王拿出黄金，把它花在为西班牙征服新土地的伟大事业上，而且还拿葡王做比较，劝他们为上帝尽忠。

双王还没听到他为别人指控他的暴行进行辩护，就已经被他的激情感染了。就像过去听哥伦布陈情一样，他俩微笑着说，不要介意，他们并未听信诋毁他的伟大事业的谣言。

实际上，他俩也确实应该感到满意。尽管哥伦布尚未找到大量黄金，但他已经为王室增添了大量领地，并在这些土地上竖立了无数十字架。

在道德层面上，双王确实感到了困惑，不确定哥伦布兄弟究竟属于哪一种力量。当时，卡萨斯修士（Bartolomé de las Casas）以毫不妥协的口气坚称，中美洲群岛属于土著，是上帝赐给他们的家园，那里所有的东西——动植物和贵重金属——全都属于土著。他认为，如果不是为了向土著解释上帝的存在和唯一性，如果不是为了讲述救世主耶稣的伟大事迹，西班牙人便没有任何合法理由进驻那些土地。他坚持认为，西班牙人在中美洲群岛的使命是为土著利益服务、耐心向他们传教。以这个标准，衡量当时的殖民帝国，他无法不做出激烈的谴责。

双王也确实知道，一个欧洲民族，带着白种人特有的游动性和侵略性，突然闯进一片纯净的土地，与那些天性不善游走的人民不期而遇，文化冲突甚至军事冲突一定会发生。不过双王毕竟能找到心理平衡。在他们看来，只要被掠夺的土著不是基督徒，征服他们就有充分的理由。这个原则，是当时基督世界无可争议的法则。况且，双王还能把土著当作事实上的臣民来看待，经常指示宽待他们，反对对他们的欺凌和残暴，尊重他们的人身自由，不赞成奴隶贸易的肮脏交易。所以他们自认为即使是针对这些异教徒，他们已经是仁至义尽。

在哥伦布这边，他确实太喜欢黄金，而且曾经认为只要把大量黄金堆放在双王面前，他就能大放光彩。对于土著，与同时代的基督徒一样，哥伦布认为，不信奉天主教的一切种族都没有天然权利，完全可以采取最极端的手段，迫使他们皈依教义。不过，他先是想采取友好措施，但是他失败了。他在海地岛留下40人，当他回到那里，却发现圣诞城空无一人。但他依然没有对野蛮人贸然使用武力。他想强迫土著纳贡，但土著是一个说跑就跑的种族，也没有收益和财产，几乎不可能从他们那里收到税。当他发现土著拒绝劳动，他终于怒了。因为欧洲人信奉劳动神圣，认为劳动是人的基本需要。而劳动是创造财富的源泉，最终会用财富作为文明象征和标准，由此他才真的认为这些异教徒是野蛮人。既然土著拒绝劳动，那就把西班牙人弄来种地，但西班牙人来了便后悔，哭着喊着要回国，然后造他的谣言。哥伦布山穷水尽，想向土著宣战，把他们变成俘虏送到西班牙，这便是让双王厌恶的奴隶制。

卡萨斯是理想主义者，双王是现实主义者，而哥伦布是幻想家和试验员。

双王权衡利弊，最终决定，让哥伦布带着原官原职，进行第三次远航，并付给他600万马拉维迪作为远航费用，于是皇家财库更拮据了。另外，为了保留哥伦布负担远征八分之一的费用即可得到八分之一收益的权利，双王规定，海军上将有权按自己的意愿，在前往中美洲群岛的每七艘船中，派出自己的一艘。

筹备第三次远航

10月29日，尼尼奥（Perot Niño）带着巴托洛梅抓到的300名奴隶返回加的斯。他没有想到，他说了一句俏皮话——"我带来了金子"——竟坏了大事。他是一个满不在乎的人。说完这话，他跑回老家莫格尔（Moger），舒舒服服度了两个月假。他说的金子是指300名奴隶，但双王以为他说的是黄金。所以他们通知哥伦布，可以使用

你弟弟带回来的金子进行第三次远航，然后把答应给哥伦布的 600 万马拉维迪用到了对法战争上。最终，斐迪南二世把法军赶出了那不勒斯，亚历山大六世教皇封他和伊莎贝拉一世为"天主教国王"。

12 月底，尼尼奥进官，把巴托洛梅的信件呈送双王。双王这才明白，他说的金子是他押回来的奴隶，而原本答应给哥伦布的 600 万马拉维迪已经在对法战争中用光了。哥伦布不得不另想其他办法。

1497 年 4 月 23 日，双王指示哥伦布："既然上帝使你们到了这些岛屿，你们就要努力使这些群岛上的土著走上和平和稳定，让他们为我们服务，服从我们的统治，并且首先顺利地使他们改信我们的神圣天主教。"随后，双王签署了一系列重要决定：第一，禁止进入中美洲群岛的西班牙货主抬高供应给海军上将的商品价格；第二，就哥伦布需要 500 名西班牙劳动雇员的请求，授权他招募 330 人，如果哥伦布认为需要，可增加到 500 人；第三，对哥伦布或他的代理人答应奖赏的那些人，请中美洲群岛的财政部司库支付奖金；第四，运往中美洲群岛和从那里运回的所有商品，在第一次成交时，不用缴纳进出口税和其他任何税。5 月 6 日，双王把上述授予哥伦布的税收豁免权扩大到所有商品和税收项目。9 日，双王指示高级会计处，满足海军上将已付给或预付给中美洲群岛人员的工资总额。

哥伦布一直想着必须和国王的钦差平起平坐。5 月 30 日，他改变了皇家枢密院因为不信任他而对他采取的一项预防措施，即，既然负责中美洲群岛收支账目的人员中有双王的代表，那海军上将也应该有一名代表在其中。

6 月 2 日，哥伦布对 1495 年 4 月 10 日的预防措施提出反对意见。在那个预防措施中，双王试图敞开通向印度群岛的通路，只是仍给海军上将保留在每七艘船中他可以派出一艘的权利。哥伦布不同意，他争辩说，把权利开放给其他六艘船，侵犯了他的特权。双王接受了他的批评。

在解释《圣菲协议书》中关于中美洲群岛的受益权问题，王室说，应该先扣除开支，然后付给哥伦布十分之一，剩余部分再给他八分之一。哥伦布坚持说，中美洲群岛所有收益，他应该先得八分之一，剩余部分扣除开支后的纯利，他应该再得十分之一。双王做让步，哥伦布除了第一次远航已经花出去的费用之外，以后再也无须负担任何旅费和行政开支，而收益按照王室的解释计算。

此外，双王在海地岛划出东西 280 公里南北 140 公里的地段，让哥伦布以公爵或侯爵的名义来统治。但哥伦布谨慎地拒绝了封赠，他怕引起王室和贵族的非议，只想保住中美洲群岛海军上将这个头衔。

6 月 22 日，皇家又下了三道命令：哥伦布获准将普通刑事犯移往海地岛；在海地岛期间，服刑期加倍计算，十年可抵无期徒刑，犯人如愿意在那里落户，如果他不是异教徒、损害王室者、堕落者和同性恋、内奸叛徒、死刑犯、用火和箭处刑的人、铸造假币者和贩卖金银或其他禁运物品的罪犯，可以免除服刑；授权总督给自愿居住在海地岛满四年的人分配土地。

10 月，两位意大利银行家以向热那亚出口小麦为条件，为哥伦布提供的 300 万马拉维迪到账了。此前，他们已给海地岛的饥民派出了第一艘救济船。

1498 年 2 月 18 日和 19 日，伊莎贝拉批准哥伦布的两个儿子做王室伴童，每人津贴 9700 马拉维迪。即使在王子死后，两个伴童仍将保留着。

哥伦布反败为胜，开始准备第三次远航。

哥伦布遗迹

【加的斯港】

哥伦布第二次远航出发地、第三次远航被戴着镣铐抓回来的归航地、第四次远航的出发地。这里和哥伦布密切相关，却没有留下哥伦布的任何遗迹。那时候，圣卡塔莉娜城堡、圣塞瓦斯蒂安城堡、城墙，都还没有建成，不可能留下哥伦布的足迹。哥伦布是狂热的天主教徒，他不会没去过 1260 年建造的加的斯大教堂，但大教堂 1596 年被大火焚毁了，现在看到的大教堂是 1776 年在原址上开始重建的。姑且可以来此凭吊，想象哥伦布走进旧教堂时的样子。它的小教厅里，有许多老教堂和其他寺院留下来的绘画和古物。另外，可进内港逛逛，想象哥伦布船队出港时的样子。也可以想象一下，1587 年，英国的航海家德雷克在这里突袭西班牙无敌舰队，火烧战船的情景。这里有四条彩线串联着四条观光线路，从海港出发，沿三号紫线，也就是殖民地贸易线，行走观看与当年美洲贸易相关的部门和海关、码头、仓库、工厂。

哥伦布发现了一个未知世界，但他一直以为那是已知世界的一部分。直到辞世，他仍然觉得他了如指掌的中美洲群岛是东亚，是日本或中国，也可能是印度东缘。是意大利航海家亚美利哥（Amerigo）指出，哥伦布到达的是不为人知的新世界。于是美洲没能以哥伦布的名字命名，相反它以亚美利哥的女性化拉丁语命名为亚美利加（America）。

寻找南美大陆

1498 年 5 月 30 日，哥伦布率六艘武装战舰和 200 人，由塞维利亚的桑卢卡尔港出发远航。他的任务是，证实前两次发现的诸岛南部有一块大陆。

西班牙对法战争结束后，法国仍是敌国。哥伦布发现有一支法国船队在圣文森特角游弋，于是他避开这个地方，绕道他的葡萄牙大舅子的圣港岛。

途经葡萄牙人的马德拉群岛，哥伦布一样受到热烈欢迎。

6 月 19 日，哥伦布抵达戈梅拉岛时，正逢一艘法国海盗船和它抓获的几艘西班牙船停在港口里。看到哥伦布的六艘船驶来，海盗船慌忙逃走，还拖走了一艘西班牙船。西班牙船上有六名法国海盗看押着六名西班牙人。看到哥伦布派出的一艘船紧追不放，六名西班牙人突然袭击海盗，把他们扔进了海里，最后驾船返回戈梅拉岛。

哥伦布知道巴托洛梅急需支援，但他很想有些新的发现。于是他把船队一分为二，让三艘船先行向西，直接去圣多明各。他为三艘船分别任命了三位船长，其中一位是他情妇的弟弟佩德罗（Pedro），另一位是他的堂兄弟胡安（Juan）。哥伦布指示他们，务必在经由多米

141

尼加岛时与食人族建立联系，用他们的一切东西都要给予补偿。他自己带领三艘船向南，驶向佛得角群岛，他要慢慢探索。

哥伦布发现，佛得角被称为绿角名不副实，那里的一切都是干枯的，没有绿色。在其中的希望岛，哥伦布买了一些山羊肉。他发现附近有一座小岛，集中居住着葡萄牙所有的麻风病人，他们在那里靠吃乌龟并用乌龟血擦洗皮肤来治病。圣地亚哥岛是佛得角群岛最大的岛，哥伦布想买一些家禽带到中美洲。但天气实在太炎热，船员们受不了，他只好作罢。

这些热带地区又激发了哥伦布的想象力。他想起老葡王断言"向南有大陆"，他还想起老葡王一定要把教皇给西葡划定的大发现界线向西移 1770 公里。葡王为什么这么说又这么做呢，哥伦布怀疑，老葡王肯定知道，在他硬要划进自己领地的范围里，隐藏着不寻常的东西，可能是一片大陆。

正当哥伦布陷入幻想之中，圣地亚哥岛的一些名流来拜访他。他们告诉海军上将，去 67 公里之外的火焰岛，向西南方向望，可以看见另一座岛屿。那里从来没人去过，老葡王曾经非常希望派人去西南方向探险。

哥伦布迅速扬帆，向西南方向驶去。

7 月 13 日，天气异常炎热，哥伦布甚至担心船会燃烧起来，把他的船员全都烧死。那一天，木桶开裂了，水和酒洒满仓库。好在随风落下一场大雨，把船队救出险境。

如果他不变航线，继续走下去，四五天之内，他就会看见南美大陆，抵达巴西的马拉尼翁河河口（Maranon）。不幸的是，在厄运打击下，哥伦布把航线一天天调整成一条曲线，这条曲线使他离最初的直觉目的地越来越远。及至 29 日，他的航向已经与南美东海岸完全平行，没有交汇的可能。

此时，哥伦布的病又发作了，他夜不能寐，白天仍要忍受着病痛折磨亲自指挥。由于饮水没了，哥伦布下令改变航程，北上多米尼克岛。

与南美大陆擦肩而过

第二天，他的仆人爬上桅杆顶，远远望见西方有岛屿，船上一片欢乐，船员们唱起《圣母颂》。船队越行越近。渐渐地，大家已经看清岛上有三座山头。哥伦布曾决定，这次远航发现的第一个地方叫特立尼达（Trinidad），于是这座岛就是特立尼达岛。

哥伦布看见，一条独木舟载着25名好斗的土著驶来。他们高喊着什么，像是在叩问哥伦布一行是什么人。船员们拿出发亮黄的铜钵给他们看，吸引他们，但没有效果。哥伦布又让见习水手们随着长鼓节奏在舰桥上跳舞。结果那25名土著战士误以为这是宣战仪式，立即射来一阵箭雨。

哥伦布围着特立尼达岛打转转，31日才从北部进入帕里亚湾（Paria）。他不知道，这是特立尼达岛和南美大陆之间的一片海域。这里的海岸布满海湾和潮淹区，这使哥伦布以为每个海角都是一座岛屿。所以直到他离开也没弄清，特立尼达岛南侧和西侧的土地究竟是岛屿还是陆地。其实，它就是他梦寐以求的南美大陆，是现在的委内瑞拉。他以为那是岛屿，把它命名为圣塔岛。

这片特殊的海域几乎是封闭的，乍看上去四周全是陆地。此情此景，富于幻想的哥伦布一下想起红衣主教戴利，觉得找到了他在书里描述的"人间天堂"。

哥伦布一直觉得，亚速尔群岛以西550公里的经线上有奇异事物，所以教皇曾拿它作为西葡之间的海上分界线。经过这条经线，罗盘针会从偏东变为偏西。他认为这条经线把地球分成了两个不等的半球。关于旧半球的形状，哥伦布没有任何异议，"只能像他们所说的那样说它是圆的"，但是新半球，哥伦布说人们一无所知。他认定，世界、土地、水，并非像书上描写的那样是圆的。其实它或者像是一只梨，

或者像是人头，或者像是一只乳房。它的乳头高高隆起，而像乳头的地方在新半球。它地势最高，离天最近，是"人间天堂"所在。他现在所处的位置正是东半球离天最近的地方。哥伦布还发现，有一股强大的淡水泻入帕里亚湾，把咸水逼退了60公里。这表明附近有一片广大的土地，上面流淌着一条大河。他分析说："《圣经》中说，主创造了人间天堂，在人间天堂种上生命之树。从人间天堂引出一个源泉，从这个源泉产生出现今世界上的四条主要河流，印度的恒河、底格里斯河和幼发拉底河以及发源于埃塞俄比亚并在亚历山大入海的尼罗河。我没有见到，从来没有见到过，有哪本拉丁文或希腊文材料明确讲到人间天堂在这个世界的位置。"他最终判断："这些水可能是从人间天堂那儿来的，尽管遥远，却流到了我来到的这个地方。"

哥伦布经常从正确的观察出发，得出荒谬的结论，并且深信不疑。

委内瑞拉的居民，不是黑人，而是近似白人。他们告诉西班牙人哪里有黄金，哪里有珍珠。得到这些消息，哥伦布陆续派小分队上岸探查，他们受到土著的热情接待。他们没有找到黄金，却喝了土著给他们的玉米酒，知道了玉米这种新作物。哥伦布后来写道："玉米是一种其穗像一个短棒似的作物，我从那里带来后，现在已在西班牙普遍传开。"

此时，哥伦布还是身体欠佳。土著代表酋长，乘独木舟来船上请他做客。他不理睬他们，土著不灰心，还是一次次来请。但哥伦布最终没有上岸，与他梦寐以求的南美大陆失之交臂。

他发现圣萨尔瓦多岛已经六年了，但他仍然不知道他为世界发现的这些地方究竟是哪里，满脑子想的是日本和杭州。他还是认为古巴才是大陆。

哥伦布眼睛红肿流血，又失明了。他决定马上去海地岛。

他相信，从地球的顶点出发，船是下滑，所以速度会很快。果真，他离开帕里亚湾西行时，在风力很小的情况下，从做弥撒到晚祈祷这段时间，他已经走了360公里，这是在水流强大的情况下航行才能达到的速度。这使哥伦布更加顽固地坚持错误判断，认为自己曾在"人间天堂"，越往北走，地势越来越低，因此他的船走得飞快。

初平内乱

哥伦布自觉一路下滑便到了海地岛。

上岸时，他的身体稍好，立即着手司法调查。此时，罗尔丹和他的70名追随者已在萨拉瓜安营扎寨，形成一个独立王国，宣布全面保护土著。和两个弟弟比起来，哥伦布更倾向于尽量不使用武力，他更愿意运用政治手腕。

正当他要寻求和平解决纠纷时，他在戈梅拉岛派发的三艘先行船姗姗来迟，刚刚驶进港口。此前，先行船路过萨拉瓜，人们听到罗尔丹这边会分派土著，为自己代劳，而哥伦布兄弟那边要自己不停地劳动，有40人在那里下了船。

哥伦布首先想到软化瓦解萨拉瓜。他采取的第一个措施是，宣布谁想返回西班牙都没问题，圣多明各给予船只和给养保证。听到这个消息，许多起义者软了下来，大部分贵族改变了对哥伦布的态度，回到他身边。可是哥伦布这次带来的平民却继续不断地投奔罗尔丹。哥伦布清点了一下自己的剩余力量，居然只有70人。于是他做出两项决定：一是对过去实行大赦，如愿归来，保证今后得到人道仁慈的对待；二是给罗尔丹出具专门保证书，仍称罗尔丹为市长，促使他和自己谈判。罗尔丹回到圣多明各，哥伦布没动他一根毫毛，但协议没有达成。

此时，伊莎贝拉一世把女儿伊莎贝拉嫁给了葡王曼努埃尔一世，而她19岁的继承人胡安不幸病逝，女王遭受剧烈打击。而哥伦布不懂事，偏偏派去五艘满载着土著俘虏的船，再次建议双王把他们卖掉为奴，双王大感不快。哥伦布还给双王带去一封信，请求派给他一名掌管司法的律师过来，另外请把他的大儿子派过来帮助他。

11月17日，罗尔丹拟定了一份协议书，要求50天之内，让起义

者带上自己的奴隶和自己的土著妻子返回西班牙。他在签名处附上一句话——如果海军上将十天内不签字，他不再招募追随者的承诺便会失效。于是，哥伦布 21 日签了字，起义者开始准备自己的行程。不久前，为了重返帕里亚湾做细致考察，哥伦布曾命令巴托洛梅建造三艘船，他把其中两艘给了起义者，他急切希望罗尔丹离开。哥伦布还安排一名亲信一同回西班牙，并让他捎给双王一封密信，请求当罗尔丹一上岸就逮捕他。

让哥伦布意外的是，大家害怕双王不高兴，50 天之后又决定不走了，但他们把协议失败归罪于完全没有过错的哥伦布。不过，罗尔丹秘密告诉哥伦布的亲信，想去见海军上将。只要能给他一份带有王室印戳的保证书，再给他一份海军上将签名的保证书，他就彻底结束对立。

哥伦布为了急于结束纷争，所以完全妥协，对罗尔丹提出的条件全部应允。他还亲自赶到圣多明各以西 140 公里的阿苏阿港（Azua），去迎接罗尔丹。

罗尔丹归来后，再次被任命为大市长，起义平息了。

双王的态度变了

哥伦布宽容了罗尔丹，却处死了穆西卡（Andrian Mujica），再次点燃了反对者的怒火。

年轻漂亮的格瓦拉骑士（Hernando Guevara）行为不检点，哥伦布下令驱逐他，要他回西班牙。格瓦拉前往萨拉瓜，准备搭乘奥赫达的船，但他迟到了。罗尔丹只好让格瓦拉在他堂弟穆西卡那里做事。格瓦拉仍不消停，他经不住酋长女儿的诱惑，很快与她相好了。不过，格瓦拉很谨慎，他请牧师给情人施行了各种圣礼，只是没举行婚礼。罗尔丹知道后大怒，把格瓦拉捆起来，交给了哥伦布。

穆西卡为救堂兄，聚集了很多造反兄弟，而哥伦布此时恰好只有七八个人和三名领取王室薪俸的侍从。他带着这十来个人去突袭哗变者，活捉了穆西卡。他命令把穆西卡吊起来，然后请来一位忏悔牧师让穆西卡忏悔，遭到拒绝。哥伦布一气之下，下令把他从塔楼上扔下去，摔死了。

于是，来自海地岛对哥伦布三兄弟的控告，纷纷传到王宫。而且控诉信的内容没有矛盾冲突，一致指责三兄弟在分配土著时执行的是自私自利政策，对待领取皇家薪金的自己人太过冷酷和残忍。与此同时，成群结队的归国移民聚集在王宫，喋喋不休地向斐迪南二世告状，甚至咒骂哥伦布两个无辜的儿子。

应哥伦布的请求，1499 年 3 月 21 日，双王挑选王室老仆从博巴迪利亚骑士（Francisco de Bobadilla）去海地岛负责司法事务。他们最初授予他的权力，是调查反对哥伦布的起义者并惩办这些人。但 5 月 21 日，双王命令博巴迪利亚以王室的名义，行使"对那些岛屿和大陆的行政权和司法权"，不必理会同时在中美洲群岛担任同一性质公职的哥伦布和巴托洛梅。同天，双王下达另一项命令，他们用"尊敬的堂基督使者·哥伦布，我们的印度岛屿和大陆的海军上将以及尊敬的海军上将的弟弟们"的措辞，谨慎地有意略去哥伦布的总督和长官头衔，略去了巴托洛梅的先行官头衔。这个命令要求哥伦布兄弟和其他人，把"堡垒、房屋、船只、武器、装备、给养、马匹、牲畜、我们在上述岛屿上的所有其他东西"统统移交博巴迪利亚。双王对哥伦布兄弟的态度急转直下。

整个夏秋两季，对哥伦布的批评越来越多，双王承受着越来越大的压力。而秋天，女王嫁给葡王的女儿在分娩后死去，伊莎贝拉一世的生活失去了乐趣，健康也受到了严重损害。正是在这样的背景下，哥伦布不知趣地再次惹恼双王。

哥伦布派巴列斯特尔（Baliestel）和巴兰特斯（Garcia Barrantes）率两艘船回塞维利亚，向双王汇报情况。这些人下船时，每个人都带着一大群奴隶、土著孕妇、怀抱混血儿的土著女人。对此，一直反对把

土著臣民当作奴隶的双王，非常愤慨。

第二年，双王下令，释放安达卢西亚地区被哥伦布卖掉的 21 名土著。这些土著，是战胜远途劫难幸存下来的奴隶，现在他们要马上登船，跟随去罢免和替代哥伦布的骑士团长博巴迪利亚，返回故土。

哥伦布三兄弟被戴上脚镣

1500 年 8 月 23 日七点半，迪亚哥看见两艘船，顶风向圣多明各港驶来。因为十点半之前陆风不会停，船无法靠岸，只能在港口七公里外停泊等候。

迪亚哥很想知道船上来的是什么人，有没有大哥那位和自己同名的大儿子。他派一条独木舟载着三个人前去向船上喊话，博巴迪利亚亲自解释说，自己是来调查起义的。博巴迪利亚的大副问，岛上有没有什么新情况，回答是刚刚绞死七名西班牙叛乱者，还有五名在等着上绞刑架。

此时，哥伦布在康塞普西翁打击叛乱部下，巴托洛梅和罗尔丹在萨拉瓜与格瓦拉的谋反活动做斗争。两位哥哥不断送来俘虏，命令迪亚哥马上绞死他们。迪亚哥看一副绞刑架不够，便另造了一副，分立在城墙两头。

柔和的海风起来了，博巴迪利亚指挥胖女人号和老女人号驶进港湾。接近圣多明各城时，他第一眼看见的便是两副绞刑架，每副绞刑架上都挂着基督徒。

第二天，博巴迪利亚和随行人员做弥撒。神祭结束后，他在教堂门廊里碰到迪亚哥和大市长佩雷斯（Rodrigo Pérez）。博巴迪利亚让公务秘书宣读王室第一份命令，即，任命他为起义司法调查员那份命令。他要迪亚哥把俘虏交给他。迪亚哥反对，他说海军上将不在，他只是临时当家，没有权力移交俘虏。迪亚哥让博巴迪利亚出示权力证书，博巴迪利亚说，如果你无权把俘虏交给我，你也无权要求我出示权力证书。

又过了一天，博巴迪利亚把所有人都叫来，再去做弥撒。结束后，在教堂门廊前，他让公务秘书宣读双王任命他为海地岛长官的命令。读完之后，博巴迪利亚宣誓就职，命令迪亚哥和佩雷斯把俘虏和所有案件移交给他。

迪亚哥再次拒绝，于是博巴迪利亚又让秘书宣读了另外两份王室命令。一份是让哥伦布把所有堡垒、武器、给养全都移交给他。另一份是他离开西班牙前几天接到的命令，他将承担海地岛所有欠款，无论是王室该付的，还是哥伦布该付的，都要按情况兑现薪金。

迪亚哥还是拒绝，于是博巴迪利亚指部队和刚刚向他效忠的人，摆开攻打堡垒的架势。与要塞司令谈判无效后，他以国王的名义，强行攻占堡垒，抢得俘虏。

哥伦布回到圣多明各，博巴迪利亚告知他，王室已任命自己为长官。哥伦布提出同时保留自己的权力，他抱怨双王不守信誉。博巴迪利亚大怒，下令把哥伦布和迪亚哥抓起来。不过，没人愿意给哥伦布上脚镣，在面面相觑的当儿，哥伦布的厨师自告奋勇，给自己的主人戴上了脚镣。

博巴迪利亚命令哥伦布给巴托洛梅写信，让他停止一切公务，立即返回圣多明各。此时，巴托洛梅抓住 16 名叛乱者，把他们关押在一个深坑里，等待送回圣多明各绞死。他接到哥哥的信，叫他不要担心被抓，说双王会妥善解决一切。于是他回到圣多明各，马上被博巴迪利亚逮捕，戴上脚镣，关进牢房。

哥伦布三兄弟戴着镣铐，被当作罪人，押上回国的船，随船还有博巴迪利亚揭露哥伦布三兄弟的 48 页报告。哥伦布不接受任何宽待，当负责押运的大副和贵族要给他摘下脚镣时，他坚决反对，说这脚镣是双王给他戴上的，只有双王才有权给他摘下来。在整个行程中，哥伦布始终没同意取下脚镣。

哥伦布被关在禁闭室，他日夜思考，陷入连续失眠的状态。

11 月底，船队驶进加的斯港，戴着镣铐的哥伦布引起大众的同情。

解放耶路撒冷的狂想

双王在格拉纳达得知哥伦布戴着脚镣，大怒，下令立即释放。他们赏给哥伦布 2000 杜卡多置办行头，以便让他们兄弟三人能十分体面地来王宫报到。

哥伦布兄弟抵达格拉纳达，来到双王面前。哥伦布双膝跪下，放声大哭，继而呜咽抽泣，伤感得一句话都说不出来。双王亲切地让他站起来，他终于抑制住哭泣，滔滔不绝地开始了演讲。

巴托洛梅不跪也不哭。哥哥演讲完，他告诉双王，他已经为征服中美洲献出七年时间。其间五年没在床上脱衣睡过觉，而且时刻伴随着死亡度日。他要求双王恢复他的名誉。

双王没有对哥伦布兄弟的解释和要求表态，只是让他们暂住王宫休养。

在王宫这段时间，哥伦布一会儿发脾气，趾高气扬地提出种种要求；一会儿无比耐心，低三下四地提出许多请求。

与此同时，博巴迪利亚没收了哥伦布兄弟在海地岛的财产。双王却批准了这个决定，说先用这些财产偿付哥伦布应该支付的薪金，剩余部分的十分之九上交王室，十分之一退还哥伦布兄弟。至于哥伦布的损失，双王想用给予他超常惠赠和名誉的方法进行补偿，毕竟哥伦布给他们带来了一个前所未有的跨洋帝国。

哥伦布无力抗争，渐渐地兴趣转移，开始研究新计划。

他以极大的热情搜集解放耶路撒冷的所有预言，他发现，这个事业恰好应该由西班牙来承担。哥伦布给双王写信，恳请赶紧着手这个伟大事业。无论是《旧约》还是《新约》，都有世界末日的预言，而圣奥古斯丁（Saint Augustine）和许多学者说，世界末日将在第7000 年纪到来。哥伦布以卡斯蒂利亚老国王智者阿方索（Alfonso the

Wise）的推算为基础，认为到眼前的 1501 年，世界已经 6845 岁，离世界末日只剩下 155 年。必须抓紧时间。哥伦布认为他后半生的使命是解放耶路撒冷。

理智的双王没有被哥伦布疯狂的想法打动，他们终于决定，不再让哥伦布返回海地岛，给他另找一个地方做事。

政敌葬身大海

哥伦布想出了一个吸引双王的新主意，他要越过海地岛一直向西，找一条穿过那片新土地的海峡，进入另一片更新的海洋。

双王鼓励他好好研究方案，并答应资助他去实现这个目标。哥伦布及时抓住机会，提出更多要求，其中之一是罢免博巴迪利亚。哥伦布说，博巴迪利亚不经过王室特准，允许淘金居民 20 年之内不交任何税金。于是，双王真的罢免了博巴迪利亚，任命奥万多骑士（Nicholas Ovand）继任。

哥伦布认为他在宫廷的地位已经相当稳固，于是离开塞维利亚，去准备他的第四次远航。他买了四艘船，招募了 150 人。

1502 年 2 月 13 日，奥万多率 20 名方济会修士、2500 人、32 艘船，从桑卢卡尔港起航。双王命令他，抵达海地岛后，把被博巴迪利亚没收的财产还给哥伦布兄弟，另外要为哥伦布准备各种各样他可能需要的物品。

双王虽然把一切名誉和特权还给了哥伦布，但是他们 3 月 14 日在巴伦西亚（Valencia）给哥伦布写信，不再信守《圣菲协议书》，明确规定哥伦布不得再去统治中美洲群岛。他们甚至规定哥伦布第四次远航的去程不得在海地岛靠岸，回程时"如果你们认为需要，上帝同意，你们可以在那里稍事停留"。后来，哥伦布的儿子迪亚哥去担任海地岛总督，斐迪南二世曾对他说，由于您父亲在担任您现在这个职务时乱收税，导致移民造反，一切都丢了，没有得到任何收益。在巴伦西

亚来信中，双王万分坚决地明确下令，"你们不要带回奴隶"。

4月，奥万多赴任后，他带去的20艘船马上返回西班牙。博巴迪利亚、托雷斯、罗尔丹登上旗舰，船队还押解着一身镣铐的瓜里奥内斯，另有为王室和其他要人搜集的大量黄金。但是风暴把这20艘船全部吞没了，哥伦布的主要政敌全部葬身于大海。

再次与南美大陆失之交臂

哥伦布把21岁的大儿子留在宫中，为他把守这条危机四伏的战线。他给大儿子写信说："你要把我的爱带给恩里克斯，你要像爱你的母亲一样爱她。"哥伦布把双王因为他首航发现新土地而赏给他的一万马拉维迪，送给恩里克斯。一切料理妥当，哥伦布要出发了。

5月9日，他带上了巴托洛梅和13岁的二儿子，从加的斯港出发，开始第四次远航。不过刚出港口便遇到狂风，哥伦布不得不滞留加的斯附近。此时，正逢穆斯林包围了葡萄牙在摩洛哥的阿尔西拉（Alcira）。狂风过后，哥伦布先去救援，受伤的葡萄牙司令感谢哥伦布，分给他一些葡萄牙骑士，其中有些竟是哥伦布亡妻的亲戚。

5月25日，船队自加那利群岛驶向中美洲群岛，哥伦布仍选择朝西南方向行驶，又快又顺利。6月15日抵达马蒂尼诺岛（Martinino），休息三天，然后直奔圣多明各。

根据双王的严厉命令，奥万多拒绝哥伦布进港，哥伦布不得不驶向西面23公里的美丽港，在那里躲过可怕的风暴。

9月12日，船队在古巴岛和牙买加岛之间的海域穿行，在好望角遇到大风浪，许多人一再昏厥过去。此时，哥伦布病得太严重，每个关节都奇痛难忍。他让人在甲板上搭造一间小舱房，以便躺在那里的床上指挥行船。

随后，哥伦布驶过加勒比海西部，遇到陆地阻隔后，先向南行，最后东转，沿洪都拉斯、尼加拉瓜、哥斯达黎加、巴拿马海岸航行了1500公里。他没有找到通往另一片大洋的海峡，但土著告诉他，他其实正在沿着隔开两个大洋的巴拿马地峡行驶。此时，如果哥伦布继续向东走，那便是南美大陆的北岸，但他突然左转向北，再次与南美大陆失之交臂。

年底，哥伦布回到古巴南侧，他依然认为那里是中国，说是在一个叫作"卡里艾"的地方停泊修船，补充给养，调理重病号。他听说有个叫"厦巴"的地区有金矿，便在两名土著带领下，前往那里一个叫作"卡兰巴鲁"的地方，抵达后却听说金矿其实是在一个叫"贝拉瓜"的地方。

据说由于顶风逆流和风暴骤起，哥伦布反复尝试，都没能抵达贝拉瓜。圣诞节那天，他们被迫停在一个叫"戈登"的港口。1503 年元旦过后，天气好了，但船破了，船员病的病，死的死。哥伦布强撑着起航，终于到达了贝拉瓜。

据说贝拉瓜有一个安全港和一条大河。当时天下着大雨，哥伦布刚进河口，河口便被堵死。雨一直下到 1 月 14 日，哥伦布没办法进入内陆，也没办法补充给养。24 日，大河突然涨水，把锚链和锚桩全部冲走，好在船保住了。

2 月 6 日，雨仍在下，哥伦布派 70 人冒雨向内陆强行进发，刚走 7 公里，便发现了许多金矿。土著把他们带到一座很高的山顶，指着目力所及的四方，说到处都是金子。不知为什么，哥伦布和土著发生了冲突，他把酋长关押了起来。

4 月，船被虫子蛀蚀得厉害，恰好大水冲出一条通道，哥伦布带领四艘船冲入海中。但他弟弟的船仍困在河里，他派回河里的小船被土著袭击，所有船员阵亡。

熬到复活节的晚上，所有破船终于会合起航。

长困牙买加

哥伦布先在贝伦（Belen）和贝尔波多（Belbodo）各留下了一艘船和给养，剩下的两艘破船继续航行。5 月 13 日，哥伦布认为到了中

国的蛮子省，然后向海地岛方向驶去，其间丢失了所有船具。

6月底，两艘充满虫洞的破船接近牙买加，全体船员用三台抽水器，加上桶和盆，仍没办法把舱里的水弄出去。哥伦布想继续赶路，尽早靠近海地岛。但他所在的船快沉没了，他慌忙在附近找港口。海浪却把他直接推向岸边，他们困在了牙买加。

7月7日，哥伦布给双王写长信，说自己从28岁开始为双王效力，"如果陛下不忘我，愿意来救我，请您派一艘能载64人以上的船，带上200公担粮食和其他给养，这样就可以把我和所有人从海地岛接回西班牙。我已经说过，我现今停在牙买加，离海地岛不到40公里"。他哀怨地写道："现在，我在西班牙连一片瓦块都没有，除了旅店和饭馆外，我吃和住都没有地方，而且还经常付不起费用。"在困顿中，哥伦布仍不忘叮嘱双王："陛下最好不采用掳掠的方式去取得黄金，如若采用公平交易的方式，则诽谤和污蔑便可避免。如此，所有黄金便会万无一失地源源不断进入陛下的财库中。"

12月20日，女王给海地岛总督一份命令："由于土著喜欢更多自由，他们躲避基督徒且不愿与之交流。即使付给他们工钱，他们也不想劳动，而是游手好闲……就让他们这样作为自由人行动吧，不要把他们当作奴隶。"

在牙买加，哥伦布的人不耐烦了，他们已被困六个月，快憋疯了。

1504年1月2日，波拉斯船长（Francisco Porras）带领一大帮船员闯进旗舰艉漏，向哥伦布咆哮："依我看，你们是不想让我们回西班牙了，你们是想让我们死在这儿。"哥伦布刚要说话，被他粗暴地打断，他说不必再争论。他转过身，大声说："我想带跟我走的人回西班牙！"大家应声说："我跟他去！我跟他去！"他们把哥伦布收集来的十条小划子抢走，兴高采烈地跳了上去。但他们两度尝试，结果全是惨败，还死了不少随船土著，最后大家垂头丧气地爬到了岛上。

上岛的船员可以四处寻找食物，而困在船上的哥伦布以及他的亲信、病人、弱者，只能继续靠土著提供食物。可时间一长，土著态度渐渐冷了，每天送来的东西越来越少。哥伦布得知当年是闰年，2月28日会有月全食，于是计上心来。

那天晚上，哥伦布派人把酋长们全都召集来，说要告诉他们一件大事。

哥伦布说，如果不继续给西班牙人提供吃的用的，你们将会面临灭顶之灾。他指着夜空说，保护白人的上帝住在天上，他已经对你们不满了，他马上就会把月亮从空中摘走。

翻译问，把月亮从空中摘走，是开玩笑，还是真的。他不知道如何翻译才是哥伦布的本意，最后干脆把原话告诉给牙买加土著。酋长们听了，先是有点儿吃惊，然后放声大笑。当他们看见月亮从东方升起，笑得更厉害。

哥伦布突然手一扬，指着月亮让大家看，它的下半边开始渐渐消失在夜空中。酋长们大惊失色，极为恐惧，随即一片哭叫声。他们请求原谅，保证今后要永远忠实于海军上将。哥伦布说要和上帝通话，他回到寝舱，等待月食消失。不一会儿，哥伦布走出门，月亮复出了，证实上帝已答应哥伦布的请求。

从此，口粮和日常用品，全都有了。

哥伦布派人送信给波拉斯，期望他听从劝告，率众归队。西班牙人可没土著好骗，他们竟然来攻打哥伦布。但他们不是巴托洛梅的对手，很快被击溃。波拉斯和所有战败者一起给哥伦布写了一份请愿书，宣誓以死尽忠。哥伦布给波拉斯戴上脚镣，把其他人放逐岛上，让他们滚得越远越好。

其实海地岛离牙买加岛不远，可哥伦布困在牙买加将近一年，奥万多才派萨尔塞多（Diego Salcedo）率两艘船来救援。萨尔塞多告诉哥伦布，如果不是大家批评奥万多冷血，不是教士们从道义上谴责他，奥万多仍然不会派船过来。

8月13日，哥伦布抵达圣多明各，奥万多恭敬而隆重地把他请到

自己家做客。但他剥夺了哥伦布审理牙买加哗变的权力，而且恢复了波拉斯的自由。哥伦布认为，这个篡夺了他长官职位的小人侵犯了他的权益，但他无能为力。

9月12日，哥伦布最后看了一眼他和两个弟弟建起来的城市，永远离开了八年前他发现的新世界。

11月7日，哥伦布回到桑卢卡尔港，他似乎瘫痪了，肚子和脚严重肿胀，被人抬下了船。从此，这位大航海时代的英雄，再也不能出海了。

与海洋永别之后

哥伦布在塞维利亚卧床不起，几乎不能动弹，他听说女王病得更厉害。

女王已经在临终前写下遗书："我真切地请求我主国王，我委托和命令我的女儿公主和她的丈夫王子，不要允许和容忍那些生活在已发现和将要发现的群岛和大陆上的土著居民遭受任何人格和财产凌辱。相反，我希望他们受到很好的公正的对待。如果他们受到了什么凌辱，要给予补偿并防止再次发生。"

11月26日，远在麦迪纳·德尔·坎普市（Medina del Campo），伊莎贝拉一世女王病逝。

哥伦布给大儿子写信，让他设法打听一下，女王在遗嘱中是否留下关于他的什么话。很遗憾，女王的遗嘱完全没有提到哥伦布，相反上面摘录的那段遗嘱仿佛是针对哥伦布的过失而言，似乎是对他的批评。

女王不在了，哥伦布的财产问题和年金问题，只能向斐迪南二世力争。

他给大儿子写信，说正在申请北上，争取来年1月底出发。但国王批准他北上已是1505年2月。可能是害怕寒冷，哥伦布一直等到5

月，才前往巴里亚多利德。

斐迪南二世热情地接见了哥伦布，建议他委托一个人，在枢密院继续办理海军上将职务内的事情。哥伦布说塞维利亚大主教德萨（Diego Deza）最合适，哥伦布能去中美洲群岛探险，德萨和他的侍从卡布雷拉（Cabrera）功不可没。国王表示同意，让德萨处理哥伦布的事情。

哥伦布认为，自己应该和国王平等，他要求一切关于他的特权问题都要用法律途径解决。德萨也决定，一切由律师来办，不必交给政府。但国王却认为一切物质利益问题可以交给法院裁决，但在中美洲群岛的政府行政问题上，任何臣民都不能去和自己在法院打官司。

国王试探着，想用西班牙的一块伯爵封地换取哥伦布放弃特权，但哥伦布气愤地拒绝了。

失望和愤怒使哥伦布的病情恶化了，8月25日，他立下了遗嘱。

这份遗嘱并非像我们臆想和传说的那样，首先感谢他的天使投资人，因为没有女王，就没有他的一切，其次回顾自己的一生。实际上，哥伦布开宗明义，并且贯穿始终，谈的全是头衔和财产的世袭继承问题。直到此时，他仍未从中美洲群岛得到收益，所以他无法按照他的想法真正分配收入。他在遗嘱中非常注意保证情妇恩里克斯的权益。

神圣罗马帝国皇帝马克西米利安一世的儿子腓力一世（Felipe I），企图以双王次女胡安娜的丈夫的名义，继承西班牙王位。他把拥有合法继承权的妻子从冷宫里领出来，1506年1月8日离开他们的佛兰德统治区，动身前往西班牙。

没想到，腓力一世和胡安娜船沉英国，在那里停留了几个星期，4月28日才抵达西班牙西北的拉科鲁尼亚省（La Coruña）。此时，哥伦布抱病写下最后一封信，及时向新君表示敬意，同时提出申诉和希望。但腓力一世把全部精力用在了和岳父斐迪南二世的明争暗斗上，翁婿争执险些酿成内战，根本无暇顾及哥伦布的诉求。而斐迪南二世宣布：

胡安娜已经成为女婿的囚徒，所以应该是他本人，而不是他女婿，可以成为西班牙的共治君主。

5月19日，哥伦布宣读了他的遗嘱，两位公证人签上了各自的名字。

5月20日，主升天日，哥伦布穿着灰色长袍躺在床榻上，他的最后遗言是："上帝，我将灵魂交到您手中。"

变幻莫测的身后事

哥伦布死后第13天，斐迪南二世给奥万多签发了一封信，让他把哥伦布的黄金和其他财产交给海军上将头衔的继承人迪亚哥。这说明，国王并没有减少哥伦布的特权，而是限制那些被他认为是有害于国家的特权。而事实证明，迪亚哥的儿子——路易斯·哥伦布（Louise Columbus）——非但不能胜任世袭统治中美洲群岛的重任，他甚至连自己都管理不好。

入秋后，腓力一世在布尔戈斯死于斑疹伤寒，内战危险消弭无形。

此后，胡安娜彻底疯了，没人能把她从丈夫的尸体旁拖走。她整日整晚睡在尸体旁边，不让任何女性靠近灵柩，连修女也不行。她时常命人打开棺材，拥抱丈夫逐渐腐烂的尸身。

斐迪南二世设法使胡安娜承认他俩的父女共治权。之后，他把女儿囚禁在托尔德西里亚斯城堡中。

1508年，哥伦布的大儿子迪亚哥被任命为中美洲群岛的海军上将和海地岛总督，1509年赴任。1512年2月23日，斐迪南二世给迪亚哥写了一封严肃的信，说中美洲群岛上的居民应当成为臣民，而不是像过去那样被视为奴隶。

1516年，斐迪南二世去世，留下一个堪称欧洲第一强国的西班牙。他被安葬在格拉纳达的皇家礼拜堂，和伊莎贝拉一世在一起。

从此，胡安娜的儿子卡洛斯一世获得母子共治权，他把母亲继续囚禁在托尔德西里亚斯城堡。1519 年，西班牙爆发反对卡洛斯一世的城市公社暴动，起义者推举胡安娜为唯一女王。1522 年，城市公社暴动被镇压，卡洛斯一世仍是共治国王。

胡安娜成为西班牙女王之后，她最亲近的三个人——丈夫、父亲、儿子——都是利用她才获得了合法共治权。然后又以她有精神病为名，无情地拘押她。

卡洛斯一世把妈妈关押在没有窗户的房间度过余生。1555 年复活节前夕，胡安娜过世，也被安葬在格拉纳达的皇家礼拜堂，和父母、丈夫、外甥在一起。

西班牙大航海遗迹

【哥伦布故居博物馆】

位于巴里亚多利德，1965 年翻修而成。1506 年 5 月 20 日哥伦布在这里过世，这里展示了哥伦布四次航行的资料，还有描绘哥伦布去世的画作。

【西印度群岛综合档案馆】

位于塞维利亚，原为古代商人交易所，馆藏包括亚历山大六世教皇为西葡划分世界的教宗诏书和哥伦布日志。

【黄金塔】

位于塞维利亚的瓜达尔基维尔河河畔。它是阿拉伯人于 1220 年建造，原以金色瓷砖贴面。现在瓷砖没了，但在斜阳下仍是金光闪闪。塔身为等边 12 面体，每一面代表一个方位。它作为军事瞭望塔，控制着桑卢卡尔港通往塞维利亚的水路，监视进犯船只，保护王宫。哥伦布第三次远航，从黄金塔经过，去桑卢卡尔港。第四次远航回国，从桑卢卡尔港进入瓜达尔基维尔河，经过黄金塔归航。所以它是西班牙航海史的见证。很长一段时间，黄金塔是从美洲回来满载黄金白银的船只的终点。后来，这里做过监狱、仓库、邮局，现在是航海博物馆，展示着古海图、古船模型、各种船头装饰。

【塞维利亚大教堂】

哥伦布灵柩自 1898 年从古巴运回，悬空置放在这里，由西班牙历史上四位封建国王的塑像抬着，其中两位抬棺者是西班牙双王。

【皇家礼拜堂】

位于格拉纳达，它是西班牙最重要的王室陵寝，其地下室陈放着两具白色大理石棺椁，棺椁顶盖各有一尊石雕卧像，分别安葬着伊莎贝拉一世女王和斐迪南二世国王。双王的王位继承人疯女胡安娜和她的丈夫腓力一世也葬在这里。

【哥伦布公园】

位于多米尼加首都圣多明各。在公园广场上，屹立着哥伦布雕像，仍然指向远方的海洋。哥伦布

的大儿媳，把公公和丈夫的遗体运到公园里的美洲第一总主教座堂安葬，哥伦布遗骸最终运回西班牙，但圣多明各一直宣称哥伦布的遗体仍在这里。

【哥伦布灯塔】

1992 年，为纪念哥伦布发现新大陆 500 年，多米尼加在首都建成哥伦布灯塔，并把美洲第一总主教座堂中所谓的哥伦布遗体移至这里。

【哥伦布宫】

位于圣多明各，它是哥伦布的大儿子迪亚哥在海地岛做总督时于 1510 年修建的私人官邸，后改建成旅游景点。

达·伽马第一次远航，生还的船员不到出发时的三分之一，他以如此高昂的代价为欧洲人揭开地球另一面隐匿的世界。他为欧洲的世界词典增加了1800个新地名，并且目睹了东非和印度洋，找到了真正的印度。在全球竞技场上，没有人曾经预料到，葡萄牙这个欧洲边缘的蕞尔小国，竟将东西半球连接起来，即将建起第一个全球性殖民帝国。

达·伽马可能也做过海盗

新葡王曼努埃尔一世上台后，重新开启了老葡王若昂二世晚期停顿下来的大航海事业。虽然新葡王没有老葡王果敢，也没有他的出色才干，但他在确定行政官吏人选和远航印度计划时，却表现出强大的信心和极强的组织能力。

老葡王时代，迪亚士已跨进印度洋的门槛，再往前去，穿越印度洋，就应该可以抵达梦寐以求的印度。但迪亚士第二次远航时死在了好望角外海，于是新葡王采择保罗·达·伽马（Paulo da Gama）向印度冲刺。可保罗称病辞谢，后来他同意，如果他的弟弟瓦斯科·达·伽马做总指挥官，他愿意助弟弟一臂之力，一起远航印度。最终，新葡王任命宫廷绅士瓦斯科·达·伽马为总指挥官，他便是我们熟知的达·伽马。

我们中国人普遍传说，达·伽马的爸爸是航海家，受命于老葡王，几度参加开辟通往印度海路的探险，未如愿而去世。说他的哥哥巴尔乌是终生船长。说达·伽马青年时代受过航海训练，参加过西葡战争，后在宫廷任职。这些都是对大航海家的毫无依据的附会。其实，史料只记载达·伽马在里斯本南部的海港城市锡尼什出生，那是一个小贵族家庭，但不知道他的父母是做什么的。达·伽马的早期职业生涯也

没有履历记述，他可能在摩洛哥沿海做过海盗，但不知道他究竟具备多少航海知识，也不知道新葡王为什么要选择他们兄弟二人。当新葡王选中达·伽马的时候，他刚刚收到起诉书，罪名是滋事斗殴。他不到 40 岁，是单身汉。他足够成熟也很坚强，但脾气火爆。他是狂热的天主教徒，极度仇视伊斯兰世界。

没收犹太财富做远航经费

达·伽马的远航资金，一部分来自几内亚海岸的黄金和黑奴贸易，一部分是犹太人被没收的家财和货物。

过去，老葡王不顾议会反对，经常任命犹太人做医生、占星家、税官，一部分犹太贵族在朝廷中发挥着重要作用。犹太人在珠宝业和手工业界的地位也非常重要。15 世纪末期，葡萄牙的流动资产大部分在犹太人手里，这让新葡王略有不安。登上王位之初，他对犹太人相当宽容，释放了犹太奴隶，以至葡萄牙犹太人和被西班牙驱逐的犹太富人自愿为王家财库奉献大量捐款。新葡王却谢绝了这些好意，说犹太人只要按章纳税缴费就好。但是不久，他与西班牙伊莎贝拉公主谈婚论嫁，形势急转直下。伊莎贝拉仇恨犹太人，她嫁到葡萄牙的前提条件是，犹太人必须离开这个国家。新葡王考虑到，与伊莎贝拉结婚早晚会让他得到西班牙王位，所以他要以西班牙为榜样，驱赶犹太人。

1496 年，新葡王签署敕令，限令一切没受过基督教洗礼的犹太人十个月内必须离境。不过，王室并没有认真执行这条敕令，于是在十个月期满之前，新葡王下令，把所有 14 岁的犹太孩子抓起来，让他们接受洗礼，而成年犹太人全部先集中在里斯本一幢大房子里，大房子装不下就住在周边，然后从这里登船离开。实际上聚集在这里的20000 名犹太人，没有多少人真的走了。他们中大多数人被迫在此接受洗礼，少部分人继续反抗，去了能容纳自己宗教信仰的国家，在那里煽动当地人对葡萄牙人的仇恨。

犹太人的大量财富，被葡萄牙政府没收，为达·伽马远航提供了充足经费。

达·伽马奉命设计并监督建造两艘稳定性极好的卡瑞克船（Carrack）。一艘是旗舰圣加百列号，船首是大天使加百列木刻像，一艘是达·伽马的哥哥担任船长的圣拉斐尔号，船首是拉斐尔木刻像。过去迪亚士使用的小吨位轻快帆船，很适合在热带河流逆流而上或沿着海岸前行，但因为稳定性不好，不适合在广阔的大洋上远航。而卡瑞克船的长度和小吨位轻快帆船相近，是 24 米。但更宽敞，更适合住宿和存储补给，所以稳定性更强。当然由此也就比小吨位轻快帆船重了一倍，达到 110 吨。它依然吃水不深，可以在浅滩和港口顺利活动。它有三个桅杆，配以方帆，顺风航速很快。此外，船队仍保留一艘小吨位轻快帆船贝里奥号，还有一艘 200 吨重的补给船，后者计划在好望角拆解遗弃。

达·伽马远航规模不大，一共四艘船，但许多年来为大西洋航行积累起来的船体设计、航海应用技术、物资供给经验，全都运用到了两艘坚固的卡瑞克船上。达·伽马拥有最好的航海辅助设备，除了沙漏、测深铅锤、星盘、最新地图，还有从西班牙流亡葡萄牙的犹太科学家萨库托不久前印制的一套表格副本，它可以根据太阳的高度测算纬度。另外，船上还安装着 20 门大型射石炮和后装回旋炮，同时储存着大量密封火药。

船队高层中除了自己的哥哥，达·伽马另外请来他所信任的两个堂兄弟，还有一些他熟识的水手，以此降低高层在远航中发生内讧的可能性。他的领航员和高级船员都是经验最丰富的能手，埃斯科瓦尔（Perot Escobar）曾跟随迪奥戈·卡奥一同航行，领航员柯艾略（Nikola Coelho）曾与迪亚士一起绕过好望角，迪亚哥是迪亚士的弟弟，他也曾计划参加第一阶段远航，搭船去几内亚海岸。船上有神父，引领祷告，为灵魂祈祷，为死者举行海葬，还有会说阿拉伯语和班图语的翻译，

也有为水手号子领唱的乐手，他们负责演奏庆典音乐。

对于熟练技工——木匠、制桶工人、铁匠、填塞船缝的工人——每个工种都招募两人，以防一个人死亡后无人继续相关工作。船队拥有足够的甲板小厮。他们地位低微，是孤儿、皈依基督教的犹太人、非洲奴隶、犯人，负责拖曳绳索、起锚起帆、抽干舱底进水。到了可能对探险队抱有敌意的海岸，犯人将第一批上岸，负责打探消息。

达·伽马兄弟为此次冒险各自领取了2000十字军战士金币，水手们的薪金也高于其他任何国家的海员，并且提前预支了一部分以维持家人生计。这或许预示着大家已经意识到，其中很多人可能永远回不了家了。

奉命出征

1497年仲夏，教皇授权葡王，永久占有从异教徒手中征服的土地，只要没有其他基督徒国王已经对它们提出主权声明。此时，从船坞推上船的木桶，盛满足够维持三年的食物。桅杆上升起标有圣战者基督骑士团红十字的风帆，船队离开造船厂，停泊在里斯本下游的拉斯特洛海滩。

达·伽马率船长们返回新蒙特穆尔山顶城堡，在那里接受葡王的指示和祝福。达·伽马跪下，领受远航指挥权和饰有基督骑士团红十字的丝绸旗帜。葡王命令他，如果沿途能找到祭司王约翰，向他递交国书，最终在印度卡利卡特寻找基督徒国王，呈献阿拉伯文和葡萄牙文书信，并建立香料贸易关系。

在酷热的起航前夜，达·伽马一行回到拉斯特洛港，登上山丘，在恩里克亲王的小教堂与全体船员会合。近160人在这里守夜和祈祷，俯瞰着向西注入大西洋的塔霍河，冥想着自己的未来。

7月8日，星期六，圣母玛利亚瞻礼日，宫廷占星家为船队选定的出发吉日。里斯本百姓接踵而来，为亲友们送行。达·伽马率队走出小教堂，水手们手捧点燃的蜡烛，基督骑士团的僧侣紧随其后，吟唱祷告。队伍走到水边，围观者静默下来，所有人跪下，根据恩里克亲王从教皇那里得到的"因探索和征服"而死者免罪诏书，进行最后告解。船员们乘小船登上四艘大船，推开小船。旗舰升起王旗，水手们向天举拳，吟唱《一帆风顺》。船队升帆，两艘卡瑞克帆船引在前，循着十年前迪亚士发现好望角的航路南下。送行的人走进浅滩的水中，隔着越来越远的距离，想再看亲友们最后一眼。

这次远航，圣拉斐尔号有一个人全程记录了探险过程。

达·伽马借助顺风，沿非洲西岸南下，不到一周便看到了加那利群岛。他下令，如果各船走散，大家要在南边 1600 公里的佛得角群岛集合。

次日夜间，浓雾弥漫，圣拉斐尔号迷失了方向。第二天雾散，它发现其他船不见了，只好独自南行。7 月 22 日，圣拉斐尔号在佛得角群岛的外围岛屿找到两艘船，旗舰不知在哪里。三艘船大感受挫，又因为根本无风，困在原地。26 日，旗舰出现了，会合后，他们在圣地亚哥岛停留了一周，修理桅杆，补充肉食、木材、淡水。

向南航行 966 公里后，旗舰主桅端断裂，不得不降下主帆，掉转船头，把船首当作船尾，利用前桅帆保持船身静止。如此倒行两天一夜，所有人轮流值班，每班四小时，不分昼夜，直到抢修结束。

达·伽马决定仿照迪亚士，先向西南航行，最后转身向东，借助西风，从好望角外海驶过。但达·伽马把迪亚士的方法提前放大了好几倍，他在佛得角群岛以南 1127 公里，南纬 7°，便下令离开熟悉的非洲西岸线和几内亚赤道无风带，提前转舵向西南，深入大西洋中心，绕更大的弧线。很显然，葡萄牙航海家已经清楚地知道了南大西洋季风的运作模式。

8 月 22 日，他们已经远离海岸 3200 公里，世界失去了参照物，只有空荡荡的海天、日月、海风。此后两个月内，没有其他可以记录的东西，他们必须根据日历中的圣徒瞻礼日来维持对时间的把握。

167

达·伽马船队的状况

远航的顶层团队是船长和领航员，他们是船上的贵族，穿着黑天鹅绒斗篷，金项链上挂着哨子，他们在单人舱吃睡。其他人根据地位不同，安顿在不同的地方住宿。有经验的水手住艏楼，士兵住舰桥下，孤儿和犯人只能裹着沾了盐而硬邦邦的羊皮或油布，睡在甲板草垫上。他们的衣服永远是潮湿的，如果死了，油布毯子就是他们的裹尸布。

海况良好时，大家可以补觉、读书、钓鱼、唱歌、跳舞、聆听神父朗读圣徒传记。在圣徒瞻礼日，船员们在甲板上组织宗教集会，但举行弥撒时不分发圣餐，以免圣餐杯倾倒，亵渎了圣酒圣饼。乐师会为大家提供娱乐，维持士气。但船上禁止打牌赌博，以防止激化情绪。

船上的食物一般不会短缺，但粮食可能被虫蛀鼠吃，所以海船一般会配备猫或鼬子。大家每天可以吃一顿热饭，可以摄入洋葱、豆类、水果干，但随着航程变长，食物和果菜会渐渐变质，水手可能染上水手病。如果没有充足的维生素 C，68 天之后身体会出现不适，84 天开始会有人死亡，111 天后败血病可以使所有船员丧生。

远航中，淡水很珍贵，存水会越来越污浊，最后必须对醋才能饮用。没有人可以洗澡。木桶的水用完后，要灌进海水，为了压舱使船身平衡。

如果海况平稳，船员直接向船外撒尿拉屎，海况不好时不得不在木桶里排泄。

因为路途遥远，条件艰苦，水手们很可能死于高烧和痢疾。

所以说，15 世纪的世界探索是勇敢者的职业，死亡率不亚于战场。

圣赫勒拿湾受惊之后

圣拉斐尔号那位记录者恢复记述，是在南纬 20°。达·伽马在那里下令，转向东南方，绕过好望角。11 月 4 日，星期六。上午 9 点，他们向东望见南非西岸，得知并未绕过好望角。船队已经93天没看见过陆地了，要知道哥伦布西行至巴哈马群岛只用了37天。于是各船靠拢，船员们换上喜庆的衣服，用大小旗帜装点好航船，鸣炮向达·伽马致敬。

他们已经航行了7300公里。

船队在好望角西北200公里宽阔的圣赫勒拿湾（Saint Helena）登陆，他们认为土著没有能力袭击他们，所以没带任何武器。他们清洗船体，修补桅端和船帆，又猎取了肉类，补充了淡水。由于在颠簸的甲板上无法使用星盘，他们在海滩上第一次组装和使用这种工具来确定准确的纬度。

这里的土著是西南非的黑人游牧民族，柯伊柯伊人。翻译无法弄懂他们的语言，他们讲话的时候像是打嗝，但葡萄牙人跟他们最初的相处很融洽。后来达·伽马抓走了一名男土著，把他带到船上，给他食物吃。于是冲突爆发了，达·伽马被长矛刺成了轻伤。此后，船队登陆时，总是全副武装，小心戒备，常常因为一丁点儿刺激便开枪射击。

在暴风骤雨中，达·伽马花了六天时间，努力了多次，才最终绕过好望角。

当他们登陆迪亚士曾经到过的牧牛人湾时，他们大肆炫耀武力，暗示土著不要乱来。达·伽马下令把补给船上的物资全部搬运到其他船上，将补给船烧毁。

12月2日，200多名柯伊柯伊人带着十几头牛和四五只羊走近海滩，达·伽马让船员乘小船上岸。土著们吹奏四五根笛子，有高音部，有低音部，然后跳舞。达·伽马下令大船吹喇叭，小船上的船员也跳起舞来，最后达·伽马也跳了起来。

不知道土著们是否还记得，迪亚士曾在这里取淡水，遭袭击，射杀一名土著。总之，几天后，双方猜疑渐起。船队害怕遭埋伏，用后装回旋炮驱散了土著。达·伽马驶离时，看见柯伊柯伊人拆毁了他们不久前竖立的石柱和十字架。达·伽马为了泄愤，一边航行，一边用大炮轰击海豹和企鹅。

临近东非伊斯兰

他们遇到强劲的逆流，艰难地驶过迪亚士留下的最后一根石柱，不久又被海流冲回那里。直至船尾方向刮起烈风，达·伽马得以继续前行。12月25日，达·伽马来到南纬31°附近一条高耸的海岸线前，他想起今天是圣诞节，便把这一带命名为纳塔尔（Natal），意思是"圣诞节"，这就是今天南非纳塔尔省的由来。

达·伽马在海上迎来了1498年。此时，圣拉斐尔号的主桅杆接近顶端的地方破裂了，随后又损失一只锚。船上的淡水越来越少了，所以烧饭用海水，于是更发干渴，而每人的饮水配给只剩下三分之一升。与此同时，败血病开始在船员中蔓延，有些船员似乎快死了。他们急需登陆休整。

他们抵达一条小河，发现聚集在海滩上围观的人已经和柯伊柯伊人迥然不同。他们是班图人，个个身材魁梧，翻译可以和他们交流。班图土著很客气地接待了这些陌生白人，给他们补充了淡水。达·伽马不能久留，此时风向极为有利，他们顺风抵达林木葱茏的赞比西河三角洲，那里的水中有许多河马和鳄鱼。

由温暖的气候和较高的文明程度看，葡萄牙人第一次感受到希望，他们渐渐接近了一个富裕的新世界。当皮肤黝黑的土著划着独木舟，前来与船队交易的时候，他们看不起葡萄牙人的东西。

此时，许多水手牙龈满是血污，口臭难忍，牙齿深陷其中，无法进食，他们手脚和腿肿得厉害。达·伽马在庞大的三角洲下锚，休整一个月，赞比西河两岸的水果拯救了许多人。他们修好了圣拉斐尔号的桅杆，又把船体倾侧后进行清扫、堵缝、全面维修，最后补充好淡水。

他们竖立了一根献给圣拉斐尔号的石柱，将赞比西河命名为"吉兆河"。

2月24日，船队起航，进入莫桑比克海峡。

为了避免在沙洲搁浅，他们只在白天航行，夜间停船落锚。

3月2日，达·伽马发现一处大海湾，小吨位轻快帆船在测深时认错水道，在沙洲搁浅了。柯艾略奋力摆脱沙洲后，看见临近一座小岛驶出独木舟，它在铜喇叭声中驶近船队。其中一些人登上葡萄牙船，品尝了他们的饮食，他们邀请葡萄牙人进到港湾深处。这个港口叫莫桑比克，土著的语言是阿拉伯语。达·伽马意识到，他已经进入他所痛恨的伊斯兰世界。

莫桑比克冲突

船队接近莫桑比克城时，发现这里和他们见识过的非洲有很大不同。这里有很多木制清真寺和宣礼塔，房屋整洁优美，屋顶覆盖着茅草，这里的人很友好。达·伽马听说，祭司王约翰的驻地离这里不远，他统治着沿海许多城市，那些城市的居民都是巨商富贾，拥有自己的大船。据说这里的沿岸也住着大量基督徒。

莫桑比克总督带着友好的态度登上葡萄牙船，可看到葡萄牙人带来的礼物时，他大失所望。葡萄牙人显然不知道这里有多富庶，他们从里斯本带来的是一些只能取悦西非酋长的小玩意儿——铜铃铛、铜盆、珊瑚、帽子和朴素的衣服——而总督想要的却是布匹。总督以为达·伽马是土耳其人，热切希望看一看《古兰经》和弓箭，达·伽马只能逢场作戏，谎称来自土耳其的邻国，没带《古兰经》是因为担心神圣的经书在海上受损。但他为总督演示了弓弩射法，又请他看了一套甲胄，总督对此深感满意。因为前方海域遍布浅滩，达·伽马请求总督派一名领航员帮助自己。总督要了足够的黄金，派出两名领航员。达·伽马对穆斯林抱有根深蒂固的不信任，他坚持要求其中一名领航员必须待在葡萄牙船上。

星期六，葡萄牙船队开赴五公里外的一座小岛，秘密举行弥撒。土著领航员见他们根本不是穆斯林，便逃走了。达·伽马派两艘小船

去追捕，遇到六艘岛上的武装船只，他们命令达·伽马返回莫桑比克城。达·伽马觉得自己被揭穿了，下令用射石炮驱散穆斯林，然后把另外一名领航员绑了起来，防止他逃跑。但天公不作美，风向转了，他们无法起航离开，被迫返回小岛。总督前来议和，被达·伽马拒绝，可岛上无淡水，葡萄牙人不得不返回莫桑比克港。

午夜时分，他们押着五花大绑的土著领航员，偷偷登陆，企图补充淡水，但土著领航员死活不配合。第二天晚上，葡萄牙人又试了一次，他们发现泉水旁边有20名土著守卫，他们用射石炮将他们驱散。又过了一天，他们发现泉眼仍有人把守，而且还搭建了木栅栏。葡萄牙人炮击了三个小时，才把守军赶跑。3月25日，连续炮击让土著们闭门不出，船队取得了淡水，又在一艘土著小艇上抓了几名人质，最后向莫桑比克城放了几炮，然后离去。

北上航程十分缓慢，他们经常被逆风往回推。因为不信任被扣留的土著领航员，葡萄牙人小心翼翼地试探水深，躲避沙洲浅滩。他们相信基尔瓦港（Kilwa）有许多基督徒，但他们错过了那里。他们认为是土著领航员骗了他们，于是狠狠地鞭打他。随后，圣拉斐尔号搁浅了，奋斗了好久才脱险。

4月1日，棕枝主日，达·伽马抵达肯尼亚的蒙巴萨港，他试探性地派两名犯人上岸，竟受到热烈欢迎。两名犯人在这里第一次遇到印度教徒，还以为是第一次找到了基督徒，误以为他们的宗教是基督教的一个分支。随后，土著领航员引导船队进港，结果旗舰漂移，撞上另一艘船。领航员惊慌失措，害怕受罚，混乱中跳海逃跑，被一艘小艇救走。

当晚，葡萄牙人严刑拷打两名人质，往他们皮肤上泼热油。他们疼痛难忍，胡乱供述说莫桑比克让蒙巴萨俘虏葡萄牙船队，以报复他们的炮击。第二次上刑时，一名双手被绑的穆斯林跳海自杀。第二天上午，另一名穆斯林也跳了海。

午夜时分，船队瞭望哨发现，月光下似乎有一群金枪鱼游过。其实那是有人静悄悄地向船队游来，他们割断贝里奥号的缆绳，一些人爬上船，发现自己暴露后，又迅速滑下船逃走了。

4月13日上午，达·伽马下令起航，筋疲力尽的船员无力把锚拉起来，只得割断绳索，把锚留在了水里。

友好的马林迪

船队沿东非海岸北上，遇见两艘小船，他们追上了其中一艘，船上17名乘客，包括一对儿地位显赫的老夫妻，全都跳下海，但全被葡萄牙人拉了上来。达·伽马从小船上搜到了金银和大量粮食。

4月14日夜晚，船队抵达肯尼亚的马林迪港口。达·伽马把他俘虏的老人送到城镇前方的一处沙洲，让他等待营救，然后做葡萄牙人和土著的中间人。不久，老人带回消息，说马林迪总督很愿意与他议和，愿将国家所有财产全都送给总司令，而且他还愿意提供领航员。

达·伽马率船队接近城镇，但还是隔着一段距离，谨慎地判断局势。

他多次拒绝邀请，说葡王不允许他上岸。于是总督带着羊和香料，来到小划艇上和他谈判。达·伽马为了表达善意，释放了小船上的人质。达·伽马很快得知，这位总督之所以对葡萄牙友好，是为了寻找盟友，对抗南北两面的穆斯林贸易竞争对手。随后，双方举行了奇异的庆祝仪式。双方被一大片海域安全隔开，总督乘船绕葡萄牙船队行驶，葡萄牙船队鸣礼炮致敬。

达·伽马再次派犯人上岸试探。总督端坐在海滩上的青铜宝座上，命令他的骑兵为达·伽马的人举行模拟战斗表演。此后，双方派遣使者，互相拜访。

最让葡萄牙人高兴的是，有四艘印度船不久前来到马林迪，这些印度人第一次登上了他们的甲板。当葡萄牙人展示受难基督和圣母的画像时，印度人匍匐在地，祈祷，敬献丁香和胡椒。这让达·伽马确信印度人是天主教徒。夜间，印度人鸣礼炮，发射火箭去照亮夜空，

向葡萄牙基督徒致敬。他们振聋发聩地高呼："黑天！黑天！"葡萄牙人理解为："基督！基督！"

印度人用不流畅的阿拉伯语告诉达·伽马，不要信任穆斯林，不要上岸。

达·伽马停留了九天，他急于得到一名领航员，带他穿越印度洋，最后他强行抓来一名领航员。他没想到，总督很守信诺，如约派来了一位来自印度西岸古吉拉特（Gujarat）的基督徒领航员。他会观测天文，熟悉四分仪，还拥有印度洋西岸的航海图，很愿意带领葡萄牙船队渡过印度洋。后来，阿拉伯船长们一直在咒骂这位印度领航员，说他向欧洲人泄露了印度洋的航海秘密。

4月24日，季风变为向东吹，达·伽马立即下令起航，开始向东横穿印度洋。29日，达·伽马发现，自进入赤道以南一直看不到的北极星，再次出现在夜空中。

陌生的印度洋秩序

和哥伦布西航闯入的宁静的加勒比海截然相反，达·伽马东航进入的印度洋是一片繁忙、富有的海域。千年来，它一直是国际贸易供给线，全世界的财富一半以上要途经它的海域。从广州到开罗或巴格达，两厢往来，形成了许多贸易中心。马来半岛的马六甲，它比威尼斯大多了，是中国商品和东南亚香料的集散地。印度西海岸的卡利卡特是胡椒市场。霍尔木兹是通往波斯湾和巴格达的门户。亚丁是红海的出入口，是通往开罗的必经之路，也是伊斯兰世界的神经中枢。从印度洋往西去的，是中国瓷器、马鲁古群岛的豆蔻、苏门答腊的硫黄、斯里兰卡的战象、孟加拉国的大米、印度德干高原的钻石和古吉拉特的棉布。从印度洋往东去的，是欧洲的金银，非洲的黄金、黑奴、红树枝干，埃及的鸦片，波斯的骏马，阿拉伯半岛的熏香和海枣。

印度洋太过庞大，太过复杂，没人能形成垄断。所以沿途各个强国都没有划分领海，而是把它统统让与商人。于是印度洋成了一个硕大无朋而又相对安定的自由贸易区。然而，决定葡萄牙人思维的，是他们在摩洛哥持续的圣战和在非洲西岸创造的垄断贸易权。

可印度洋是地中海的 30 倍，远比他们最初所能理解的要丰富而且复杂。他们像是头脑简单的莽夫，蔑视穆斯林，不知道印度教的存在，一心想着推广天主教，构筑贸易垄断。当他们遇到阻碍时，第一个念头便是武装进攻。所以他们随时想要抢劫商船，随便绑架人质，随时准备把点燃的蜡烛放在射石炮的点火孔上。而他们在印度洋遇到的所有船只，都不可能拥有和他们对等的军事力量。

接触卡利卡特海王

东航 23 天，达·伽马远远看见了崇山峻岭，那便是印度西岸。

第二天，船队先是遭遇瓢泼大雨，能见度极低。大雨停息后，葡萄牙人清晰地看到了印度，在昏暗的阴影中，西高止山脉（Western Ghats）巍然屹立。印度领航员告诉葡萄牙人，船队已在卡利卡特北部。

达·伽马赏赐了领航员，然后让水手们祷告。

这同样是一个历史时刻，印度洋从此不再是一道神秘的屏障，它是一片把欧洲和亚洲连接起来的海上商路。只是，它没那么容易屈服，征服者将在这里燃起战火，直到它被迫服输。

达·伽马当年不知道，每年 5 月是这里雨季的开始，来了什么都干不了了，所以不会有任何船只此时来访。而达·伽马此行，恰是 5 月到访，而且船型很独特，岸上的人立刻对他们产生了兴趣。

5 月 20 日，有四艘小船靠近船队，接触这些陌生的访客，给他们指明去卡利卡特的方向，达·伽马派一名犹太人跟这些小船一起回到岸上。

印度人以为这名犹太人是穆斯林，便把他领到两名会说一点儿西班牙语的突尼斯商人那里。犹太人大吃一惊，在距离地中海如此遥远

175

的地方，他竟然能听到地中海附近的语言。那个时候，葡萄牙人不知道，伊斯兰世界的贸易联邦，从直布罗陀一直到中国南海，远比他们能够想象的样子大得多。突尼斯商人带犹太人回家，品尝小麦面包和蜂蜜，然后陪他回到船队。

其中一个突尼斯人上船后，用西班牙语大喊："你们应该好好感谢神，是他把你们带到拥有众多财富的国度。"船员们在离家这么远的地方，听到邻国语言，同样大为惊讶。突尼斯人告诉达·伽马，这里归海王统治，如果将军此行的目的是和卡利卡特建立贸易联系，而且为了这个目的带来了合适的商品，海王会很高兴，因为海王的财政收入很大一部分来自他对国际贸易征收的关税。

达·伽马派两名犯人做使节，由突尼斯人引荐，去卡利卡特城外的王宫拜见海王。海王当即给出热烈欢迎的态度，赠送了礼物，说要马上带随从返回城内的府邸。他指派一名领航员，让他引导葡萄牙船队，去一个更好的锚地。

达·伽马同意移动船队，但他非常谨慎，不肯直接驶入领航员指示的锚地。

就下一步应该怎么做，几位船长展开激烈争论。他们均以最大的恶意来揣摩海王和穆斯林商人，多数意见是，让总司令亲自上岸风险太大。但达·伽马认为，他以国王使臣的身份来印度，必须亲自去谈判，哪怕是拿他的生命做赌注。

他打算带少数人同去，三天后返回，其他人留在船上，由他哥哥指挥。船队要每天派一艘武装小艇去岸边，与岸上保持联络。如果他遇害，其他人要马上离开。

尴尬拜见海王

5月28日上午，达·伽马下令把射石炮搬上小船，做好武装防御的准备，又带上许多旗帜和喇叭，尽其所能，摆出威武雄壮的样子。

在喇叭的鼓噪声中，达·伽马率领 13 人，乘小船驶向岸边。

海滩离卡利卡特有一段距离。海王接见外国商人和使者的时候，会回到城内的府邸。那里居高临下，可以俯瞰港口，观察他的小船穿梭往来，征收税赋。

达·伽马登陆后，坐进配有华盖的轿子，由六名轿夫快步抬行。沿途有大批百姓围观。达·伽马一行在河边一座房子稍事停留，主人拿出蒸鱼和黄油米饭，但达·伽马非常警惕，拒绝用餐。而后，他们登上两艘捆绑在一起的船，身后有一大群小船跟随，河岸上有许多人观看。过河后，达·伽马再次坐上轿子。他们离城越来越近，围观的人也越来越多。

进城后，达·伽马被带到一座印度神庙。他跪下祈祷，祭司们洒了圣水，还交给达·伽马一些白土，让他涂抹在身上。达·伽马接过白土，却放在了一边。

回到大街上，围观者人山人海，根本无法前行。他们不得不暂时躲在一座房子里，呼唤卫兵，敲锣打鼓连带鸣枪，清出一条道路。

抵达宫殿的时候，已经是黄昏。达·伽马来到宏伟的觐见大厅，觉得像欧洲的剧场，地板上铺着绿天鹅绒地毯，四周是一排排逐渐高起的座位。

海王身材魁梧，棕褐色皮肤，已经上了年纪。他头戴冠冕，耳朵上戴着珠宝，穿着精致的棉布上衣，纽扣是很大的珍珠，扣孔周边是金线。他手臂和腿上戴着许多金镯子，手指和脚趾都戴着嵌着宝石的金戒指。海王悠闲地斜倚在一张绿色天鹅绒卧榻上，嚼过槟榔，把渣子吐到一个很大的痰盂里。

他招待大家从一个水罐中喝水。此前，突尼斯商人教导过达·伽马一行如何以恰当的仪态应对海王的好意，不要走得太近，讲话时要用手挡在嘴前，喝水时不要用嘴唇接触水罐。于是乎，有人把水罐举起来，想把水倒进喉咙，于是呛着了，忍不住咳嗽起来，有人把水泼洒在脸上和衣服上，把海王逗乐了。

在精致奢华的觐见大厅，葡萄牙人显然处于文化劣势，像一群乡巴佬儿，出尽了洋相，这刺伤了达·伽马的自尊心。他请求与海王单独会谈，于是两人带着翻译，进入一个内室。

达·伽马介绍了自己的使命，说葡王已经寻找印度基督教国王 60 年，今天他终于代表葡王来到这里。他说明天会把葡王的书信呈送海王。

海王问他，愿意和印度教徒还是愿意和穆斯林一起住宿，达·伽马请求让他的人单独在一起。

达·伽马走出王宫时，外面大雨倾盆，他坐上配有华盖的轿子。中途他们在一间屋子避雨，印度人请他改为骑马，但没马鞍，他拒绝了。他赶到住宿地时，葡萄牙人已经把他的床和国王的礼物一并送来了。

欧洲礼物太寒酸

达·伽马望着十二块带条纹的布、四顶红兜帽、六顶帽子、四串珊瑚、六个洗手盆、一盒糖、两箱蜂蜜、两箱油，心里惴惴不安。这些礼物遭到过莫桑比克和马林迪的鄙夷，在印度不知道命运如何。

第二天早上，海王的总督看见达·伽马的礼物，捧腹大笑，说"麦加或者印度最穷地区的商贩拿出来的东西，都比你这些东西多……如果你想送礼，应该送黄金做的东西"，他拒绝把这些鸡零狗碎带进王宫。达·伽马辩解说："我不是商贩，而是大使……如果葡王命令我再来印度，一定会让我带上更贵重的礼物。"

不久，来了一些穆斯林商人，他们同样鄙视这些可怜的礼物。

达·伽马要亲自去海王那里解释，总督说可以，但要稍等一会儿再带他进宫。达·伽马焦躁不安地等待着，但一直没人来接他。

此时，情况发生了变化，穆斯林商人认为这些基督徒是他们的威胁。几十年前，穆斯林商人曾赶走郑和带来的中国商人，而和中国人比起来，这些葡萄牙人喜欢先发制人，他们刚刚炮轰过东非海岸。穆斯林商人告诉海王，达·伽马可能是骗子，更可能是海盗，他们要求海王处死达·伽马。

达·伽马被蒙在鼓里，等了一整天，不禁怒火中烧。

又过了一天，达·伽马被带进王宫，等了四个小时仍无音信。达·伽马怒不可遏，觉得海王刻意怠慢他。最后，海王传旨，只允许达·伽马、秘书、翻译三个人觐见。达·伽马忍住气，在武装人员的监视下，走进海王的官殿。

海王问，如果你来自一个富饶国家，为什么没带礼物，之前你提到的葡王书信在哪里。达·伽马说，之所以没带礼物，是因为目前他做的是一场探险之旅，将来会有更多的葡萄牙人来此，一定会带来丰厚的礼物。

有人说，葡萄牙船头有圣母玛利亚金像。达·伽马解释说，那不是金的，是镀金的，即便是金的，也不能把它从船上拿下来，圣母指引他跨越大洋，还要引导他安全回家。

最后，达·伽马让翻译宣读葡王国书，证明了自己的使臣身份。

这是达·伽马和海王的最后会晤，此后，他再没机会见到海王。

欧洲商品同样遭到鄙夷

达·伽马要求总督提供一艘小船，把他们送回大船。总督说，天已经黑了，船队停在岸边很远的地方，找到它们不容易。

次日早晨，达·伽马又一次提出要小船送他们回船队，总督说，雨季天气恶劣，小船有危险，请葡萄牙人把大船开到离岸边越近越好的位置。达·伽马担心这是穆斯林的圈套，说如果他命令大船接近岸边，他的哥哥会以为他被扣押，是在被强迫的情况下发出的这道命令。船只会扬帆起航，返回葡萄牙。但总督怀疑这些陌生人企图不交入境税就逃走，死活不答应提供小船。达·伽马声称要去海王那里投诉。最终，总督表面答应派小船来，私下却让全副武装的卫队把达·伽马一行人

软禁在房间里，任何人出去都要有几名卫兵跟踪。总督告诉达·伽马，如果葡萄牙船队停在海上，必须把舵和帆交上岸，确保他们不会不交税就溜走。达·伽马拒绝了。

争执期间，达·伽马设法派一个随从溜出去，找到停在岸边的葡萄牙小艇，让其传令到大船，把船队开到更安全的海域。小艇离岸后，摆脱了印度船追击，成功返回船队。但达·伽马成了人质。

又过了一天，紧张气氛忽然消失了。海王提出，葡萄牙人把货物运上岸，就可以离开。他解释说，本国惯例是，每艘船抵达后，船员和货物应当立即上岸，货物卖完之前船员不能回船。达·伽马立即给哥哥发去消息，让他送上"一些"而不是全部货物上岸。

达·伽马留下两名水手，销售这些货物，自己带领其他人返回船队。

货物摆放在班达里港（Pandarani）的一处房子里展出，海王派一些商人来看货，他们对葡萄牙商品嗤之以鼻。达·伽马请求海王把商品运到城里，让居民选购。海王为了表达善意，命令总督把商品运进城，运费由海王支付。结果还是让达·伽马大失所望，他们自认为制作精良的产品，只能卖出在葡萄牙十分之一的价钱。

停船等候这段时间，一些印度人带着孩子登上葡萄牙大船，用鱼来交换面包。达·伽马的政策是，只要有人上船，务必给他们食物，赢得他们的好感。

与此同时，好奇心很重的葡萄牙人也开始观察印度社会的层级，初步弄懂了印度洋贸易的奥秘和供销渠道。他们得知，卡利卡特是胡椒和姜的产地，肉桂产自斯里兰卡，丁香产自马六甲。阿拉伯半岛的商船把这些货物运进红海，再通过一系列转运，避开路上的盗匪，到达开罗，向埃及总督缴纳了高额税费之后，顺着尼罗河运抵亚历山大港。威尼斯人和热那亚人再用桨帆船把货物从亚历山大港运往欧洲。

他们还听印度人讲到一些含混不清的故事，说很久以前，不知哪儿来的船队，他们每两年来一次，每次都会来20多艘平底大船，每艘船都可以把达·伽马那几艘船和他的所有船员全都装进去。船上有四根桅杆，还装备了射石炮。那些蓄着长发却没有胡须的宦官，戴着有面甲的头盔，穿着胸甲。他们没说过自己是什么民族，他们的货物有非常精美的亚麻衣服和铜器。其实，他们说的正是郑和的宝船队，郑和在印度洋留下了中国基因，卡利卡特和马拉巴尔沿海（Malabar）的一些居民，多少会有一点儿中国血统。

与海王交战

8月初，生意做得差不多了。达·伽马做好了返航准备，便派迪亚士的弟弟去向海王辞行，并让他送给海王一些礼物，从他那里换回几袋香料。他要转告海王，船队即将离开，但要留一些人继续贸易，搞一个永久商业基地，同时希望海王派使者跟随船队一起回葡萄牙。

此时，穆斯林商人告诉海王，葡萄牙人是一群贼。他们会劫掠他的财富，如果放任他们闯入他的王国，以后不会有商船再从麦加来，也不会有商船再从其他地方来。而他和葡萄牙人的贸易不会得到任何利润，因为那些欧洲人手里根本没有像样的商品。

所以迪亚士的弟弟苦等了四天才见到海王，海王依旧对礼物不屑一顾，说要把这些破东西甩给大臣。接着，他要求葡萄牙人缴纳贸易税，迪亚士的弟弟说，他会回去禀告达·伽马。但海王扣押了他，并禁止任何船接近葡萄牙船队。迪亚士的弟弟偷偷给船队送去消息，说自己被扣押了。双方关系顿时恶化。

达·伽马不能理解，他留在岸上的商品，为什么不能算作港口税的抵押品。

许多商人觉得葡萄牙人没有恶意，便前来拜访葡萄牙船队。8月19日，有25人来到葡萄牙船上，包括六名高种姓的印度教徒。达·伽马抓住机会，将其中12人扣押，以此作为筹码，要求释放他的部下。23日，他虚张声势地说，要马上返航，但他实际上只是行驶到离岸边不远的地方便停下来，观察事态发展。24日，他又回来了，停泊在可

以看到城市的海域。

一艘小船前来商议，问能否用迪亚士的弟弟，换回印度人质。达·伽马表现得很强势，他威胁说，如果不释放他的部下，他就将人质斩首，而且炮击城市。他又一次虚张声势地驶离海岸。

海王害怕了，他命令用迪亚士的弟弟换回人质，允许葡萄牙人在他的王国竖立一根石柱。他向迪亚士的弟弟口述了一封转呈葡王的国书。迪亚士的弟弟按照印度风俗，用铁笔在棕榈叶上记下海王的话："您的宫廷绅士达·伽马来到我国，我很高兴。我国生产肉桂、丁香、姜、胡椒、宝石。我请你们用黄金、白银、珊瑚、鲜红色的布匹来交换。"

印度人不敢登上圣拉斐尔号，只在一艘划桨船上交换人质。达·伽马接回迪亚士的弟弟，却只交出六名人质。他承诺，剩下的人质，等次日他的商品被归还回来，就释放他们。

第二天，一直帮忙的那位突尼斯人登上大船，他遭到印度人的仇视，已经在为自己的性命担忧，他决定和葡萄牙人一起返航。

不久，回运商品的七艘小船来了，但达·伽马却食言了。他宣布放弃商品，把人质带回葡萄牙。海王大怒，派出 70 艘船去追击。葡萄牙船队没跑多远，海风停了，达·伽马动弹不得，被卡利卡特的群船追上。

在印度船进入大炮射程之后，葡萄牙船队的射石炮响了，双方激战一个半小时。后来，忽然来了暴风雨，把葡萄牙船队吹向外海。印度人无奈，只好掉头返回。

几天后，葡萄牙船队沿着海岸线非常缓慢地航行，寻找水源。他们用物品从渔民那里换回食品，并收割了一些生长在岸边的野肉桂。9月 15 日，他们在一座岛上竖立了一根石柱。不久，他们找到了一些淡水资源丰富的小岛。

9 月 22 日，海王的一支小船队追上他们，打头阵的船被葡萄牙人的火炮严重击伤，其他船闻风而逃。随后两天，又有小船追来，船上的人挥舞旗帜，表示友好，达·伽马鸣炮示警，将其赶走。没多久，又有人追上来拜访，还带来甘蔗作为礼物，也被葡萄牙人击退。达·伽马越来越相信，印度人的虚情假意，掩饰着不可告人的歹毒目的。

返航损失惨重

在一处海滩，船员们把贝里奥号拖曳到岸上，倾侧后，清扫和修理。

此时，有客人来访，他衣冠楚楚，会说威尼斯话。他说自己是基督徒，被俘房后，被迫改信伊斯兰教，但内心一直是基督徒。他为他的领主做说客，挽留葡萄牙船队。达·伽马发现，他的话有很多自相矛盾的地方，便下令扣留他。葡萄牙人拷打他，迫使他说真话，他说会有越来越多的印度船集合起来，一起围攻葡萄牙船队。

除了圣拉斐尔号，其他船均已修理和清洗完毕，也装满了足够的淡水。达·伽马觉得该是最终离开这个危险境地的时候了，他下令把大量肉桂装上大船。

离开印度1000公里之后，那个所谓的威尼斯人开始一点点透露真情。他其实是波兰犹太人，受迫害，不得不浪迹天涯，最后为果阿总督做事。他来葡萄牙船队的任务是，估算他的总督是否能凭自己的力量而不用借助海盗的力量，去俘获葡萄牙船队，然后用这些船去讨伐邻国。此人抵达葡萄牙时，接受了洗礼，重新成为基督徒，并更名为加斯帕尔·达·伽马（Gaspar da Gama）。

达·伽马第一次往返印度洋，尚未掌握季风的奥秘。他的船队经常无风受困，一连几天在酷热的海上一动不动，船员们为了争夺船舷或风帆投下的一小片阴凉而争吵。为了防止船上木料开裂，他们必须不断向木料上泼水。他们又时常遇到暴风，最可怕的是，逆风把他们往回推。

他们开始遭受饥渴的折磨，饼干里爬出虫子，淡水变得恶臭。所有人又一次患上牙龈病，牙齿深陷牙龈，无法进食。他们的腿脚又肿胀了起来。令人畏惧的败血病又出现了。因为被婆罗门教禁止在海上

进食，那六个高种姓的印度教人质是第一批死亡者。后来，一具又一具死尸在祷告中被推过船舷，坠入大海。每艘船上只剩下七八个人能操纵船只。

有人提议返回印度，船长们已原则上同意，如果再刮起西风，就掉头回印度。就在船员们极度绝望之时，突然一连六天刮起东风，把他们吹向西方。

1499 年 1 月 2 日，遍体鳞伤的船队看到了非洲海岸。他们从非洲航行到印度只用了 23 天，但返回却用了 93 天。

达·伽马对印度西南海岸的怨气未消，途经索马里的摩加迪沙（Mogadishu）时，他无端炮击了这座穆斯林海港。但抵达马林迪时，他再次受到热烈欢迎，与土著交换了礼物，达·伽马得到一根送给葡王的象牙，船队还得到大量橘子。他们在此竖立了一根石柱，至今矗立着。临走时，他们把一名穆斯林带上船，他很想去葡萄牙。

圣拉斐尔号没能在印度海岸修理和清扫，因为虫蛀得厉害。由于人手不够，正好无法继续驾驶三艘船。于是达·伽马下令，把圣拉斐尔号上的红金色的大天使拉斐尔雕像和所有物资全都搬到其他船上，将它付之一炬。

3 月 20 日，绕过好望角，大家几乎冻死。4 月 25 日，一直做旅途记录的船员突然终断了记述，原因不明，很有可能这位船员病死了。此时，保罗奄奄一息，达·伽马在圣地亚哥岛把旗舰交给别人掌管，另雇一艘小吨位轻快帆船，把哥哥送往亚速尔群岛的特塞拉岛（Terceira）。抵达第二天，保罗病逝，就地安葬。

7 月 10 日，贝里奥号在里斯本附近的卡斯凯什（Cascais）靠岸，旗舰不久也回来了。8 月底，达·伽马回到里斯本伯利恒教区的圣母小教堂，与僧侣一起待了九天，为哥哥哀悼。9 月初，达·伽马进城，受到群情激昂的热烈欢迎，国王封赏他土地和金钱，提升他为更高级别的贵族，赐予他"印度海军司令"的荣誉头衔。

新航线改变世界格局

葡王写信给教皇和红衣主教们，大肆宣扬找到了信奉基督教的印度。他又骄傲地知会西班牙双王，他的船队"确实抵达并发现了印度"，还带回大量肉桂、丁香、姜、肉豆蔻和精美的红宝石。

此前经红海商路运到欧洲的东方商品，其欧洲购买价格是最初价格的六倍。其中成本高涨，是因为必须支付船运费和陆运费，并向各地总督缴纳税赋。如果走达·伽马的新航路，可以摆脱所有中间商，砍掉所有超额成本。新航线迫使各利益相关方——穆斯林、印度教徒、基督徒——进行全新的战略调整。

达·伽马也带回了来自远方的道听途说，说如果顺风行驶，卡利卡特距离更加富有的马六甲只有 40 天航程，那里盛产丁香，还有火红的大鹦鹉。这些诱人的信息，吸引着后辈，前赴后继地奔向远东。

达·伽马遗迹

【达·伽马大桥】

年轻的大桥，1998 年建成，旨在缓解旁边的里斯本 4 月 25 日大桥的交通压力。当时是欧洲第一长桥，全长 17 公里。大桥双向六车道。在桥两侧，可以欣赏宽阔的塔霍河和桥北的老城区和红顶房。当年的葡萄牙探险队，全是由桥下河段西去，出海远航的。

【宫前广场】

这里曾是世上最繁忙的港口和交易中心，1755 年大地震毁坏了这里的建筑，后来被葡萄牙总理规划设计成现在的样子。现在，广场北端有最引人注目的凯旋门，纪念葡萄牙的辉煌史迹，门上刻有"荣耀为天赋和勇气加冕"的字迹，肃立着葡萄牙历史上的英雄雕像，可以猜猜哪一个是达·伽马。广场东西两侧是政府大楼，南端是塔霍河，过去的大型码头已经转移到了里斯本西南方。

【里斯本军事博物馆】

博物馆中有达·伽马雕像和他那把十分夸张的大宝剑。

【达·伽马级护卫舰】

葡萄牙海军共有三艘这个级别的军舰，它们同为 1985 年批准建造，现在仍是水面舰队的主力。它们曾加入北约组织的快速反应部队，曾被派遣到东非海域打击索马里海盗。

第八章 血染印度

　　卡布拉尔环印度洋探险获得的信息，让葡萄牙人编纂的世界地图越发清晰，更加丰富。但王室把这些地图秘密收藏好，留待将来使用，其他国家完全没有办法搞到葡萄牙的远航地图。然而，无论是卡布拉尔还是达·伽马，他们再去印度时，已经不只是探险，而是货真价实的侵略。

翻天覆地的巨变

1500 年，葡王曼努埃尔一世命人再造里斯本塔霍河的北岸空间，设计巨大的新王宫。他要在那里守候塔霍河，喜见印度财富滚滚而来。在他的蓝图中，王宫旁将设印度事务院、海关大楼、王家铸币厂、兵工厂，其中有专门管理木料、奴隶进口、佛兰德贸易的衙署。此时，里斯本人口中 15% 是黑人，这里的奴隶超过欧洲其他城市，塔霍河两岸充满了异国情调。在北岸工程中，最雄心勃勃的建筑，是伯利恒教区的热罗尼姆修道院。它临近远航船队的出发地——拉斯特洛港——僧侣将奉命在修道院里为远航水手祈祷，它的建造经费来自胡椒贸易的巨额收入。在拉斯特洛岸边，葡王下令建造伯利恒塔，它将是军事堡垒，伫立在塔霍河北岸的海水中。

葡萄牙的变化，不光是街区外景的突变，还有体制和结构性的巨变。

曼努埃尔一世重视贵族阶层在国家生活中的作用，他把若昂二世流放的贵族召回首都和周边地区，归还他们房产，很快确认了 72 个贵族家族。贵族经常出入王宫，从国王那里轻而易举地得到官职、俸禄、地租、合伙经营海外贸易的便利条件。他们迅速恢复了经济力量，在 16 世纪初，第一批贵族的豪华宫殿出现了。

曼努埃尔一世把贵族阶层引入宫廷，无限扩大了若昂二世的小朝廷。靠国家薪俸养活的贵族和官吏急剧增加。而宫廷扩大是炫耀国王权威和尊严的手段，也是集权的表现，此后议会已形同虚设。在曼努埃尔一世统治的 26 年里，国家大事完全由国王一人决定。贵族没有力量发动战争，军事力量被牢牢掌握在国王手中。即便是上等贵族，如果骄横无羁，也会受到王权制裁。

随着中央集权加剧，国家慢慢剥夺了商人的权利，从事商业活动的大多是公务员。看到航海家从海外带回来的财富，商人们也曾跃跃欲试，但国王不允许他们参与竞争。过去，小商小贩赶着毛驴，走乡串村，一升一斗收购葡萄酒和橄榄油，然后卖给里斯本经营出口贸易的商人。现在，这些生意改由国王的管家和官吏、各岛屿的受赠者、要塞司令经营。而大的经商项目主要是远洋贸易，需要有粮仓、军队、兵工厂，只有国家才有这些特权。经济上的征服垄断，使商人阶层迅速萎缩。

曼努埃尔一世的宫廷生活十分奢华，他经常慷慨赏赐臣仆，王室需要大量来自域外的奢侈品。在达·伽马回国之前，曼努埃尔一世已经为下一次远航印度铺设好龙骨，正在建造新船。他同时下令，达·伽马的所有航海图必须严格保密，泄露机密者，一律处死。

按季风规律远航

达·伽马回国后仅仅六个月，一支比先前更为庞大的船队已经准备就绪，一共 13 艘船，1200 人。虽然这与郑和船队没法比，但对比以前的葡萄牙远航少则一艘船多则四艘船的规模，这已经是空前了。要知道，1200 人是葡萄牙总人口的千分之一。由此可以看出葡王志在必得的雄心。

这支新船队的总指挥是贵族卡布拉尔，他不是航海家，而是外交官。他的任务是平息达·伽马在卡利卡特闹出的风波，与被误认为是基督徒的海王建立和谐而且利润丰厚的贸易关系。葡王交给卡布拉尔一套万分详细的指令，其中一部分是达·伽马根据自己的经验和教训设计制订的。

卡布拉尔船队的高层，有达·伽马的远航搭档埃斯科瓦尔和柯艾略，迪亚士兄弟分别担任两艘船的船长。改宗犹太御医约翰将以天文学家的身份随同，任务是研究南半球的星相。被达·伽马俘虏而改宗的犹太人加斯帕尔·达·伽马也在船上，他了解印度西南海岸错综复杂的政治格局。船队还带上了在卡利卡特开设贸易站所需的人员，由会说阿拉伯语的商人科雷亚（Aires Correa）负责商业活动。因为葡萄牙人坚信海王是基督徒国王，但不正统，于是根据教皇旨意，葡王派方济会修士代表团一起远航，去纠正海王的错误。

吸取达·伽马的教训，卡布拉尔精心准备了贵重的礼物和各类商品，希望能让海王满意。

这一次，出航时间不再由宫廷占星家根据良辰吉日决定，而是取决于达·伽马总结出来的季风规律。1500年3月9日，里斯本伯利恒教区举行悔罪弥撒，葡王将王旗交给卡布拉尔，然后在修士的引领下，陪全体船员走到海滩。海滩上，全城百姓聚集，为丈夫或儿子送行。葡王登上王船，把远航船队送到塔霍河河口，望着他们消失在大海中。

意外发现巴西

船队穿过佛得角群岛时，没做停留，因为海况良好，但一艘船走失了。卡布拉尔根据达·伽马建议，远离非洲西南海岸，向西南方向前进，绕一个弧形。但他这个弧形绕得比先前大太多，巴西就这样被意外地发现了。

卡布拉尔看到南美东岸直插云霄的圆形高山，它的南面是长满巨树的平原，他把这地方命名为"圣十字架"。他们登陆出乎意料地顺利，一切都很安宁。土著头发很长，眉毛和眼皮画着黑白蓝红的图案，下

唇被刺穿。他们皮肤暗黑，无论男女，都赤身裸体。他们在葡萄牙风笛伴奏下翩翩起舞，模仿葡萄牙人举行弥撒时做过的动作。这里有充足的淡水和水果，船员们品尝了海牛肉。这里有奇异的动物，他们看到五彩缤纷的鹦鹉，有的像鸡一样大。葡萄牙人还第一次看到了吊床。

卡布拉尔派一艘船回国，报告葡王发现了新土地，同时捎回御医约翰的一封信，告诉葡王他对南半球星辰的观察结果。约翰描述了在海上使用新式天文观测器材和纬度表的困难："我觉得完全没有办法在海上测量任何一颗星的高度。我花费了很大力气，不管船是多么平稳，误差还是有四五度。所以除非在陆地上，否则没有办法做得到。"

九天的物资补给和易货贸易之后，卡布拉尔把两名犯人留在岸上，下令扬帆起航。两名犯人哭了，土著安慰他们，对他俩非常同情。

行过印度洋

船队为了远远绕过好望角，比迪亚士和达·伽马向南走得更远。

他们观察到一颗彗星拖着特别长的尾巴飞往阿拉伯半岛方向，而且一星期之内都能看得清清楚楚，大家觉得这是不祥之兆。

5月24日，船队进入南大西洋高压带。海风本来是稳稳地从背后吹来，但突然撞上迎头狂风。船队措手不及，只一瞬间，四艘船被巨浪打翻沉没，船员全部遇难，其中包括伟大却默默无闻的迪亚士。

船队剩下遍体鳞伤的八艘船，它们被风暴驱赶着，吹散成了三部分。它们漂泊了20天，始终没升过帆。6月20日，八艘船在莫桑比克重新会合，迪亚士弟弟的船看到了马达加斯加岛，但没有找到船队，只好独自返回里斯本。

莫桑比克的总督对达·伽马的大炮记忆犹新，很是惧怕，所以表现得很恭顺。船队得以补充淡水，并找到了领航员。随后，他们来到东非海岸最重要的贸易城市基尔瓦，基尔瓦总督不想让陌生人触犯他们的商业领地。卡布拉尔绕过蒙巴萨，直抵马林迪。得了口腔疾病的水手们，吃过马林迪的橘子，感觉好多了。卡布拉尔又雇了一名领航员，穿过了印度洋。

抵达印度的安贾迪普岛（Anjadip）之后，卡布拉尔一面检修船只，补充给养，一面守株待兔，想要袭击从红海过来的阿拉伯船队。

卡布拉尔在安贾迪普岛埋伏了 15 天，没有等到任何一艘穆斯林商船，于是他下令向南驶向卡利卡特。

恩怨皆与海王

葡王给卡布拉尔的严格指令是，没抓到人质做好预防措施之前，不得登陆。所以卡布拉尔抵达卡利卡特后，首先抓到了一些高种姓人质。他得知，老海王已在达·伽马回航后驾崩，如今在位的是他的侄子。这位新海王因为高种姓教徒被葡萄牙人扣押海上而焦虑，因为按照印度教教规，这些人不能在海上吃喝和睡觉。好在海王也抓到了一些下船去抓人质的葡萄牙人，只是卡布拉尔手里的人质似乎比海王抓到的人质更值钱。海王跟船队交涉了好几天，不敢轻举妄动，卡布拉尔终于可以确保安全了，他这才登上卡利卡特的海滩。

卡布拉尔的翻译是达·伽马绑架回来的印度人，他们学会了葡萄牙语，却无法胜任翻译工作。因为他们全是低种姓，不能出现在御前，卡布拉尔只好另找翻译。

卡布拉尔在觐见大厅向海王呈上贵重的精美礼物，然后提出很多要求。他要求海王补偿达·伽马留下的那些货物，为葡萄牙人提供价格低廉的香料和优惠的关税待遇，允许葡萄牙人建立一个贸易站并保证其安全。卡利卡特法令规定，商人死后，其商品变为海王财产，卡布拉尔要求海王对葡萄牙人豁免这项规定。他还要海王驱逐穆斯林，并夸口说，海王从葡萄牙那里获得的收益一定远远大于从穆斯林那里得到的收益。另外，他还知会海王，方济会要纠正他在信仰教义方面的谬误。显然，卡布拉尔仍未理解印度洋文化和宗教事实，他这是一

厢情愿。

两个半月过去了，谈判依旧僵持。卡布拉尔佯装要拂袖而去，海王害怕了，随后达成两项贸易协定。海王答应提供物美价廉的香料，允许葡萄牙人建立一个贸易站。

此外，葡萄牙人还终于等到一个展示自己的机会。那时，海王希望从南部科钦港（Cochin）一位商人那里买一头珍贵战象，但遭到奚落。他得知一艘科钦货船即将载着几头战象经过卡利卡特，他希望葡萄牙人帮忙俘获。卡布拉尔指派一艘小吨位轻快帆船去抢劫，海王对如此单薄的力量表示担忧。他知道这艘小船上只有70人，而科钦的三角帆船有武装，上面有300人。但卡布拉尔胸有成竹，葡萄牙人常常以少胜多，而且他这艘小船上装有一门大型射石炮。小船见到大船后，沿海岸紧追不放，穆斯林看到小小的帆船追赶在自己伟岸的大船旁，不禁捧腹大笑。但他们很快知道了葡萄牙人的厉害，小船射出猛烈炮火，严重击伤了大船，打死许多人和一头战象。最终，大船被迫投降，被带回卡利卡特，好几头战象归了海王。为此，海王举行了隆重庆典，葡萄牙人则吃掉了那头被打死的战象。

这次武力展示，在印度西南沿岸造成相当大的影响，也让海王更加惧怕。

印度人往葡萄牙船上运载香料的速度太慢，卡布拉尔在卡利卡特住了三个月，只有两艘船被装满，而一些阿拉伯船队却满载香料偷偷跑了。卡布拉尔认为阿拉伯人阻挠香料购运，海王于是授权卡布拉尔，扣押任何想要偷偷溜走的穆斯林商船。原本就很紧张的气氛，在葡萄牙人没收穆斯林船货时，变成了流血冲突。

街道上开始聚集暴民，冲击葡萄牙贸易站。70名手持盾牌和利剑的葡萄牙官兵寡不敌众，不得不退进院墙，封闭了大门。他们从墙上用弓弩射击暴民，并在屋顶升起旗帜，向船队求救。船上的卡布拉尔身患重病，不能亲自去救援，便派配有回旋炮的长艇从岸上驱散群众，但毫无效果。

穆斯林在一个小时之内把围墙全拆了，守军困在建筑里，从窗里向外射击。科雷亚判断死守没有意义，下令杀出重围，奔向岸边。他希望长艇能赶来救援，但当他们大多数人逃到海边时，却发现海况太差，长艇不敢在惊涛骇浪中靠岸。

武装暴民逼近，杀死50多人，科雷亚被砍倒在地，他们成为远赴印度的第一批阵亡者。剩下的人，包括科雷亚11岁的儿子，全都身负重伤，但奋力深入海中，被拉上长艇。

卡布拉尔要求海王立即为没有保护好他的定居点道歉，他等了一整天，终于等到道歉。第二天，卡布拉尔决定报复，他下令俘获港内十艘阿拉伯船，杀掉船上的600人，抢走船上所有货物。其中一艘船上有三头大象，葡萄牙人把它们杀掉当肉食，然后烧毁了九艘空船。岸上的市民目睹惨景，感到万分恐惧。

卡布拉尔依旧不肯罢休，夜幕降临后，他命令船队靠近海岸，让炮火准备就绪。拂晓时分，葡萄牙船队对卡利卡特进行猛烈炮击，整整一天，炮弹雨点般落入城区，摧毁了许多建筑，包括海王的一些宫室，海王匆忙逃出了城。

对抗海王的统一战线

卡布拉尔驾船南下160公里，途中俘获并烧毁另外两艘穆斯林商船，来到科钦城。葡萄牙人抓了一些高种姓印度教徒，科钦也抓到一些葡萄牙水手，双方交换俘虏，每天互换两人。科钦是卡利卡特的附属国，国王热切希望摆脱海王的控制，所以愿与远方客人结盟。两星期后，科钦往卡布拉尔的船上装满香料，国王还同意他们建立一个永久性的小贸易站。

附近的坎努尔（Kannur）和奎隆（Kollam）也派来了使者，寻求结盟，邀请葡萄牙人去做生意，共同反对海王。

此外，从科东格阿尔卢尔（Kodungallur）来了两位神父，他们登

上葡萄牙船，像见到久别的亲人一样欣喜若狂。他们告诉卡布拉尔，在印度遵从圣多马（St. Thomas）教诲的基督徒根本不占多数，完全是一个常常遭受异教徒围攻的少数派，而沿海贸易几乎全部被穆斯林把持着。直到此时，葡萄牙人才终于知道，印度并非基督徒的世界。

卡布拉尔得到消息，说海王发誓报仇，组织了一支 80 艘船的舰队，准备在海上拦截他。科钦国王想派海军掩护他，但卡布拉尔对自己火炮的力量很自信。他骄傲地拒绝了国王的好意，当即下令出海，丢下了正在营建小贸易站的人，也把没来得及交换的两名印度俘虏带走了。实际上，海王的船队畏惧葡萄牙人的大炮，只敢保持一段距离，在后面远远跟随，所以天黑之后就跟丢了。

路过北部沿岸，坎努尔国王恳求卡布拉尔停船装载香料，一是为避免被葡萄牙人炮击，二是真心希望与葡萄牙结盟，共同反对卡利卡特。卡布拉尔下令只在此做短暂停留，然后起锚，穿越印度洋。

船上两名可怜的印度人，在海上不能吃，不能喝，也不能睡觉。过了三天，葡萄牙人连哄带骗，才让他们带着怀疑、畏惧、忧伤开始吃饭和睡觉。卡布拉尔对土著文化的漠视，给联盟关系投下了浓重的阴影，以至于 13 年后科钦国王给葡王写投诉信时还提到此事，说他对葡萄牙忠心耿耿，但卡布拉尔却忘恩负义。

五船香料震动南欧

回程的路上，船队开展了一些探险活动，获取了许多新的知识。

卡布拉尔派一艘船去探索红海入口，发现那里极端干旱，熔炉般酷热，不适合人类居住。船员除了雨天收集雨水，未找到其他淡水资源。那艘船归队时，只剩下六人，并且多数患病，其他人全部惨死。

经过马林迪时，因为操作不当，一艘满载香料的船触礁，好在水手们全保住了性命。为了防止货物被穆斯林抢走，他们放火烧了船，但莫桑比克的潜水员还是捞走一些火炮，这些火炮后来被用来对付葡萄牙人。

此时，葡王相信，他这次送给海王的贵重礼物肯定能确保友谊，让卡布拉尔友好解决问题，于是他开始准备下一批远航船队。3月，当卡布拉尔艰难驶向好望角的时候，在诺瓦（João Nova）的率领下，一支只有四艘船的商船队离开了塔霍河。

诺瓦抵达圣布莱斯湾时，看见一棵树上挂着一只鞋，里面有卡布拉尔留下的一封信，告诉葡萄牙同胞关于卡利卡特的局势。所以诺瓦绕过卡利卡特，在坎努尔和科钦装载香料，凭借船炮优势，在海王船队的追击下全身而退。

1501年夏季，卡布拉尔的远航船队分批返回里斯本，其中两艘船是空驶，其他船满载香料。教堂钟声响起，朝廷下令，全国举行宗教游行，庆祝胜利。

这次远征，标志着葡萄牙人已经从探险侦察，转化为商贸和征战。

那时候，威尼斯垄断着欧洲的香料贸易。他们想方设法，维护与埃及奴隶王朝的关系，确保他们的船队每年能从亚历山大港买进大批香料，香料贸易一直是它的生命线。葡萄牙人成功绕过这个垄断中间商，令威尼斯人瞠目结舌。卡布拉尔带回五船香料，价格低得令人无法相信。曼努埃尔一世志得意满地向地中海北岸宣布："从此刻起，你们应当派遣船只，从葡萄牙购买香料。"

如果葡萄牙继续这样的远航运货，所有欧洲人都会跑到葡萄牙去买香料，威尼斯的繁荣就完蛋了。

不过，葡萄牙人并不能高枕无忧，卡利卡特的永久贸易站被摧毁，印度沿岸的统治者和绝大多数居民并非基督徒，这让他们倍感忧虑。

达·伽马再次远航

葡王筹备规模更大的远航，共有20艘船，但卡布拉尔不愿再去印

度，葡王再次启用达·伽马。这次远航的任务是，就葡萄牙人惨死向海王索赔，与印度西南岸敌视海王的国王们拓展贸易协定，驱逐穆斯林商人。葡王派达·伽马的舅舅索德雷（Vicente Sodre）一同前往，他的任务是，把守红海出入口，确保穆斯林船只既不能从红海出来，也不能进入红海。

葡王很自信，印度洋没有任何武装能和自己的船炮匹敌，所以他这次派船已经不仅仅是炮舰外交，可以说是侵略战争。

达·伽马拉上另外一个舅舅，布朗斯（Browns），他是索德雷的弟弟，此外他还聘任他的堂弟埃斯特旺（Estêvão da Gama）做助手，所以这次远航，就像是他的家族事业。

肃穆的十字军大教堂举行弥撒，确认达·伽马为印度海军总司令。他披挂上象征帝国霸业的战争服饰，身披深红色绸缎斗篷，戴上银项链，左手执王旗，右手从鞘中拔出利剑，跪在葡王面前。葡王将一枚戒指戴在他的手上。

船队分两批出发。1502年2月10日，在祷告声中，达·伽马率15艘船从拉斯特洛港起航。4月1日，在达·伽马堂弟埃斯特旺的指挥下，剩下五艘船出发跟进。

用大炮解决问题

在这个小队里，有一名文书洛佩斯（Tomei Lopez），他详细记载了远航进程。

经过长年探险，非洲西岸的航路已经平淡无奇，故事直接跳到南非开始。

船队接近好望角时，白昼越来越短，变成8.5个小时，黑夜长达15.5个小时，天气极端寒冷，而且越来越冷。6月7日，黑暗中突现暴风雨，船队被打散了，洛佩斯所在的船和另外一艘船在一起。第三次刮起狂风时，洛佩斯的船，三角帆桁从中间折断，旁边的船主桅折断。山峰般的海水向他们袭来，大量海水横扫旁边那艘船的甲板，灌进了船舱，水手奋力抽水。9日，天气刚刚好转，大家便把衣服挂出来，想用阳光晒干，谁知转瞬大雨如注。

幸运的是，经过这次大风暴，所有船只无一遇难。

沿东非海岸行驶时，达·伽马厌倦了那里冗长而微妙的外交习惯，他坚信大炮能直接解决问题。因为季风不等人，如果土著不立即服从他，他只能动用武力。

抵达基尔瓦时，他先让射石炮发出一轮齐射，然后给总督送去一封简短而强硬的书信，要求会晤。答复是，总督生病，不便接见外宾。达·伽马立即指挥船队靠近海岸，拉开作战架势，然后率350人，带着火枪，乘坐配有回旋炮的长艇，朝岸边驶去。在总督府邸前，达·伽马下令用船首靠岸，并用无礼的口气叫总督出来。

总督害怕了，走到达·伽马面前。达·伽马通过翻译，暴躁地训斥总督说，"你要知道，只要我愿意，就能在一个小时之内，把你的整个城市化为灰烬"，我"会扭住你的耳朵，把你拖到海滩，用铁锁套住你的脖子，把你带到印度各地展出，让所有人都看到，不愿服从葡王的人是什么下场"。达·伽马强迫总督承诺，以后每天升葡萄牙王旗，臣服葡王的宗主权，葡萄牙人必须获得贸易权，总督必须每年向葡王缴纳大笔贡赋，而且从现在就开始。

东非沿海感受到了葡萄牙炮舰外交的严重威胁。基尔瓦总督首先屈服了，他的贡赋分两批支付，第一批在隆重典礼中直接交付。海滩上，一大群女人欢呼着"葡萄牙！葡萄牙"，但她们并非出于内心的喜悦，而是在枪炮面前的恐惧。

达·伽马驶抵马林迪，早已归顺的总督热情接待他，但也多少有些紧张不安。

8月20日，船队抵达印度安贾迪普群岛，他们在没有任何理由的情况下袭掠了附近港口，并向战战兢兢的国王宣布："这是我的主公葡王的船队，他是海洋、世界、这片海岸的君王。"

米里号血案

达·伽马南下抵达坎努尔北部的德里山（Delhi）。那是一块突出的海岬，附近有一片潟湖，达·伽马的 20 艘船和数千人在湖畔停泊。此时，败血病很严重，他们虽然吃了大量橘子，但很多人已经病入膏肓。大家在岸边为病人们搭起帐篷，让他们舒服一些，但还是死了60 多人。

这个地方是来印度西南海岸经商的商船经过的第一个中转港口，来自红海的香料商船多半会在此补充食物、淡水、木材，它也是离开印度西南海岸的商船必经的最后一个中转港口。达·伽马决定在这里摧毁一艘穆斯林商船。

对葡萄牙人远征印度洋时暴露出的暴虐残忍，洛佩斯是第一位做出批评的葡萄牙人，他记录了这样一件事。

9 月 29 日，一艘阿拉伯三角帆船从北边驶来，达·伽马终于等到了机会，立即率队去拦截。这艘船是米里号，从红海返回。船上有240 人，其中很多人刚参加完麦加朝觐，还有一人是埃及总督在卡利卡特的代理商法基（Jouhar Faki），另外还有一些卡利卡特的富商。这艘船上有火炮，显然是武装商船，但让达·伽马意外的是，米里号未做任何抵抗便投降了。他不知道印度西南沿海有一个普遍因循的做法，凡遭到海盗拦截，只需付一笔过路费，就不会遇到危险。

于是法基首先出了一个价码，他愿意出资修理一艘葡萄牙船上损坏的桅杆，更重要的是在卡利卡特为所有葡萄牙人提供香料。达·伽马觉得这些无关紧要，拒绝了。法基又提出，把自己、几个妻子中的一个、一个侄子作为人质。等促成了卡利卡特归还葡萄牙被扣押的货物，并帮葡萄牙和卡利卡特确立好友好关系，再给达·伽马最大的四艘船装满香料后，再还他们自由。如果过了 20 天，这些承诺没兑现，他们可由总司令任意处置。这其实是等于帮助葡萄牙人参与印度香料贸易，但达·伽马依然不为所动。葡萄牙船长们对他颇有抱怨，觉得他顽固不化，既不肯接受对方的条件，又不愿断然洗劫商船。

达·伽马终于命令法基，要他告诉船上商人，把手头上所有财产交出来。法基完全不能理解达·伽马的思路，他气愤地说：“我指挥这艘船时，他们都服从我的命令。现在你是主子，你自己去告诉他们吧！”

商人们被迫交出了一部分财物，葡萄牙水手登上米里号，拆除了它的索具和舵，使它丧失了活动能力，然后用长艇把它拖曳了很远。

但即便是在很远的地方，葡萄牙人也能在船上看见米里号上的女人拿出藏匿的珍宝和贵重财物，有些人举着孩子，恳求总司令饶命。

达·伽马躲在船上，透过一个观测孔，面无表情地看着这一切。

葡萄牙炮手登上米里号，安放火药，然后点燃。米里号上的人这才意识到真的大难临头了。他们奋力自救，设法灭火，并找出所有能找到的投射兵器和石块，要拼命战斗到底。葡萄牙长艇返回，想要重新点火，遭到米里号冰雹般的打击，被迫后退。他们企图炮击米里号，但长艇火炮是轻型的，无法重创大船。

米里号上的乘客开始利用围栏、床垫和能找到的所有东西构筑堡垒，让葡萄牙人暂时无法下手。一连五天，米里号在炎热的海上随风漂荡，洛佩斯所在的船跟踪着它，船尾还拖曳着另一艘俘获的穆斯林船。

10月3日，达·伽马下令消灭米里号，洛佩斯所在的船来到它的侧舷，用大炮在它甲板上轰出一个大洞。米里号船体很高，它突然用抓钩抓住洛佩斯的船，向他们投射暴风骤雨般的箭和石块，战局当即逆转。葡萄牙炮手被赶离炮位，他们只要有一个人在甲板上露面，就会遭到石块的击打。许多葡萄牙人没拿武器，他们以为敌人手无寸铁，现在他们慌忙把甲板下舱室里的穆斯林俘虏锁起来，拿出武器去抵御米里号的猛烈攻击。葡萄牙人打死打伤许多穆斯林，但穆斯林没有丝毫怯阵，似乎忘记了一切危险。洛佩斯看到，中箭的穆斯林把箭拔出来，又投射回葡萄牙人这边，然后继续战斗。

两艘船缠斗一处，葡萄牙人全挂彩了，许多穆斯林跳上他们的甲板，把15名葡萄牙水手堵在艉楼。此时，大多数葡萄牙人放弃了岗位，逃到甲板下方。只有船长和洛佩斯还在艉楼奋战，船长捡起一块胸甲，可胸甲已经在石块击打下变形凹陷，系带也不知哪儿去了。见一个穆斯林冲到他的面前，他大喊撤退，把艉楼让给了穆斯林。葡萄牙水手已经绝望了，纷纷跳进大海，被小艇救走。

此时，另一艘卡瑞克帆船若亚号驶向米里号，佯装要强行登船。战局再次逆转。穆斯林怕米里号失守，匆忙返回自己的船上，解开了抓住葡船的抓钩。

达·伽马率领六艘最大的船，紧紧围着没有机动能力的米里号，只因为风浪太大，没法强行登船作战，米里号的死期被推迟了。随后又过了四天四夜，葡萄牙船队跟踪着猎物，向它开炮，但一直没收到致命效果。

第五天早上，一名穆斯林从米里号游到葡萄牙人的船上，他告诉达·伽马，穆斯林已经把所有财物统统扔进了大海，不让葡萄牙人得到。为了保住自己的性命，他愿意从葡萄牙船队这边带一根绳索回去，固定在米里号那头，让葡萄牙人把它拉近烧毁。达·伽马知道已无利可图，便把米里号无情地烧了。米里号沉没前，达·伽马从水里救起了一名驼背的领航员和20名儿童，强迫他们改信基督教。

大开杀戒却不完全是为了抢劫，达·伽马的动机实在令人费解，或许他是想用暴利恐怖手段去震慑印度沿岸的对手。但无论如何，他的手段实在太过凶残。数百年来，在印度西南海岸，米里号惨案始终没有因为光阴流逝而被忘记。

然而，达·伽马的暴行才刚刚开始。

无视坎努尔国王的善意

达·伽马抵达坎努尔，这是一个对葡萄牙友好的港口，但达·伽

202

马对外族的所有意图都满腹狐疑。他拒绝上岸去拜见国王，于是双方以极其尴尬的方式谋面——达·伽马站在旗舰的艉楼上，国王却站在伸向大海的一个小平台上。经过奇怪而艰难的外交对话，又交换了礼物之后，达·伽马确认没有危险，双方才开始围绕贸易条件谈判。但让达·伽马无法理解的是，国王居然无法跟他讨论条件，关于香料贸易的谈判必须去找商人商议，而这些商人全是穆斯林。达·伽马更不能理解的是，在整个印度西南海岸，印度教国王掌握着政治权力，但经济活动却由他们的穆斯林臣民把持着。而最让达·伽马生气的是，前来谈判的穆斯林商人，一方面为香料索要高价，另一方面鄙视葡萄牙商品，说不值得购买。

暴躁易怒的达·伽马质问坎努尔国王，为什么派这些穆斯林来见他，是不是"因为国王心知肚明，穆斯林自古仇恨基督徒，是我们最凶残的敌人"。在他看来，国王并不珍惜他的友情，他说第二天清晨就把已经装船的少量香料退回去。

葡萄牙在坎努尔的代理商罗德里格斯（E Rodríguez）赶来了，他想努力平息事态。达·伽马叫他马上滚开，而且必须离开坎努尔，回葡萄牙去。罗德里格斯毫不退缩，声称他不是总司令的部下，不会听从他的指令，再说他手里还有商品要出售，不能回国。达·伽马暴跳如雷，一时又没有办法，怒气冲冲地拂袖而走。

他下令沿海岸南下。临走之前他警告国王，如果基督徒受到任何伤害，他们这些不信上帝的人一定会付出代价。不久，他无故炮击一座向坎努尔称臣纳贡的小港口，还俘获了一艘穆斯林船。坎努尔国王后来送过一封道歉信，安抚达·伽马，他说即使葡萄牙人杀死了他的臣民，他也不会撕毁与葡王的和约。达·伽马读了信，心情却并没有好转，他认为这封信是罗德里格斯代写的。

残杀人质　炮击海王

达·伽马还在坎努尔生气时，海王写给他一封语气温和的信，说

自己对基督徒是真心友好的,愿意为他留在卡利卡特的货物做出补偿。但卡布拉尔来访时的惨案不是钱能补偿的,而且葡萄牙人也在阿拉伯商船上杀了更多人,双方血债基本扯平。所以应该既往不咎,搁置纷争,从头再来。

糟糕的是,海王给犯上作乱的科钦国王同时写了一封信,要求紧密合作,联手对付葡萄牙人。他说:"只有一个解决办法,在整个西南海岸,任何人都不要给葡萄牙人提供任何香料,价钱再高也不卖。如果你们不这样做,我们必然全部垮台,最终被葡萄牙人征服。"科钦国王把这封信拿给小贸易站的葡萄牙人看,葡萄牙人把它转发给了达·伽马。

达·伽马先后看到海王的两封信,更加确信,海王是阳奉阴违的两面派。

10月26日,船队接近卡利卡特,达·伽马听米里号的两名儿童说,有两名穆斯林在卡利卡特暴乱中杀死过卡布拉尔的部下,他下令,把两名穆斯林吊死在桅杆上。27日,同样根据儿童指控,达·伽马下令,把在葡萄牙贸易站盗窃过的穆斯林用长矛戳死。

船队在离卡利卡特不远的地方抛锚,海王派来一个代表团,重申在信里提议的观点。达·伽马毫不让步,他要求海王必须对葡萄牙人的生命和财产损失做出全面赔偿,必须驱逐所有穆斯林,不管他是商人还是普通永久居民,否则不会议和,也不会和他达成任何协议,而且会劫持来他这里做生意的所有穆斯林商船。

海王回复,穆斯林自古就在卡利卡特居住,现在这里有5000户穆斯林,为他提供着许多宝贵服务,不能把他们赶走。达·伽马说,这个答复是对他的侮辱,他扣押了信使。这一天,双方不断交换信息,达·伽马的脾气越来越坏。一些印度渔民以为葡萄牙人已经和海王议和成功,便驾船出海,被葡萄牙人抓走。达·伽马还扣押了一艘满载食物的阿拉伯大型三角帆船。

海王最后说,绝不允许总司令驱赶和阻挠穆斯林,如果接受这些条件，他会做出相应善举。如果不接受，那就无权在他的港口和整个印度西南海岸的任何港口停泊，请立刻走人。达·伽马回复，你竟敢命令葡萄牙人离开，这样做唯一的后果是，你再也不可能享受咀嚼槟榔的乐趣。他要求海王次日中午之前，给出恰当回复，否则后果自负。当晚，达·伽马命令船队逼近卡利卡特城，船首向前，以降低被海王炮击的可能性，然后稳稳地下锚停泊。他们看到一大群印度人，打着灯笼在海滩劳动了一整夜，为火炮挖掘堑壕和炮位。

黎明时分，达·伽马命令各船进一步靠近岸边，然后发布命令，如果下午1点海王没有给出答复，那就要把穆斯林俘虏吊死在桅杆上，把印度渔民吊死在桅端。最后，海王没有答复，结果34人被绞死。

海滩上很快变得人山人海，他们惊恐万状地眺望着桅杆上的尸体，想努力辨认有没有自己的亲人。达·伽马发令用重炮向人群开火，把他们驱散，紧接着所有火炮轰鸣，持续不断地射出铁弹和石弹，数不清的人倒下了。印度人企图还击，但他们的射石炮设计精度太差，填弹速度又奇慢，所以根本没有还手之力。而葡萄牙的炮击一刻不停，一直持续到夜晚才停息。

为了增加恐怖气氛，达·伽马下令，把吊在桅端上的死尸全都取下来，砍掉脑袋和四肢，把残肢堆放在一艘渔船里，把躯干扔进大海。他写了封信，翻译成马拉雅拉姆语，用一支箭射在渔船船首，然后命人把渔船拖到岸边。不久，岸上传来撕心裂肺的哭声，躯干被海水冲上岸之后，人们围着它们，忧伤地吟唱。整整一夜，葡萄牙船员无法入睡，他们看见印度人借助灯笼的光亮，奋力修补堑壕。

拂晓时分，达·伽马看到，靠近海边的房屋已经是废墟，他让18艘葡萄牙船的大炮抬高仰角，瞄准较远的豪宅，一起开炮。炮击持续了一上午，重型射石炮向城内发射了400多枚炮弹，卡利卡特变得千疮百孔。

与海王恶战

第二天，达·伽马留下六艘卡瑞克帆船和一艘小吨位轻快帆船，由他的舅舅索德雷指挥，继续封锁卡利卡特海路。他率其他船南行，一路血腥报复，驶往科钦。

在科钦，葡萄牙人听到关于斯里兰卡的传说，说它在 1770 公里之外，是一座庞大、富饶的岛屿。那里有崇山峻岭，遍地是大片大片的肉桂，那里还出产宝石和许多珍珠，于是在葡萄牙人未来的探险清单上，又添上了斯里兰卡的名字。

不过科钦的现实还是让达·伽马头疼。由于无法一次性谈好一揽子价格，穆斯林商人经常出尔反尔。他们有时为他们的香料索要高价，有时不肯接受葡萄牙的劣质商品。达·伽马不得不天天上岸，与他们就某个问题达成一致后，他们才重新开始装运，然后又突然停手，所以往船上装载香料的过程时断时续。

海王非常希望科钦穆斯林拖延下去，让葡萄牙人停留过久，错过季风，困死在印度。但卡利卡特港口被封锁，海王的贸易活动被迫中止，他必须另谋他策。他派一名婆罗门，给达·伽马送来新的和平建议，答应补偿葡萄牙人的生命和财产损失。于是，婆罗门带着达·伽马和穆斯林俘虏，一同返回了卡利卡特。

到了卡利卡特，达·伽马放婆罗门上岸，但扣留了他的儿子。婆罗门承诺一定会回来，但他再也没露面，达·伽马怒火中烧。不久，海王另派人来，请达·伽马派一位绅士登陆，去接受海王的赔款。达·伽马大发雷霆，如果海王真要给他钱，何不就此带来。他要使者回去告诉海王，他连船上最低贱的小厮都不会派去。海王答复说，第二天结束时，一切都会处理好。

达·伽马等到第二天夜里，耐心枯竭了，不知海王骗他回来意欲何在。

黎明时分，旗舰瞭望哨看到一艘渔船离开港口，向葡萄牙船队驶来。当它越来越近时，哨兵发现它是两艘并联在一起的船。达·伽马被叫醒，迅速穿上衣服，来到甲板上。他以为这是海王派来送赔款的船，但他忽然发现，有近 80 艘船已悄无声息地离岸驶来。瞭望哨坚持认为那是一群渔船，当它们射来第一轮炮弹时，他才知道自己错了。炮弹在葡萄牙旗舰上打出了一个窟窿，印度小船很快包围了它，只要有人在甲板上露头，他便会看到一片箭雨。

这时候，旗舰尾部还系着一艘俘获的阿拉伯三角帆船，印度人点燃了三角帆船，希望大火能蔓延到卡瑞克帆船上，但葡萄牙水手砍断了连接两船的绳索。此时，更多的小船蜂拥而来，他们都配有轻型射石炮和弓箭手，葡萄牙船队寡不敌众，只能割断缆绳，弃锚逃跑。而旗舰，平素为防止被人砍断锚上的缆绳，用的是特别坚固的铁链。在敌人的猛烈火力中，水手花了一段时间，才艰难地砍断铁链。不幸的是，旗舰弃锚之后，海上忽然风平浪静，于是它停在原处动弹不得，围上来的小船向它扔出暴风骤雨般的炮弹。

正在危急时刻，索德雷率领一艘卡瑞克帆船和两艘小吨位轻快帆船从坎努尔赶到。因为海上一丝风也没有，葡萄牙大船不得不靠划桨缓缓移动，一起迎击一大群不断开炮的小船。小船或许是弹药耗尽，终于撤退回岸了。

气冲牛斗的达·伽马再次下令，把俘虏吊死在小吨位轻快帆船的桅端上，然后在海边向岸上展示，再把尸体丢进一艘印度小船，把小船送到岸边。

卡布拉尔和达·伽马为葡萄牙在印度西岸留下了两个脆弱立足点，北方的坎努尔和南部的科钦。达·伽马估计，一旦船队返航，海王很有可能攻打坎努尔和科钦，报复两位国王，摧毁葡萄牙羽翼初生的贸易站。因此他指派两个舅舅留守印度，巡视海岸，全力支持两位国王，保卫两个定居点。

1503 年 2 月，达·伽马率领 13 艘船，满载大量香料，乘着强劲的东北季风横渡印度洋，返航里斯本。

两个笨蛋舅舅

达·伽马完全没有料到，他的舅舅不仅没能完成核心任务，而且因为贪心不久后便死在了印度洋。

索德雷和他外甥一样，酷爱暴力。索德雷在坎努尔外海收到坎努尔国王的来信，请求他追击并扣押穆斯林富商马拉卡尔（Maimama Malakal）的一艘船。此人刚刚离开坎努尔，却没缴纳赋税。在索德雷的逼迫下，马拉卡尔返回港口，怨气冲天地补交了税，然后肆无忌惮地诅咒坎努尔国王和葡王。坎努尔国王授权索德雷代行司法权，惩治马拉卡尔。索德雷剥光马拉卡尔的衣服，把他捆绑在桅杆上毒打，往他嘴里灌粪。后来，索德雷将其双手反绑，先把一根短棍往他嘴里塞，最后又极具侮辱性地把一块腌猪肉塞进这位穆斯林的嘴中。马拉卡尔记住了这深仇大恨，次年跑到开罗，请求埃及总督为穆斯林报仇，派兵惩罚基督徒。

除了外甥要他保卫两个王国，索德雷还有一项葡王交给他的任务，是封锁红海。这是一项可以获得丰富战利品的任务。在他兄弟布朗斯的怂恿下，索德雷无视科钦国王和葡萄牙贸易站的哀求，下令向北航行，去红海口捞油水。两名船长认为他不顾盟友和同胞的死活，断然辞职，宁愿留在即将遭受围攻的科钦贸易站。

果然，索德雷走后，海王立即率大军开赴科钦。他给科钦国王发出一封专横跋扈的信，要求交出基督徒，如若不从，他将摧毁科钦，并抓住基督徒，缴获他们的所有财物。科钦国王决心无论生死，要和基督徒并肩作战，所以他严词拒绝了最后通牒。他派继承人纳拉扬（Narayan）和侄子去抵抗海王，纳拉扬起初取得了一些胜利，但海王收买了他的部下，挑唆他们的不满情绪，最终将其刺死。

但纳拉扬的抵抗为国王和葡萄牙人争取到时间，使他们逃亡到外海的威平岛。海王占领了科钦，将其付之一炬，但雨季快到了，他已经无法围攻威平岛。海王在科钦留下少量驻军，发誓 8 月回来，消灭所有敢于抵抗的人。

海王撤回卡利卡特时，索德雷兄弟一心劫掠从红海过来的穆斯林船只，却遭遇海难，困在一座小岛上，不慎溺死。他那个不得人心的弟弟布朗斯不久后被部下杀死。

9 月初，困守威平岛的科钦国王和葡萄牙人等到了救援，弗朗斯西科·阿尔布开克（Francisco Albuquerque）率领本年度第一批香料航运船来到小岛，他只有两艘船，但战斗力极强。他打退了海王在科钦的驻军，把国王扶回王位，又把大量胡椒装进船舱。

在印度建立第一个坚固立足点

两个星期后，第二批进行香料航运的四艘船抵达威平岛。船上站着葡萄牙历史上最为才华横溢的两位指挥官，一位是 40 多岁的阿方索·德·阿尔布开克（Alfonso de Albuquerque），他拥有极其丰富的军事经验，他的出现彻底改变了葡萄牙在印度洋周边的历史格局，另外一位是佩雷拉船长（Duarte Pereira），他是数学家、航海家、战术天才，也是地理学家，是奉命敲定《托尔德西里亚斯条约》的学者之一。

阿尔布开克这对堂兄弟的任务只是购进香料，他们没有想到索德雷兄弟死了，现在他俩必须留守。他们好不容易说服了科钦国王，给葡萄牙人拨出一块地，并提供木料和人力，以建造要塞。这个要塞，四周要挖出很深的护城壕沟，中间将是一个石制主楼。

10 月，达·伽马回到里斯本，他带回来的香料、丝绸、宝石，其所得纯利超过航行总费用的 60 倍，因此得到葡王的额外赏赐。

11 月 1 日，固若金汤的科钦要塞竣工，命名为曼努埃尔要塞，这

是葡萄牙在印度的第一个真正的稳固立足点。这个据点，比被摧毁的小贸易站坚固多了，日后它显得无比重要。

从1497年达·伽马首航印度到1504年，共有5500人远征去印度。其中1800人没能回来，死亡比例高达35%，但远航带来了极其丰厚的回报。扣除成本，王室每年从香料贸易中可以获得100万克鲁扎多的利润，这是一个天文数字。

1519年，达·伽马被封为伯爵。1524年，他被任命为印度副王，4月以印度总督身份第三次赴印，9月到达果阿，不久染疾，12月在他既痛恨又渴望全面控制的卡利卡特过世。

达·伽马遗迹

【热罗尼姆大教堂】

葡王曼努埃尔一世于1501年为达·伽马远航做祈祷而修建的大教堂，他曾邀请热罗尼姆修士入住，所以以他的名字命名。

这里也是皇家墓地，葡王自己的棺木在此，达·伽马的棺木也在此。大教堂叫作曼努埃尔式建筑，特点是把很多海洋元素融入它的角角落落。

第九章

印度洋霸权

　　自达·伽马首航印度之后，每年 3 月，葡萄牙船队都会从塔霍河出发去一趟印度。而每一次往返都是 38600 公里，在远航条件很差的时代，他们每一次远行都是非同小可的航海壮举。他们的行动在变化，最初他们想知道世界是什么样子，而后他们关注能从世界得到什么，最后他们确定了世界应该是什么样子，那便是他们的统治和霸权。

驻印副王奥梅达

1505 年 2 月 27 日，葡王曼努埃尔一世颁布用语夸张的敕令，自称"大海此岸的葡萄牙与阿尔加维国王，大海彼岸的非洲之王，几内亚领主，埃塞俄比亚、阿拉伯半岛、波斯、印度的征服、航海、贸易之王"。这道敕令表述了全新的战略部署和胆大妄为的长期计划，它自信满怀，要通过武力，在印度西南沿岸建立永久帝国，控制整个印度洋的贸易。

葡王委以重任的人选，是 55 岁的奥梅达上将。他是高级贵族，却秉性温良。他对财富诱惑无动于衷，所以清正廉洁。他是鳏夫，没有家庭拖累。与先前出征印度的航海家不一样，他首先获得了印度副王的崇高头衔，名义上可以代行葡王在印度的行政权，然后才是远航船队总司令。

葡王聘用一小群谋臣，给奥梅达编纂了极其细致详尽的指令。

编纂者中很有影响力的一位是被达·伽马俘获的加斯帕尔·达·伽马。此人几度根据主人和机缘不同而更换姓名。他起初姓伽马，成为葡王的谋臣后，改名加斯帕尔·印度，即将跟随奥梅达远航前，他又改名为加斯帕尔·奥梅达。

谋臣们给奥梅达编纂的远征任务浩大而庞杂：一、在所有被征服的国家传播天主教。二、控制东非海岸，因为在印度西南海岸购买香料需要大量黄金，所以关键目标是东非的黄金贸易中心索法拉港和基尔瓦港。葡王推荐的策略是，打着友善旗号，发动突袭，囚禁所有穆斯林商人，并没收其财产，随后建造要塞堡垒，控制黄金来源。三、穿越印度洋，在印度西海岸建造四座要塞堡垒，第一座在安贾迪普岛，使这个货运中转站成为葡萄牙补给基地。剩下三座分别在坎努尔、奎隆、科钦，各要塞留下守卫部队。要严控一切港湾，力求"自耶稣降生后的 1505 年起"，不让任何一艘非葡萄牙船只运走一粒香料。四、如果海王同意驱逐卡利卡特的所有穆斯林，应与他议和。如果他不同意，"向他开战，用一切手段，尽你最大力量"，消灭印度海军。五、北上抵达红海出入口或附近，在接近祭司王约翰的地方建造另一座要塞，消灭埃及海军。六、总的来说，要夷平非洲和印度所有伊斯兰贸易城市，封锁从直布罗陀到新加坡的所有海峡，切断其他国家的贸易。

1505 年 3 月 23 日，里斯本大教堂的弥撒仪式比以往更加宏大。做完忏悔，接受圣餐之后，葡王从一扇门帘后走出来，向总司令授旗，奥梅达跪下接过旗帜，亲吻葡王的手。1500 名穿着甲胄的官兵，跪在祭坛旁，向葡王和上帝宣誓效忠。其中有个 24 岁的青年，是麦哲伦，此时他只是个默默无闻的下级军官。葡王做了长长的祝福演说。然后是通往海滩的盛大游行，奥梅达和他的船长们骑行，其他人徒步。

港湾里，停泊着 20 艘旌旗招展的武装战船，船上装备均为达·伽马亲自挑选并试验过的。副王第一个登船，雷鸣般的礼炮之后，水手们起锚张帆。船队驶向拉斯特洛港，在那里的伯利恒圣母圣龛，要再一次接受祝福。25 日，奥梅达出发了。

征服基尔瓦

在平淡无奇的西非海岸线上，一艘卡瑞克帆船漏水沉没，但沉得

214

很慢，船员们有足够的时间把贵重物品转移到其他船上，然后全部得以逃生。经过巴西的时候，在南纬40°海面，船队遭遇暴风和大雪，被吹散，旗舰上死了两人。

奥梅达绕过南非，根据国王指示，开始凶猛袭击东非海岸。

船队抵达的第一个目标是基尔瓦。此时，基尔瓦总督已经两年没纳贡了，葡萄牙旗帜也不见了。这位总督是个不得民心的篡位者，他宣称有客人要接待，没时间去见奥梅达。他给奥梅达送去食物，但副王并不满意，次日命令船队拉开进攻架势，让射石炮随时待命。然后，奥梅达以极大的排场登陆，要求觐见总督。这一次，总督派来五位大臣，承诺要缴纳贡金。奥梅达不由分说，下令扣押五位大臣，准备攻打城镇。

7月24日黎明，奥梅达下令进攻。他身先士卒，第一个上岸，把葡萄牙旗帜插在了海滩上。让人吃惊的是，葡萄牙人刚刚要展示武力，总督就逃跑了。

方济会修士找到一栋醒目的建筑，在房顶上竖立起十字架，然后吟唱《感恩赞》。葡萄牙士兵把城市洗劫一空，抢到大量战利品，但他们没按照指示处理这些财物。他们不远万里来到这儿，不是为了帮助国王发财，而是为了自己捞油水。奥梅达没有苛责士兵，他总是不遗余力地捍卫士兵的利益，觉得他们是在为葡王理想中的印度帝国受苦受难，甚至送命，可薪水却常常被拖欠。而奥梅达自己，对财富没有任何欲望，他只收藏了一支箭，作为初战胜利的纪念品。

第二天，葡萄牙人拆毁一些房屋，开始在东非海岸建造第一座葡萄牙石材要塞。15天后，要塞竣工，奥梅达举行庆典，把总督的富商宿敌扶植上王座。新总督宣誓，永远效忠葡萄牙，每年向葡王纳贡。

奥梅达安排好要塞驻军，匆匆奔向下一个目标。

火烧蒙巴萨

他派两艘船，封锁了索法拉，在那里等待与第二批船队会合，共

同迫使索法拉投降，然后在那里建造第二座要塞。根据国王指示，奥梅达现在应该直渡印度洋，但他却打算攻击蒙巴萨群岛，让东非更多的沿岸城市臣服葡萄牙。

蒙巴萨比基尔瓦更大、更宏伟，他的总督一直不服葡萄牙，特意建造了一座堡垒，把四年前达·伽马船队掉进海里的火炮全都部署在堡垒阵地。当奥梅达逼近蒙巴萨时，这些大炮开始射击，命中一艘葡萄牙船。葡萄牙船队即刻还击，击中堡垒弹药库，引起爆炸，穆斯林炮手仓皇逃离阵地。

奥梅达发现，蒙巴萨有很多房屋是芦苇顶木屋，决定用火攻。他派一支队伍登陆，向木屋投掷火药罐。火势越来越旺，席卷全城，持续燃烧了整个下午加一整夜。次日黎明，葡萄牙人对全城形成包围圈，在火仍未完全熄灭的情况下，奥梅达下令从四面八方同时围攻蒙巴萨。葡萄牙人一条街一条街地推进，进行激烈巷战，渐渐逼近王宫。他们看见一大群衣着华丽的贵族匆匆逃走，那是总督和他的家眷。

葡萄牙人冲进王宫，开始抢劫。他们撞开一扇又一扇门，把能见到的人和宝贝全都掳到船上。此战肯定所获颇丰。奥梅达下令按规划区抢劫，他给每位船长分别划定一个区域，让他们指挥并监督士兵抢劫，防止士兵把财宝化为己有。他规定，凡发现战利品的人，会获得其价值的二十分之一。

第二天，总督意识到已无力抵抗，为了避免重蹈基尔瓦原总督的覆辙，他给奥梅达送去一个极大的银碟，表达和平意愿，并愿献城投降。为了回应总督，奥梅达释放了很多俘虏，承诺保护所有返城者的生命和财产安全。最后，总督缴纳高额贡金，承诺以后年年纳贡。他和奥梅达签订和约，有效期为，"只要日月尚存"。

调整印度西海岸的布局

8月27日，奥梅达渡过印度洋，第一次看到印度海岸，并在安贾迪普岛登陆。

奥梅达进入印度洋的消息传到奴隶王朝埃及，埃及总督检阅军队，准备组织三支远征军，其中一支去抵抗葡萄牙人对印度洋的侵犯。而此时，葡萄牙人已经在安贾迪普岛建成一座要塞的雏形，然后向南推进，逐一征服各个城邦。

奥梅达和儿子洛伦索（Lorenzo）去攻打霍纳瓦尔。奥梅达脚上中了一箭，洛伦索险些被敌军切断退路而丧命。因为他特别勇猛，才突出重围，他因此赢得"魔鬼"绰号。最终，葡萄牙人摧毁了霍纳瓦尔，霍纳瓦尔国王求和，承诺年年纳贡。

此后，奥梅达父子所向无敌的消息，像西北季风一样传开。

按照葡王指令，奥梅达应该尽快赶到科钦，以保障冬季返航的船队装满香料。但副王没有遵从御旨，他已得到风声，说葡萄牙在坎努尔的商业受到穆斯林商人的威胁。于是他在坎努尔逗留了八天，用坎努尔国王提供的石料，重建更坚固的贸易站。国王还是像过去一样欢迎葡萄牙人，愿意把沿海港口交给奥梅达使用，还提议把自己的妹妹嫁给葡王。等到新贸易站的地基打好之后，奥梅达留了150人和一些火炮，率队继续南下。

11月1日，万圣节，奥梅达已在科钦。

这是葡萄牙在印度最为可靠的盟友，也是葡王印度计划中的重镇。奥梅达得知老国王已经隐遁，专注于印度教事业，继位的是他的侄子南贝多拉（Nanbedola）。但有人不服，正要兴风作浪。奥梅达动用大象，组织游行，让喇叭高奏，举行隆重典礼，向南贝多拉奉上金冠和重礼，以宗主国在印度最高长官的身份，授予南贝多拉合法王权。

11月4日，1100名埃及官兵，分别登上六艘欧洲风格的卡瑞克帆船和六艘桨帆船，在经验丰富的海军指挥官穆斯里夫（Hussein Muslif）率领下，开拔苏伊士，准备沿红海南下，与奥梅达作战。他们掌握的军情是，葡萄牙人在印度洋拥有四艘船，只有科钦一座要塞。

在奥梅达驻守印度之前，这些情报基本准确，但是现在它已经过

时了。

奥梅达正在要求把科钦的木制要塞改为石制，以作为副王司令部和官邸，以后所有总督也要以此为办公基地。国王起初不大愿意，按照科钦传统，只有国王和婆罗门才能享用石制建筑。奥梅达承诺，将来会把要塞钥匙交给国王，因为国王是要塞的法定主人。

此时，奥梅达发现，在安贾迪普岛建立要塞是错误的。这座岛无人居住，却是比贾布尔总督（Bijapur）的势力范围，他的船在此强迫过往商船去它的达布尔港（Dabur）缴纳关税，在这里建立要塞侵犯了总督的利益。比贾布尔发动了一次精心策划的攻势，他指派一名葡萄牙叛徒，率队围攻要塞，烧毁了三艘葡萄牙船。

消息传到科钦，洛伦索赶去救援，但比贾布尔的兵马已经撤退。奥梅达判断，要塞离比贾布尔的老巢太近，周围资源奇缺，那里无法坚守。

不过，奥梅达在科钦的工作很顺利，他的运输船迅速装满香料，分批返航了。作为副王，在完成公务之余，他可以理直气壮地占有大量胡椒，但他总是只取一点点，算是留个纪念。返航的运输船中，只有空间最大、船龄也最大的海洋花号，因为漏水不得不在莫桑比克过冬，其他九艘均如期返回里斯本。这批香料足足有 35000 担，这是国际贸易中前所未有的天文数字，这个记录一直保持到 1517 年才被打破。

奔波忙碌四个月，奥梅达觉得，他已经为葡萄牙在印度永久存在打下了坚实基础。他给葡王撰写第一份报告，建议他以后不仅要号称"航海之王"，而且应该使用"印度皇帝"的头衔。事后看，奥梅达乐观得太早，实际上，印度危机四伏。

在报告中，奥梅达解释了今年不去红海的原因，因为卡利卡特的海王问题还没解决。但在报告中，奥梅达没有禀报拆除安贾迪普岛要塞的决定，他完全没有料想到，在葡王看来，他这个小小的举措似乎是对王室宏图大略的藐视。

很快，奥梅达的麻烦事接踵而至。

他把维护海上安全的责任交给儿子洛伦索，让他掌管常驻海军。

洛伦索奉命护送一些科钦商船北上，前往朱尔港（Chaul）。中途，他拆除了安贾迪普要塞，然后在敌视葡萄牙的达布尔港附近停泊。

此时，科钦和坎努尔一些友好的穆斯林商人上船求助，说达布尔正在谋划抢劫他们的货船，请洛伦索出手保卫他们。根据父亲的指示，如果决定开战，必须召集所有船长商议，获得多数支持。但在当晚的讨论会，船长们以六比四的多数票反对管闲事。反对者的理由是，他们的使命是护送既定船只去朱尔港，他们不熟悉达布尔港所在河口，万一求援是个圈套，可能进了河口就出不来了。另外可能还有一个隐秘的原因，是这些资深船长不愿为副王25岁的儿子去拼命。洛伦索接受了多数人的意见，却又得罪了骑士和水手。这些人求战心切，已经在为即将得到的战利品而摩拳擦掌，但洛伦索却放弃了作战。

不久，葡萄牙两个盟友的商船被达布尔人抢劫，船员被杀害。

达布尔惨案留下了浓重的阴影，葡萄牙人放弃保护盟友，在印地西南海岸各个拥戴葡萄牙的港口城市造成恶劣影响。奥梅达气愤地对他儿子和所有船长进行审判，几位投票反对参战的船长被囚禁、降职、送回葡萄牙。

从此以后，葡萄牙人不敢轻易弃战，否则有可能会被判定为怯弱。

没有执行去马六甲的指令

1506年年初，里斯本暴发瘟疫，城里很快死了100多人。瘟疫可能是塔霍河上的远洋船带来的，葡王正在考虑撤离里斯本。此时，他已经在谋划这一年即将派往印度的香料运输船队，他很容易受到廷臣小圈子的影响，对正在使用的功臣是否忠诚和能干，他总是疑心很重。他希望春季出发的船队首领是一位未来可以取代奥梅达的人，他选定了阿方索·德·阿尔布开克。2月27日，葡王签署秘密文件，由阿尔

布开克在三年后接替奥梅达，但他的地位不及奥梅达，他不再是副王，只是总督。

葡王把宫廷迁往 145 公里以外的阿布兰特什（Abrantes）。预定起航的日子快要到了，但市民们人心惶惶，忙着举行弥散，恳求上帝拯救自己于瘟疫。无数悔罪者在大街游行。所以船队招募不到足够的水手。实在没办法，阿尔布开克只好要来监狱里的犯人，这为此次远航埋下了隐患。

4 月 5 日，船队在伯利恒教区举行完出发仪式，15 艘香料运输船起航出发，其中六艘由阿尔布开克指挥兼领航员，九艘由库尼亚（Tristan Cunha）指挥。

两个星期后，心怀恐惧的暴民讹传是刚刚皈依天主教的犹太人带来的瘟疫，他们在全国范围内掀起肃清犹太人浪潮。在方济会僧侣的带领下，他们冲进大街小巷，袭击改宗犹太人。暴乱持续了三天，造成 2000 人死亡。葡王深感内疚，他听说是两位布道兄弟会修士挑起的事端，便下令关闭了布道兄弟会的修道院，他开除了里斯本市政厅里参加过屠杀行动的成员，又处死了 50 名暴民。最后他下令，20 年不要干扰已经皈依天主教的犹太人，同时要不断教诲改宗犹太人，让他们忠诚于新信仰。

大瘟疫带来的残害犹太人的狂潮平息后，葡王的视线重新回到印度。这时候，从西班牙传来两个消息。一是哥伦布过世了，死前他仍坚信他去的地方是印度东缘，这在葡王看来，简直太可笑了。二是西班牙船队将在夏季远航，寻找马六甲，这让他痛苦万状。

他信任的阿尔布开克刚刚出发，此时还在非洲西海岸，离马六甲鞭长莫及。奥梅达在印度，据说离马六甲近在咫尺，但他对这位印度副王已经失去了信心。

在他的宫廷中，有许多嫉妒和敌视副王的大臣。被奥梅达遣送回国的六位船长，注定不会说副王好话。他们的态度严重影响了葡王对奥梅达的判断。6 月，葡王收到奥梅达的第一份报告，对他没去红海和拆除安贾迪普要塞很是不满。他无法放心这位副王，于是他写给副王的指令更加冗长细致，语气越来越严厉。

不过，葡王一时找不到别人，只好命令奥梅达在印度留下少量兵力，大队人马即刻赶往马六甲。马六甲成了葡萄牙新的主要战略目标。

应该算是巧合，奥梅达的儿子，此时恰好离马六甲不远。

奥梅达一直在破坏印度西南海岸的穆斯林商贸，阿拉伯半岛的商人们只好把他们的商船派往其他香料市场。于是越来越多的阿拉伯商船向南去了马尔代夫环礁，在那里获取食物和淡水，然后前往斯里兰卡。奥梅达命令儿子去切断马尔代夫航线，但领航员迷了路，海流把洛伦索推送到斯里兰卡。这是葡萄牙人第一次在那里登陆，他们和土著缔结了条约，还在那里竖立了十字架。可惜，洛伦索不知道葡王的新指令，他没有继续向东去马六甲，而是掉头返回了印度。

奥梅达认为，他不可能亲自去马六甲，因为印度西南海岸的立足点太脆弱，正在受到威胁。所以，他指派了两个人，坐一艘商船去找马六甲，这艘船根本没能抵达目的地。

葡王认为，这是奥梅达有意拖延，不执行他的战略。

危险悄然逼近

1507 年 8 月，库尼亚船队赶到坎努尔，击溃坎努尔国王去世后由海王组织起来的反葡联盟，解救了已经被围困四个月的坎努尔要塞。饥肠辘辘的坎努尔葡军得以幸存。

而阿尔布开克的船队，没有按照葡王对指令去封锁红海，而是从红海开始，沿阿拉伯半岛海岸打了一系列令人发指的闪电战。他们在阿曼海岸（Oman）摧毁清真寺，烧杀抢掠。把穆斯林俘虏的鼻子和耳朵割掉，再把他们送回霍尔木兹，进行恐吓。

阿尔布开克一点儿也不知道，穆斯里夫的埃及船队已驶出红海，又从他的背后驶过阿拉伯海，抵达古吉拉特的第乌港（Diu）。他驶进

波斯湾，目标是富得流油的贸易城市霍尔木兹。阿尔布开克利用火炮优势，以少胜多，大败霍尔木兹舰队。霍尔木兹国王求和，接受葡萄牙为宗主国，同意缴纳沉重的岁贡。阿尔布开克要在这里建造要塞，船长们一致反对。但他一意孤行，而且强迫船长为建造要塞干体力活儿。

阿尔布开克和库尼亚的核心任务，是在11月赶到科钦，装满香料，利用季风返航。但两人恋战，均没有如期抵达科钦。这是年度香料运输船自达·伽马首航印度之后第一次爽约，科钦仓库里堆满无法售卖的香料，商人们怨声载道，非常后悔与葡萄牙订立垄断协议。

此时的穆斯里夫船队，船数从出发时的12艘船锐减到6艘，但他与反对葡萄牙侵略的第乌总督结成联盟，两厢舰船加起来，达到45艘。其中包括一艘盖伦船，它有两层甲板，是小吨位轻快帆船和卡瑞克帆船的改良升级版。此外还有一艘船非常特别，那便是马拉卡尔自费装配的大船，1503年他被达·伽马的舅舅索德雷羞辱，而今他在大船上面装配了不错的火炮和充足的弹药，带着300名士兵和本领高强的弓箭手，发誓要为信仰复仇，甘愿献出生命。

所有这些危险，奥梅达父子都不知道，刚刚赶来的阿尔布开克和库尼亚也不知道。

与反葡联军交火

1508年年初，洛伦索护送科钦商船队，沿印度西海岸北上。一路上，他烧毁了一些阿拉伯商船，摧毁了效忠海王的港口。他带着一口恶气，逼近达布尔，迫使其投降，立刻纳贡。2月，护航船和商船队抵达朱尔港，洛伦索在河流入海口停泊，等待上岸贸易的科钦商人。

奥梅达听到传闻，说有一支埃及舰队要从第乌出发，要对朱尔港的葡萄牙人展开圣战。奥梅达没太在意，葡萄牙人总是以少胜多，所以他只为儿子增派去一艘船。这样一来，洛伦索一共有三艘小型卡瑞克帆船、三艘小吨位轻快帆船、两艘桨帆船，500兵力。

　　洛伦索的船队分散在河口，毫无戒备。当他们看见对面来了五艘卡瑞克帆船，后面还跟着六艘桨帆船，以为是阿尔布开克的船队。直到这些船近了，葡萄牙人才看清船上挂着黑色新月的三角旗，他们仓皇归位，准备应战。然而，穆斯里夫驶过所有敌船，径直奔向孤立在河口中央的洛伦索旗舰和圣安东尼奥号，他用两门侧舷炮开火，一枚铁弹击穿旗舰船体。旗舰剧烈摇晃，30人中箭受伤，桅杆上扎满了箭。不过，洛伦索的旗舰承受力极强，作战能力也极强，它连发八颗炮弹，击中穆斯林旗舰。洛伦索想乘胜追击，这需要用桨帆船护卫划艇，再由划艇拖曳大船驶向敌船，但洛伦索没有命令桨帆船支援，划艇便相当艰难。而穆斯里夫却派桨帆船上前，猛烈攻击洛伦索脆弱的划艇。洛伦索不得不放弃进攻，下令后撤。

　　几个回合下来，穆斯里夫的战船损失严重，伤亡数字高得惊人，火药所剩无几。两支舰队在河口小小的空间纠缠着，直到夜幕降临，双方分停河流两岸，中间只有460米的距离。

　　第二天早晨，洛伦索在旗舰召开军事会议，商讨两种战术，一是远远地炮轰埃及船，二是猛攻上去肉搏。在现代人看来，炮击是简单有效的方案，尽管可能损失战利品，却可以减轻伤亡。但是，在葡萄牙贵族的荣誉词典里，远战和怯懦是同义词，只有个人英雄主义、肉搏战、掠夺战利品才是获取荣誉的最高原则。而且，达布尔怯战的阴影，仍然笼罩着会议室里的所有人。最后，他们鲁莽地决定，登船杀敌。

　　下午，海风和潮涌有利，葡萄牙船队起锚，由旗舰打头阵。为了不损失敌船上的战利品，洛伦索只让大炮零星发射。当它离敌船只有12米时，风停了，它凭着惯性顺着潮涌方向走，所以偏离了敌舰。副水手长本能地急忙下锚，使船停在敌舰一侧，可敌我两船之间有距离，士兵们无法跳上敌舰甲板。与此同时，敌舰射来暴雨般的箭头，使洛伦索无计可施。主炮手说，要是让侧舷炮开火，这么近的距离，可以把埃及船炸得粉身碎骨。但洛伦索不肯，他一心想着船上的战利品。在敌船不断发出投射武器的情况下，洛伦索倔强地坚持在甲板上发号

施令，被一箭射中面部，他不得不下令起锚，顺流而下，逃离箭雨。

洛伦索的两艘桨帆船和小吨位轻快帆船冒着箭雨，冲出穆斯林的桨帆船群，撞上敌船便跳上敌人的甲板，把上面杀得片甲不留，最后俘获了四艘穆斯林桨帆船。洛伦索的卡瑞克帆船终于忍不住，远远地向敌船开炮，炸死许多敌人，包括站在艉楼用《古兰经》鼓舞穆斯林的马拉卡尔。战局转为对洛伦索有利，他受到鼓舞，想用划艇拖曳大船，重新去攻击穆斯里夫的旗舰。船长们坚决反对，因为士兵们已经精疲力竭。而主炮手再次提议用炮火击沉敌舰，洛伦索同样坚决反对。

薄暮时分，第乌总督经过一天的观望，终于率 34 艘轻型桨帆船进入河口。

敌我力量对比，发生了质的变化，洛伦索已经在劫难逃。

儿子壮烈阵亡

深夜，洛伦索发起高烧，医生们给他放了血。他被迫卧床休息，把指挥权临时交给巴雷托（Perot Barreto）。午夜，科钦商船对洛伦索失去了信心，不愿继续观战，决定不辞而别。它们借助风力，悄悄溜出停泊地，驶向外海。

天蒙蒙亮的时候，葡萄牙人发现商船不见踪影，也想偷偷逃走。他们割断缆绳，把锚留在了海底。临时总指挥巴雷托不赞同逃跑，他登上小艇，从下面拉住大船的锚。穆斯林发现了他，立即开火射击。巴雷托落好锚后，爬回大船。

此时，洛伦索的伤势略有好转，他同意撤退，但要求旗舰最后走。

洛伦索亲自下到小艇，要去起锚。他的大副看到天光渐亮，敌人正在紧锣密鼓地准备进攻，吓得魂飞魄散，竟不等洛伦索接近锚缆，从上面砍断了缆绳。于是，大船走了，洛伦索的小船困在海上很久。

穆斯林发现葡萄牙人在撤退，他们借助退潮，顺流而下，追击敌人。

洛伦索的旗舰因为拖曳着一艘缴获的桨帆船，走在最后，行动迟缓。第乌总督紧追不放，让轻型射石炮射击洛伦索的舵，却击中吃水线下面的一块船板。洛伦索的船员全力以赴，一次次打退穆斯里夫的进攻，却没有注意那块船板。海水灌进船舱，船越来越笨重，反应越来越慢。这时候，恰好风停了，洛伦索的旗舰完全被潮水左右着。潮水涌向南岸，旗舰也就被推到南岸，撞进渔民安插在水里的木桩群中。桨帆船企图把旗舰强行拖出来，但怎么也拖不动。旗舰的水手跳下船，用斧子砍掉一些木桩，可船尾进了太多的水，沉沉地陷在一大片木桩中间，船头上扬，船身倾斜。直到这个时候，洛伦索才知道船尾进水了，他命令割断缆绳，放开俘获的桨帆船。

甲板倾斜度更大了，火药淹没在水里，有些火炮也被水没过。部下要拉洛伦索下船撤退，洛伦索不肯离开，要死战到底。守军不得不陪着他，两次打退登船之敌。洛伦索身材高大，身穿高级军官的铠甲，目标太鲜明。敌人向他集中了火力，先是一颗炮弹打断了他的腿，他让人扶他到桅杆下面的一张椅子上。结果另一发炮弹击碎了他的胸膛，洛伦索战死了。

第乌总督发动第六次进攻，终于占领洛伦索的旗舰，穆斯林和印度人取得了胜利。

换届矛盾

往科钦逃跑的船，忽然发现后面有三艘大船，以为是埃及船队追了上来。等它们离近了才看清，它们桅杆上飘着葡萄牙旗，原来这是反对阿尔布开克的三位船长的船。此前，已经有四位船长撇下阿尔布开克，来到科钦。按照海军规则，在海外违抗长官的命令，等同于叛乱。但奥梅达想，如果不是阿尔布开克放弃扼守红海，他的儿子不会死，所以他没有处罚叛逃的船长们，而是把他们编进自己的船队。

阿尔布开克众叛亲离，只剩下两艘船，一度放弃霍尔木兹。但8月份，他又重返霍尔木兹，希望彻底控制这座城市。可他发现，他那

没完工的要塞已经变成穆斯林抗击他的阵地，所以他不得不第二次撤军。

此时，葡王单独派出的一支小舰队在马六甲建立了贸易站。但古吉拉特的穆斯林商人是马六甲的主要势力。他们担心葡萄牙人和他们竞争，便说服总督，摧毁了葡萄牙贸易站，并把其中的葡萄牙人扣押为人质。

马六甲的事业进展不畅，葡王归罪于奥梅达不上心，他给奥梅达写信时的语气越来越冰冷。他进而指责奥梅达管理不善，不及时汇报情况，经常越权行事。奥梅达已经意识到，他失去了葡王信任，他听说，他将在年底被阿尔布开克取代。

于是，奥梅达把歼灭埃及舰队视为头等大事，这场战斗将决定葡萄牙在印度的命运，同时可以为儿子报仇雪恨，这也许是他任期内最后的机会。12 月 8 日，他给葡王写了一封充满哀怨的长信，类似最后遗言，说已做好死的准备，他逐条反驳了政敌对自己的指控，极力为自己辩护。他正准备封印的时候，飞马来报，说远处有大船向海岸驶来。

奥梅达率舰队起航出港，前去迎战，却发现这竟是阿尔布开克的船。

阿尔布开克在海上连续航行两年半，他的旗舰被虫蛀得千疮百孔，船舱已经进水，有鱼在水里游动，需要 30 人不分昼夜地持续抽水。尽管狼狈至此，他却想现在就开始他的总督任期。他十分礼貌地提出接管印度管辖权。奥梅达说，自己的任期要到来年 1 月才结束，而且他正在准备起航作战，不能在此关键时刻交权。

屠城泄愤

第二天清晨，奥梅达扬帆起航，去猎杀埃及舰队。

奥梅达集结了一支强大的舰队，他有 18 艘战船，1200 兵力，拥有自郑和退出印度洋之后最庞大、最精锐的舰队。他因为被葡王无辜抛弃，也因为儿子惨死，情绪极为恶劣。沿印度西海岸北上，他勒令所有小贸易国投降，为他的船队提供粮食。

12月底，他来到达布尔港，也就是两年前陷他儿子于不义的地方。

他怀疑达布尔和埃及舰队串通，所以必须摧毁它。他召集船长开会，作激情洋溢的战前动员。他叮嘱船长们，要"给你们的敌人造成心理上的极大恐惧，让他们魂飞魄散"，最后占领这座城市。

达布尔有双层木墙护卫，木墙前方有一条壕沟，城内有性能不错的火炮。

12月31日黎明，奥梅达先用炮火猛烈轰击达布尔，然后在港口两端同时发起登陆进攻。他们用钳形攻势很快击溃壕沟外围的守军，紧接着，他们攻破木墙。守军抱头鼠窜，葡萄牙人穷追不舍，见人就杀，不分男女老少。他们从母亲怀里抢走小孩儿，抓住脚，把他们的脑袋摔向墙壁，原则是不留任何活口，连路上的流浪狗也被砍杀。他们焚毁了古吉拉特的商船和沿岸居民点。奥梅达命人在城里纵火，烧死藏在地下室里的人，拴在棚子里的牲口也葬身火海。第二天，他让士兵肆意掳掠。

和达·伽马残害米里号一样，这场屠城，也是印度人永远不能原谅的暴行。

奥梅达抵达朱尔后，专横跋扈地勒令土著准备贡金，说击溃穆斯林舰队后他会来取。

全歼反葡联合舰队

1509年2月2日，奥梅达逼近第乌。在旗舰召集战术讨论会，他说敌人是联合舰队，包括埃及的六艘卡瑞克帆船和六艘桨帆船，卡利卡特的70艘轻型船，古吉拉特的四艘卡瑞克帆船，第乌的30艘佛斯特船。他的作战方案是，卡瑞克帆船对决卡瑞克帆船，桨帆船缠斗桨

帆船，其他船两两一组，逼近穆斯林旗舰。他强调说，只要征服了这支联合舰队，就等于征服了整个印度，葡萄牙人在印度的生死存亡，取决于这场战斗的胜负。

穆斯林和第乌总督也在开军事会议，讨论如何迎敌，但意见不一。穆斯里夫希望提早进攻，在葡萄牙人刚刚经历了长途跋涉还没来得及调整的时候，在外海交战。第乌总督认为，在外海作战，是埃及人的计谋。其真实目的是想在情况不妙的时候随时逃走，把自己丢下。所以他坚持在河流入海口附近作战，一是可以得到岸炮保护，二是可以得到渔民支持。最关键的是，他可以随时从陆路逃跑。

第乌总督不配合，穆斯里夫独自出海，与奥梅达远距离炮战，没有取得任何效果，只好回到河里，准备与第乌总督联手作战。而第乌总督本可以用铁链把港口封锁住，阻止葡萄牙战船进河，但他盘算着，如果封锁港口，会被奥梅达认为是敌对行动，埃及船队垮掉后或者离开后他迟早倒霉，而如果不封锁港口，他总可以设法和奥梅达达成和解。

第二天上午，风力渐强，奥梅达的海洋花号鸣响大炮，号令进军，驶向河口。

奥梅达挑选最旧的圣灵号打头阵，一边测深，一边前进，承受敌船的第一波攻击。河口弹石横飞，圣灵号两面遭受炮击，十人阵亡。舰队一艘一艘进入河口，继续向前，逼近各自选定的目标。由于水流湍急，风力强劲，准确捕捉目标有些困难。他们发现，有些穆斯林船上挂起大网，防止他们登船。

圣灵号接近目标后稳住阵脚，近距离向穆斯林的卡瑞克帆船开火。穆斯里夫旁边的船被命中，船舷下被打出一个大窟窿。这艘船不断倾斜，最后沉了，淹死了大多数海员。圣灵号又冲向穆斯里夫的旗舰，登船小组在艉楼待命，准备与敌舰相撞时跃上敌舰甲板。顷刻间，抓钩还没抓牢，葡萄牙士兵已跳上敌船。在他们头顶上，埃及弓箭手发出暴雨般的箭矢，但葡萄牙士兵还是在甲板上杀出一条血路。当圣灵号船长佩雷拉（Nuno Pereira）率第二支队伍冲上甲板时，另一艘埃及卡瑞克帆船左冲右突，来到圣灵号另一侧，与它的旗舰对应着，把圣灵号夹在中间。圣灵号的攻击即刻变成防御，佩雷拉返回自己的船，他觉得酷热难当，掀起护喉甲，想喘口气，却被一箭射中，士兵们把他抬到船舱里。而伟大国王号从另一侧撞上穆斯林旗舰，士兵们冲上船，主动权再次易手。

奥梅达的小型战船孔塞桑号接近高侧舷的穆斯林卡瑞克帆船，其船长带领 21 名士兵跳上敌船，杀进艉楼。可孔塞桑号被水流冲走了，船长被困在敌船上孤立无援。他企图跳出一个舷窗，从外面包抄穆斯林，但他从舷窗一探头便被砍下头颅。其余 21 人死守艉楼，拼死抵抗，直到其他葡萄牙船发起新攻势，他们才逃脱虎口。

葡萄牙人的火炮威力巨大，军事素养极高。而穆斯林虽然非常英勇，但官兵缺少训练。他们的船一艘接一艘被焚毁被击沉，被他们自己丢弃，被葡萄牙人俘获。最终穆斯里夫的旗舰投降了，只不过穆斯里夫已换乘小艇逃走。

穆斯林联合舰队几乎全军覆灭，奥梅达大获全胜。

次日清晨，奥梅达在旗舰上举行典礼，喇叭齐鸣，官兵同庆。

第乌总督乘坐一艘挂着白旗的小型佛斯特船赶来，送回在朱尔战役后一直精心照料的葡萄牙战俘。他的心眼儿很多。他让战俘穿上了华贵的丝绸衣服，送给每人一包黄金。总督要把第乌献给奥梅达，但奥梅达并不想要。他觉得现有兵力不足，无法驻守这座港口，他要让那些曾经资助过反葡联合舰队的商人拿出巨额赔款，还要为儿子报仇。

儿子死后，奥梅达不再是一个讲理的人，他变成了残酷无情的虐待狂。

他知道鲁姆人是杀死儿子的凶手，便迫使总督交出所有鲁姆人。然后他或迫使他们自相残杀，或把他们捆在炮口前，炸得粉身碎骨，或砍掉他们的手脚，放在大柴堆上烧死，或押到俘获的敌船上，用大

炮击沉。他下令把鲁姆人的断肢挂在城门上，因为杀死他儿子的人，曾经在这里进进出出。

返回科钦的一路上，奥梅达穷兵黩武，震慑和恫吓当地人民。经过海港时，他们用大炮发射头颅和断手。在坎努尔，他们把俘虏吊死在桅杆上。凯旋科钦时，奥梅达的旗舰桅端上挂满尸体。

被南非土著杀死

阿尔布开克在海滩上等候奥梅达，他确实是来为奥梅达喝彩的，但也是来索要指挥权的。奥梅达从他身旁走过，根本不理睬他。他拒绝让权，说现在季节过了，不能起航，而根据葡王命令，他的任期要到他起航为止。

秋天，奥梅达驱赶阿尔布开克，拆毁了他的住宅，又挑出一艘被虫蛀得很厉害的船送他去坎努尔，想让他死在海上。但阿尔布开克命大没死。到了坎努尔，他被关押起来，失去了自由。冬天，年轻的葡萄牙最高军务官科蒂尼奥（Ferrando Coutinho）率武装战舰和本年香料运输队经过坎努尔。他是阿尔布开克的亲戚，又拥有葡王授予的权力，他把阿尔布开克带回了科钦，命令奥梅达把权力转交给阿尔布开克。

奥梅达被迫交权，次日启程回国。

1510 年 3 月，奥梅达顺利绕过好望角，在南非开普敦塔布尔湾（Table）停泊，补充木材、淡水、给养。葡萄牙人企图偷走柯伊柯伊人的牛，还想绑架他们的孩子，于是爆发了冲突。最后，葡萄牙死了50 人，奥梅达、十几位船长、高级贵族，尽在死亡名单之中。让人惊讶的是，这次小小的厮杀，竟然比第乌战役阵亡的要人还多。

奥梅达的墓志铭在葡萄牙，上面写着：

> 印度副王，他从不说谎，也从不逃跑。

但他的遗骨仍在南非那个匆匆挖成的坟穴中。

奥梅达遗迹

【里斯本大教堂】

坐落在清真寺遗址上，兴建于 12 世纪。大教堂正面两侧有堡垒般的钟塔，它的玫瑰花窗仍旧无法改变内部的幽暗。奥梅达远征印度之前，曾在这里做宏大的弥撒、忏悔、接受圣餐，并从葡王手中接受王旗。当时名不见经传的麦哲伦就夹杂在 1500 名官兵之中。考古学家曾在这里挖掘出一段罗马石路和清真寺遗迹，宝物室展览着银器、主教大袍、雕像、手抄本、里斯本守护神圣文森的遗物。

第十章 从马六甲到红海

驻印总督阿尔布开克的战略构思，囊括了半个地球。印度已不再是他的目的，而是扩张基地。他最终要消灭伊斯兰世界，收复耶路撒冷，让天主教统治天下。他向东占领了马六甲，向西北打进了红海。他去之前，这些地区的地图信息是空白的，当他离开时，那些地图已如今天一样饱满。

奉命消灭海王

葡萄牙最高军务官科蒂尼奥是到访印度的最高官员，可以独立于总督行事，总督必须辅佐他。他向阿尔布开克传达葡王的绝对命令，摧毁卡利卡特。

科蒂尼奥承诺过，回到葡王身边时，要给他带回一件纪念品。

葡萄牙宫廷里传说，卡利卡特海王在海滩上有一座雕刻精美的木亭子——色拉姆——海王常在里面享受宜人的海风。这个充满异国情调的亭子，被海员们吹得无以复加，让葡萄牙臣工垂涎三尺。科蒂尼奥想要带回去的战利品，正是色拉姆的大门。

科钦间谍告诉最高军务官，海王不在城内，而且病魔缠身。科蒂尼奥于是率 20 艘舰艇和 1600 名士兵起航，另有 20 艘科钦小船载着熟悉卡利卡特海况的印度水手，去帮助葡萄牙人登陆。1510 年 1 月 2 日傍晚，舰队抵达卡利卡特海滨。科蒂尼奥发现，他所垂涎的色拉姆离海边只有一箭射程。不过那里修筑了工事，有一些射石炮，它的后面是士兵营房。

科蒂尼奥不知道的是，海王不在期间，卡利卡特有一位摄政王。为了防范葡萄牙人进犯，他集结了所有他能召集到的奈尔战士、炮手、弓箭手。

科蒂尼奥在旗舰上召集船长们开会，谋划攻城方案，最后确定兵分两路。科蒂尼奥率本国人在色拉姆以北登陆，阿尔布开克率科钦士兵在色拉姆以南上岸，以钳形攻势，夹击色拉姆守军。但除了科蒂尼奥，任何人不准触碰色拉姆的大门，那将是献给葡王的礼物。接着两路人马合力猛攻城门，冲进去，攻下卡利卡特。

黎明前两小时，科蒂尼奥点亮信号烽火，官兵们爬上长艇，划桨向岸边进发。

科蒂尼奥的部队被海流冲到了较远的地方，登陆地点离目标的距离变远了。阿尔布开克的部队在计划地点登陆，相比起来，离色拉姆更近。阿尔布开克逼近色拉姆后，应该等候科蒂尼奥，然后配合夹击。但有些士兵急于抢头功，他们不等命令便争先恐后地杀向敌阵。阿尔布开克节制不住他们，只好下令吹军号，提前发起进攻。

科钦士兵端着长矛，攻入色拉姆工事，杀死了一些敌人。卡利卡特炮手从海滩制高点上开炮，但他们经验不足，炮弹打得太高。奈尔战士呼喊着，从色拉姆后面的营房冲出来，但很快被打了回去。一些科钦士兵在用斧子砍砸，拆卸下色拉姆的大门，把它抬到海边，装上了大船。

阿尔布开克夺走了科蒂尼奥规定好只能属于他的胜利，抢走了他的荣誉，科蒂尼奥暴跳如雷，怒气冲冲地训斥阿尔布开克。盛怒之下，他命令把色拉姆的大门扔进大海。他摘掉头盔交给侍从，把盾和长枪扔了，又从侍从手里拿过红帽子和木棍。他大声喊来翻译加斯帕尔·奥梅达，命令他指引去王宫的路。他要去王宫抢一扇大门，夺回失去的荣誉。

这里可以看出，葡萄牙的骑士精神，过于强调个人英勇而忽略战术组织。

阿尔布开克恳求他不要贸然行动。"我偏要去！"最高军务官任性地回答，并对阿尔布开克轻蔑地说，"你回船上吧，你可以走了，可以为自己的丰功伟绩心满意足了。"

阿尔布开克叹了口气，说去攻打王宫的人，很多都回不来了。

阿尔布开克险些丧命

科蒂尼奥闯进贵族豪宅围成的一个大广场，遭遇摄政王和一大群武器精良的奈尔战士。葡萄牙人奋力冲杀，杀死了摄政王，自己的几位贵族也阵亡了。科蒂尼奥继续前进，抵达王宫外门，迎头撞上暴风雪般的箭矢。激战之后，他们击退守军，冲进了王宫庭院。

科蒂尼奥命令100名士兵把守宫门，其他人跟他进去抢劫。于是，门锁被斧子劈开。他们搬出装满丝绸和金线华服的箱子，抢出阿拉伯半岛的丝绒和锦缎，夺取黄金装饰的木制圣物箱。为了方便抢劫，他们干脆把长枪丢在室外。而宫门外没机会参加抢劫的士兵非常嫉妒，他们只好对战友们行窃，偷走战友们堆放在庭院中的财宝。

葡萄牙士兵为什么如此贪恋战利品？因为他们的军饷被长期拖欠，抢劫战利品便是他们日后生计的有效补偿。

抢劫持续了两小时的时候，海王听说摄政王阵亡，暴跳如雷，传旨报复。400名奈尔战士重整旗鼓，杀回宫门，消灭了葡萄牙极其松懈的警戒。恰好阿尔布开克赶来增援，他们躲过一阵阵箭雨，重新肃清了宫门外的区域。阿尔布开克派秘书佩雷拉（Gaspar Pereira）进宫去叫科蒂尼奥。

此时，科蒂尼奥已冲进一扇门，抢出了成箱的金币。但他死活打不开第二道门，据说里面是海王的宝库。科蒂尼奥不听佩雷拉的劝告，拼死要打开第二道门。他让佩雷拉告诉阿尔布开克："我来的时候，没和阿尔布开克同来，我回去的时候，也不和他同去。"

阿尔布开克派人守卫宫门，自己跑进去劝说最高军务官："我们请求您撤退，我们在这里一刻都不能待了。若是不走，全都得死在这里。您来的那条路已经陷入火海，我们现在撤退已经非常困难了。"

但他的最高军务官非要坚持到最后一个离开，还要烧毁王宫。

葡萄牙人终于撤退了，阿尔布开克在前方开路，后面是科蒂尼奥的部下，最后是最高军务官和他的炮手。在回旋炮的阻击下，奈尔战士暂时不能跟进。但奈尔战士爬上制高点和两侧的高墙，用箭矢、石块、标枪骚扰葡萄牙人，又用石头和树干堵死街道。葡萄牙人没办法把回旋炮运过障碍物，只好把炮丢弃。卡利卡特人不再怕了，他们潮涌般冲进小巷，猛扑向掉队的葡萄牙士兵，用葡萄牙人在抢劫时丢在宫门外的长枪刺杀他们。

科蒂尼奥的脚后跟被砍断，跌倒在地，卡利卡特人发出振奋的欢呼。葡萄牙人想努力把肥胖的科蒂尼奥扶起来，但怎么也扶不起来。

此时，阿尔布开克逃过弓箭手的猛烈射击，已接近海滩。消息传来，阿尔布开克想回去救援，但绝大多数人反对。他们看到一群葡萄牙败兵朝自己跑来，后面是欢呼着追杀过来的印度武士。兵败如山倒，大批葡萄牙人丢下武器，朝海边逃去，把阿尔布开克和四五十人丢在了后面。阿尔布开克起初还想阻止全线崩溃，但他左臂中箭，箭头刺入骨头。几分钟后，一只飞镖击穿他的护喉甲，一颗子弹打中他的前胸。四名士兵把他抬在盾牌上，向海边奔去。

海岸边，葡萄牙指挥官用长艇后装回旋炮拦截追兵，把大家运往大船。

夜幕降临后，船队清点伤亡情况：葡萄牙和科钦总共 1800 人参战，300 人阵亡，其中 70 人是贵族，400 人负伤，很多重伤员不治身亡，还有一些人从此失踪，加斯帕尔·奥梅达便在失踪名单之中。船队在卡利卡特外海停留了两天，医治伤员，将陆续死去的伤员丢下船。卡利卡特城里，海王为葡萄牙最高军务官举行葬礼，立下了刻字墓碑，并将他的旗帜悬挂在墓碑之上。

葡萄牙人咬住的，永远不会松口

回到科钦，医生们一度担心阿尔布开克性命不保，但他居然痊愈得很快。只是，他的左臂从此残废了。他开始整修舰队，组织给养，鞭策倦怠的下属，为心里秘密筹划的新战役做准备。

同时，他开始花费大量笔墨，给葡王写报告。奥梅达的汇报总是很简略，阿尔布开克吸取了他的教训，他比奥梅达更清楚，他们的葡王始终缺乏安全感，必须事无巨细地让他知道。事实上，葡王很多疑，他总是害怕把大权交给同一个人，所以他决定在印度洋建立三个自治政府，阿尔布开克仅仅管辖中央部分，也就是印度西岸和南岸，从古吉拉特至斯里兰卡。

阿尔布开克率船队北上，没告诉大家去哪里，去做什么。他们越过坎努尔，2月13日，在德里山停泊。此时，他才向指挥官们解释，说他接到葡王指令，要去霍尔木兹，因为红海受到了威胁。其间，他漫不经心地提到果阿，大家都没在意。四天后，指挥官们得知，阿尔布开克要立即占领果阿。这座印度城市以前从没出现在葡萄牙人的计划名单中。

果阿城坐落在两条大河之间，是印度西海岸战略位置最重要的贸易站。这个地方与众不同，其他城市全有穆斯林，但统治者都是印度教徒，果阿相反，大多数居民是印度教徒，统治者却是穆斯林。印度教徒对穆斯林的统治多有不满，而这些穆斯林，正在把果阿变成穆斯林反攻葡萄牙人的基地。这便是阿尔布开克突然要夺占它的原因。

阿尔布开克派侦察船进入曼多维河（Mandovi）河口去测探，发现水足够深，最大型的卡瑞克帆船也能驶入。阿尔布开克于是决定从海路和陆路同时发动攻势。他派归顺葡萄牙的印度海盗狄摩吉占领并拆毁陆地一侧的敌炮兵阵地，派外甥诺罗尼亚（Antonio Noronha）攻击河口小岛上的另一座炮台。在短暂而激烈的战斗之后，敌人防御土崩瓦解，其指挥官撤进城里。但狄摩吉的人也迅速潜入城中。不久，阿迪尔皇帝（Adil）不见了，城里派出两位代表，提出和平投降。

3月1日，阿尔布开克举行典礼，宣布占领果阿。

这一次，他以严格的纪律约束部下，不准对市民施加暴力，不得

抢劫，不许强奸女人，因为这些人如今已是上帝和葡王的子民。但日后，他认为一些引发骚乱的人是在抵制天主，所以草草下令，处决了他们。他对寡妇殉夫自焚的习俗，感到十分憎恶，明令禁止。

4月，阿迪尔皇帝与过去的敌国签订停战协议，以便全力对付葡萄牙人，他派帕卢德汗（Paraudkhan）率大军驱逐侵略者，并利用雨季困住阿尔布开克。帕卢德汗开赴曼多维河沿岸，立即击溃了狄摩吉临时拼凑的部队。帕卢德汗的部队来自伊朗和中亚，为数众多，果阿岛上的葡萄牙守军已看见成片成片的旌旗和帐篷。阿尔布开克兵力实在有限，而果阿岛周长30公里，他们不得不分散把守所有沼泽渡口，各处防御力量变得十分稀薄。

有一天，葡萄牙人看到一个人从对岸走到水边，挥舞着白旗，用葡萄牙语喊话：“大人们，请派人来与我对话，转达我给总督送来的消息。”一艘小艇把他接上旗舰，此人自称是葡萄牙人马沙多（João Machado），是十年前船队留在东非海岸的犯人，现在为阿迪尔皇帝效力。他传递的消息很简单，即，雨季马上来临，葡萄牙船队最好在一切变得不可收拾之前离开这里。走之前，要把果阿军队撤退时没来得及带走的女眷和孩子归还给皇帝。作为回报，皇帝会给总督提供另一个滨海地点，让葡萄牙人建造要塞。阿尔布开克不愿谈条件，他明确回答不会归还任何妇孺，他要让这些女人变成葡萄牙人的新娘，希望她们成为基督徒。

他傲慢地宣布：“葡萄牙人咬住的，永远不会松口。”

困兽索宝

帕卢德汗听到阿尔布开克的答复，命令部下建造大型木筏，准备运兵过河。5月10日夜里退潮时分，狂风大作，大雨倾盆，成群的木筏被推过河流的浅滩，坐上士兵后，漂到果阿海岸。混战中，葡萄牙人及其印度附庸被打得措手不及，他们溃败后丢弃了大炮，张皇失措地四处逃窜，一些土著部队叛变了。

最后，阿尔布开克和狄摩吉撤入城中，被四下围困，城里的穆斯林奋起反击，与葡萄牙人展开激烈巷战。不久，阿迪尔驾临前线，葡萄牙人在城墙上看见红蓝两色的旗帜和海洋一般的帐篷，顿感大难临头。

5月31日夜里，阿尔布开克准备突围，有人建议他放火烧毁全城，被他否决。他发誓，一定要重返果阿，把它变成上帝和葡王的土地。他命令狄摩吉，处死他们扣押的所有穆斯林，不分男女老少，再把马杀掉，把大炮火门钉死，烧毁兵工厂和所有军用物资。

狄摩吉并没有把所有在押穆斯林杀掉。他留下很多美女，让她们交出身上的珠宝首饰，然后女扮男装，藏匿在自己的船上。

突围过程中，葡萄牙后卫部队疯狂拼杀，抵挡追兵。阿尔布开克让人把胡椒和铜条撒在地上，追兵纷纷停下来捡拾，放慢了追击速度。最后，他们返回船队，在敌人的箭雨中顺流而下。在他们背后，传来阿迪尔的军号声，果阿人在庆祝收复城市。

雨季真的来了，劲风吹弯了棕榈树，暴雨抽打着船队和河面，曼多维河水量猛涨。阿尔布开克已无法出海，只得在河道中间下锚，被困在了这里。

船长们怨声载道，责备阿尔布开克固执，没能早些突围撤退。

阿尔布开克抛锚处的一侧岸边是帕纳吉（Panaji）要塞，当他拒绝了阿迪尔提出的所有让步条件之后，阿迪尔向要塞派驻了强大的部队，并在它的木制堡垒周边部署了火炮，同时他在另一侧河岸也部署了一个炮兵阵地。于是，阿尔布开克被两个炮兵阵地夹在中间，两岸同时向他张开血盆大口。他的海洋花旗舰，因为悬挂着司令旗帜，是最显眼的目标，有时它一天能中弹十发。每天醒来，葡萄牙人都能看见两个敌人阵地上旌旗招展，清楚地听到他们的军号、战鼓和呼喊声。

6月，大雨停了，天一连放晴15天，没有雨水可供收集，饮用水

没了。曼多维河因为海水倒灌，水太咸，无法入口。葡萄牙人不得不发动一次突袭，上岸去丛林中取泉水。但一滴水要用三滴血换来，他们死了一些人，给 65 个木桶装满了水。

大雨再次降临后，干渴消失，但饥饿又来了。船上给养所剩无几，阿尔布开克开始严格实施口粮配给制度，每人每天只能吃到二两半干粮，从河里抓到鱼，只能给病人食用。狄摩吉经常派人偷偷上岸，尽其所能，搜寻食物。但口粮依然严重匮乏，水手们开始猎杀船上的老鼠，那些拥有储物箱的船员揭下箱子的外皮，煮熟吃掉。

为了鼓舞士气，阿尔布开克提议再发动一次突袭，摧毁敌人的岸炮。

黎明前，葡萄牙人出其不意出现在河流两岸，击溃果阿的炮兵阵地，抢走大炮和食物。直到夜里，阿迪尔才派来援兵，可葡萄牙人早已回到船上。

阿迪尔下密令，在上游造一大批木筏，准备进攻葡萄牙船队。狄摩吉派间谍得到情报，阿尔布开克便先发制人，派带有轻型火炮的小船前去，把阿迪尔的木筏炸得粉碎。诺罗尼亚杀得兴起，看到一艘桨帆船停在岸边，想过去把它俘获拖走。他膝盖中箭，不得不撤退。

医治腿伤是远征作战中的大难题，因为感染和缺乏医药，腿伤死亡率很高。诺罗尼亚卧床不起，三天后死亡。阿尔布开克的这位外甥，是他和那些心有怨气的船长们的调解人，他曾安排过，如果他死了，就由诺罗尼亚接替他。外甥的死对他影响至深。

有一天，果阿新摄政王上船，提议把果阿城外一个良港给葡萄牙，那儿很适合建造要塞，此外还送给葡萄牙人五万克鲁扎多金币。而条件只有一个，就是把狄摩吉交出来。阿尔布开克简洁严厉地说，阿迪尔必须交出果阿，否则免谈。摄政王目瞪口呆，阿尔布开克粗暴无礼地赶他下船，临别告诉他，除非送来果阿的城门钥匙，否则不要再派使者。

军纪严苛

士兵的日子愈发艰难，有些人趁夜色跳船叛逃，先是 5 个，然后是 10 个，最后是 15 个。但贵族仍在消遣，狄摩吉把没有杀掉的穆斯林美女分给各个船长，供他们玩乐。有人提议用这些女人做谈判筹码，阿尔布开克才知道狄摩吉竟违反军纪，把女人带上了船。

他大发雷霆，把这些女人关在旗舰船尾的舱室，由专人看押。

贵族们非常恼火，仍然想方设法偷偷与这些女人相会。阿尔布开克派一艘小艇监视他们，小艇哨兵终于观察到，附近玫瑰号上的年轻贵族迪亚士竟从水里游过来，由旗舰的舵爬上船舷，溜进关押穆斯林美女的舱门。

阿尔布开克大怒。在舰队极度困难的时期，竟然有人背着他，偷偷摸摸与穆斯林女人幽会交欢，真是罪大恶极。他下令绞死这位贵族。

贵族们抱怨说，处决贵族用斩首，处决平民用绞刑，这是欧洲千百年来的规矩。总督却要绞死迪亚士，这是对贵族礼制的严重冒犯。阿尔布开克根本不理睬他们，宣布逮捕叛乱头目，把他们统统铐起来，然后把迪亚士绞死在了玫瑰号的桅杆上。

最终夺占果阿

葡萄牙人在曼多维河熬过 77 天，8 月到了，雨停了，天气终于好转。阿尔布开克下令起航，船队顺流而下，前往安贾迪普岛。

阿尔布开克收到阿劳若（Rui Araújo）的信。阿劳若是上次远航马六甲时被扣押的人质之一。他语调绝望地恳求："愿上帝保佑，让您能在五个月内赶到马六甲，否则我们就全都活不了。"在信中，他提供了关于马六甲的大量军政信息，说马六甲很大，但防御不稳固。

不久，奉命开赴马六甲的四艘葡萄牙船经过安贾迪普岛，葡王居然命令瓦斯康塞洛斯（Diogo Vasconcelos）率领这支薄弱的力量，去征服马六甲。阿尔布开克正在思索该不该和瓦斯康塞洛斯一道远征马六甲，解救人质，狄摩吉忽然传来情报，说阿迪尔皇帝离开果阿，与邻国交战中。这是反攻果阿的天赐良机，阿尔布开克放下去马六甲的

念头，转而哄骗、劝诱瓦斯康塞洛斯一起反攻果阿。

因为印度西岸四分五裂，小国之间权斗错综复杂，阿尔布开克成功地把一些小国拉进自己的阵营，获得了许多盟友。他还释放了迪亚士事件的叛乱者，让他们立即归队，戴罪立功。然后，阿尔布开克率领 19 艘船和 1600 名官兵起航，返回曼多维河河口。

11 月 25 日，圣凯瑟琳瞻礼日，阿尔布开克从两个方向攻打果阿城。

在一个方向上，一名士兵冲上前，把兵器插进正在关闭的城门门缝，其他人把门推开，涌了进去。另一个方向上，一个身手敏捷的小个子，把长矛插进墙缝，借力跳上城墙，挥舞葡萄牙旗帜。穆斯林闻风丧胆，土崩瓦解。他们企图通过浅滩逃离城市，很多人倒在水里淹死了，通过浅滩的人又遇上葡萄牙的印度盟军，他们斩杀了所有从果阿逃出来的穆斯林。

仅仅四个小时，战斗结束了。

这一次，阿尔布开克关闭城门，让士兵尽情杀戮，不分老幼男女，死尸喂鳄鱼。阿尔布开克让士兵们留下一些容貌姣好、皮肤白皙的穆斯林女人，日后他要推行异族通婚政策，让她们嫁给葡萄牙人。事后，阿尔布开克向葡王汇报说："这种恐怖的手段，能够不战而屈人之兵。"

重新占领果阿后两个月，阿尔布开克安排了 200 次异族通婚婚礼。因为葡萄牙在印度西岸的人口极少，死亡率极高，他鼓励葡萄牙平民与当地女人结婚。此外，他授予女性财产权，依然禁止寡妇自焚殉夫。

兵临马六甲

为了果阿战役而临时改变行程的瓦斯康塞洛斯，想到了他的使命，他急切希望启程去马六甲。但他又焦虑地想到，如果没有阿尔布开克的帮助，他的四艘船根本不可能成功。这一次换成他去动员阿尔布开克，他没想到，阿尔布开克比他好说服。

1511 年 4 月，阿尔布开克率领能召集来的全部力量，陪同瓦斯康塞洛斯出征马六甲。他的舰队一共 18 艘船，其中 12 艘是卡瑞克帆船。他要跨越东印度洋，假如遇到困难，在他航行的 2400 公里中，很难找到歇脚点。

阿尔布开克按照阿劳若的建议，一路俘虏穆斯林船，烧杀抢掠，散播恐怖。

这是一片陌生全新的海洋，已经看不见西印度洋的阿拉伯三角帆船，取而代之的是苏门答腊岛、爪哇岛、中国的平底船，它们是巨大的四桅帆船。阿尔布开克的旗舰海洋花号已经甚是雄伟，但他遇到一艘比海洋花号还高大的平底船，它有三四层重叠的甲板，大炮似乎奈何不了它。一连两天，它在葡萄牙人的炮火中逃跑，直到它的舵被打飞，丧失了动力，才不得不投降。阿尔布开克也损失了一些船，旗舰船龄已经九年，适航性越来越差。

最后，他们咄咄逼人地造访了苏门答腊岛上那些臣属于马六甲的小国，7 月 1 日抵达马六甲。阿尔布开克在城市前方停船，放下锚，没有开炮，等待国王派使者来岸边会晤。

马六甲有宏伟的高墙环绕，比里斯本大多了，人口超过 12 万。马六甲控制着往来印度洋的海路，人称"太阳眼"。它是当时最国际化的城市，在那里可以听到 84 种语言。跟它比起来，印度像是穷乡僻壤，欧洲不值一提。所以葡王想要的，不仅仅是营救人质，他最想要的是马六甲的财富。

马六甲总督穆罕默德（Muhammad）提出，必须先签订和平协议，共同维护安全通航，然后再交还葡萄牙人质。阿尔布开克寸步不让，不还人质，这里没有安全可言。在古吉拉特和爪哇穆斯林的鼓动下，穆罕默德决定拖延谈判，等待季风变换，迫使葡萄牙人自动离开。阿尔布开克不耐烦了，他炮击城市，烧毁海边房屋和古吉拉特平底船，迫使穆罕默德慌忙回到谈判桌上。

穆罕默德让人质换上华丽的衣服，把他们全部交还阿尔布开克。但阿尔布开克提出了额外条件，要求马六甲重金赔偿葡萄牙蒙受的损

失，还要求建造一个防御要塞和贸易站。穆罕默德支吾搪塞，私下里开始在最敏感的跨城大桥两端建造坚固的防御工事，以防止阿尔布开克切断城市。

马六甲的战略关键正是河上那座大桥，夺取它，马六甲就会被切成两半儿。

阿尔布开克决定兵分两路，一路由他自己率领，在河东岸登陆，那里是马六甲的主要部分；另一路在河西岸登陆，那里有总督府和一座清真寺，两路人马最后在大桥会合。

夺取马六甲

7 月 24 日凌晨，阿尔布开克在河东岸登陆，朝大桥方向推进。

在突遭城堡里射出的一阵箭雨后，他看见穆罕默德坐在战象背上，率象群朝他冲来，战象长牙上挂着剑，象群后跟着一大群步兵。战象撞碎路上阻挡它们的所有东西，势不可挡，葡萄牙人开始后撤。但有两个士兵坚守原地，要制服苏丹乘坐的那头战象。他俩一个用长枪猛刺大象的眼睛，另一个猛戳大象的肚子。大象剧烈疼痛，狂躁怒吼，竟转过身，用鼻子抓住象夫，把他摔死在地上。跟在后面的象群即刻乱作一团，穆罕默德寻机从象背上逃脱，被仆人救走，象群四散逃开，留下一些被踩死的尸体。

阿尔布开克的军队遭到毒镖袭击，除了少数中镖后用滚烫的猪油烫过伤口的伤员外，其余中毒镖的士兵全都死了。

当他们经过东西夹击夺取了大桥已是正午，太阳升到了最高点。阿尔布开克命人用船帆搭起凉棚，士兵们还是热得不行，他们精疲力竭，一点儿力气也没有。无奈，阿尔布开克决定掳走 72 门大炮，主动撤离。为了保持斗志和士气，他派出一支小分队，烧毁了穆罕默德的一部分房屋和整座清真寺。

阿尔布开克强征一艘爪哇四桅平底船，把缴获的大炮安装上去，把它拖曳到大桥附近。这艘船很沉，吃水深，所以只能在涨潮时靠近大桥。后来，它在大桥可以俯瞰到的沙洲上搁浅，处在守军火力射程之内。它遭到猛烈炮击，却安然无恙。

阿尔布开克召集所有船长和贵族开会，研究下一步行动。贵族们觉得，对他们来说，建造要塞的任务太低贱，他们愿意抢劫，然后返航。但阿尔布开克热情洋溢地说，他不是为了洗劫一座城市，而是在建设一个帝国，必须占领马六甲，阻挡伊斯兰教传播。

8月10日涨潮，潮水把平底船从搁浅的沙洲松动出来。阿尔布开克觉得时机已到，他要平底船开到离战略大梁更近的地方，猛轰马六甲和爪哇的士兵。

这一次，葡萄牙人打得很精彩，西路部队登陆时比上次高效迅捷，两路人马迅速占领了大桥，把穆罕默德的部队分隔成两群，然后又高效运来建材，在大桥两端建造牢固的防御阵地。另外，葡萄牙人占领桥东一座清真寺，在屋顶部署了火炮。

阿尔布开克提前搭好凉棚，让官兵避免酷暑的炙烤。为了约束士兵抢劫财物的狂热，他明令禁止擅自入城，违者格杀勿论。葡萄牙人披坚执锐，固守大桥，马六甲人的反攻渐渐少了。阿尔布开克开始调遣训练有素的士兵，有条不紊地拔除敌人的抵抗据点。最后，士兵们举起长枪，枪尖向前，组成方阵，在特别熟悉马六甲的向导带领下，整齐地开进城市。他们接受的命令是："不管在何处找到穆斯林，不要饶恕他们，杀死他们和他们的妻子儿女。"

穆罕默德带着亲眷、侍从、大象逃进丛林，八九天之后，葡萄牙人彻底控制了马六甲。葡萄牙士兵想把这座神话般的东方名城洗劫一空，得到丰厚的回报。但阿尔布开克要求保住这座城市的生命力，而不是把它变成冒着黑烟的废墟。他对抢劫行动做了严格的约束：只允许抢劫一天，而且不允许焚烧任何民宅；印度教徒、爪哇人、缅甸人是葡萄牙的盟友，不准抢劫他们的住宅；每一支队伍听到军号声必须立即返回集结地。

阿尔布开克派士兵进总督府抢劫，搜罗出眼花缭乱的金银珠宝，他要把这些宝贝送给葡王。此外，他让士兵抬走六只青铜狮子，想在未来用来装点自己的坟墓。最后，他让士兵放了一把火，把总督府烧了。

就这样，区区数百名葡萄牙人，乘坐着漏水的船，竟然占领了拥有众多人口的马六甲，把它变成葡萄牙伸向远东的桥头堡。日后，阿尔布开克派遣师团去了缅甸和泰国，他的一支探险队于1512年抵达马鲁古群岛，绘制了地图。此地因盛产丁香、豆蔻等香料，当时也被称为香料群岛。从马六甲开始，葡萄牙人向更东航行，于1513年和1514年登陆广东，开始与明朝通商。

旗舰和珍宝沉入海底

阿尔布开克开始赶工，用沉重的原木建好一座要塞。然后他又拆毁清真寺和一些房屋，得到足够多的石料，建造另一座要塞。此时，葡萄牙人没有自己习惯的食物，只能吃大米，很多人得了热病。阿尔布开克也染上了热病，寒战不止，但他硬挺着，继续监督石质要塞的建设。

1511年年底，阿尔布开克决定，留下八艘船200名水兵和300名步兵，自己率领三艘葡萄牙船和一艘俘获的平底船，装上大部分财宝，返航印度。

旗舰海洋花号，是葡萄牙船队中最宝贵的战船，它的排水量高达400吨，是当时最大的卡瑞克帆船。它的三层甲板装有40门大炮，是一座能向任何方向射击的浮动要塞，在第乌战役期间，它每天向埃及舰队发射600枚炮弹。但是海洋花号已经远航快十年了，而往返印度的船平均寿命只有四年，除了漫长旅途的煎熬和暴风骤雨的摧折，凿船虫也会破坏它的质量，海洋花号就是这样，而且漏水严重，必须不断抽水和随时修补。阿尔布开克把它修理了一番，想让它勉强支撑着回航，回到科钦再进行大修。

离开马六甲的时候，很多人起初拒绝上旗舰工作，最后是看到阿尔布开克无比自信地上了船才放下心来。但是，在航行中，海洋花号还是遇难了。

那一天，海上全是惊涛骇浪，船队进入一片浅水区中央。一排巨浪扫过旗舰艉楼，把16个人卷进大海，眨眼就不见了。旗舰上装载着大部分财宝和很多伤病员，还有一些要送给王后的奴隶。它的载重最大，又严重漏水，进入船底的水越来越多，却恰好行驶在很浅的地方。又一排巨浪打落了它的舵，它偏向更浅的方向，搁浅在那里。顷刻间，它的船舱灌满了水，船员们不得不集合在艉楼甲板，等候着命运的安排。

此时，阿尔布开克就是他们的上帝，他下令把桅杆砍倒，捆绑起来，做成简易木筏，放到船下。他命令所有人离船时只能穿着上衣和马裤，谁要是想带走财物，那就等着和旗舰一起沉没。他先安排把伤病员送上小艇，然后他腰系绳索，把绳子另一端系在旗舰上，下到划艇上，亲自迎送船员，把所有人转移到大木筏上。至于船上的奴隶，阿尔布开克让他们自生自灭。奴隶们跳海逃生，不会水的很快淹死了，会水的上前抓住木筏，船员们用长枪迫使他们游开，以免超重。在他们身后，海洋花号断成两截，艉楼露在水面。

从马六甲总督府抢来的绝大多数财宝葬身大海。其中最为珍贵的，是一位爪哇领航员绘制的世界地图，上面记录着葡萄牙在巴西的土地、好望角、红海和波斯湾、香料群岛的详细情况，上面不仅有郑和的远航范围和抵达的最远边界，而且有中国人走访过的那些王国的内部情况。另外还有一张桌子，上面镶嵌着七万克鲁扎多宝石。阿尔布开克为自己的坟墓准备的青铜狮子，也都全部留在了海底。

阿尔布开克俘获的那条平底船，是由爪哇奴隶驾驶，只有15名葡萄牙人监督他们。奴隶趁混乱之机，杀死葡萄牙人驾船逃走了，带走了一批贵重货物。

旗舰船员被救上特林达迪号，船上一下拥挤不堪，没有足够的饮食供给。阿尔布开克心急火燎地想要赶回印度，从不靠岸补充给养，

他把每人每天的饮食定量降低为三两半和一小口水。为减少吃饭的人口，葡萄牙人趁穆斯林俘虏睡觉的时候，把他们扔进了大海。

这里要提前说一下，在这些远征马六甲的葡萄牙人中，有日后做环球远航的麦哲伦。葡萄牙人攻打马六甲，是为了抢在西班牙之前控制远东群岛，但这次远征却给西班牙人提供了发现远东的核心人才和重要信息，这便是麦哲伦和他在苏门答腊购买的奴隶恩里克。麦哲伦最后叛逃西班牙，把恩里克带了去，而恩里克是难得的翻译，两人终于帮助西班牙把香料群岛据为己有。

彻底控制了印度西海岸

阿尔布开克是帝国主义的梦想家，决心为葡萄牙在印度洋开拓千秋霸业。但只要做事，就会得罪人。更何况还会有真正的失误，所以闲言碎语会接踵而来，淹没那些正确的功绩。他的政敌三番五次提出要拆除果阿要塞，而他一次次为这个要塞辩护，重申这里是向穆斯林发动总攻的基石。为了它，阿尔布开克迟迟没去红海，对葡王的宏伟战略一拖再拖。阿尔布开克和奥梅达的命运似乎越来越相近，关于他即将被撤换的传闻愈演愈烈。他开始忧虑，担心在他完成伟业之前被扫地出门，而印度是他毕生最重要的事业。不久，果阿再次被反攻，阿尔布开克必须继续推迟红海远征，先保障果阿的安全。

1512 年 8 月，从里斯本赶来的舰队抵达科钦，他们没有像阿尔布开克的政敌期望的那样送来新总督，相反是给阿尔布开克送来了 12 艘船和 1500 名装备精良的士兵。

阿尔布开克开赴果阿，他首先要拔掉曼多维河畔的要塞，但穆斯林火力凶猛。一枚炮弹击中阿尔布开克的旗舰，炸死两名水手，穆斯林以为阿尔布开克也死了，要塞里一片欢腾，但阿尔布开克站了出来，让要塞看到自己。他奇迹般地躲过炮弹，无论他的部下还是敌人，都以为他是刀枪不入的。

中世纪的军事文化精神，迷醉于近距离肉搏和爬墙攻城，但阿尔布开克早已抛弃这些传统，使用火炮远距离解决问题。虽然他的这些做法不受贵族喜爱，但是成效斐然。他炮击了穆斯林要塞和果阿城，经过短暂而激烈的野战，果阿升起了白旗。

这一次，阿尔布开克没再拒绝谈判，反倒是他力排众议，与穆斯林达成了协议。他相信，他已经是二次夺回果阿，充分展示了自己的力量，所以无须再杀人。因此，所有穆斯林和家眷均可安全撤离出城，但所有武器和马匹必须留下。事后，他的政敌散播谣言，说他接受了穆斯林一大笔贿赂，因此纵虎归山，将来必有麻烦。

年底，各国使臣蜂拥而至，向阿尔布开克致敬邀宠。

阿尔布开克让重版基督教的马沙多接待第乌总督的使者。马沙多先带客人去游览被葡萄牙炮火炸得七零八落的穆斯林要塞，又带他去看葡萄牙人的马厩设施、军械库、破坏力巨大的重型射石炮。他邀请客人戴上头巾，把脑袋伸进炮口，体验一下葡萄牙的大炮多么庞大。

回到阿尔布开克那里，马沙多给使者穿上葡萄牙胸甲，让他站在一面墙前，由一名士兵用火枪朝他胸膛打了一枪，子弹居然被胸甲给弹开了。阿尔布开克向浑身战栗的使者解释，葡萄牙胸甲是防弹的，他请使者把这件胸甲带回去，送给他的总督。

果阿被永久占领后，海王终于接受了葡萄牙人将在印度盘踞下去的现实。他把和平协议送到果阿，允许葡萄牙人在卡利卡特建造一座要塞。阿尔布开克还是不放心他，他指使海王亲葡的兄弟去下毒，把海王毒死了。新海王从此成了葡萄牙的傀儡，卡利卡特的问题只要了一个人的性命就彻底解决了。

后来，卡利卡特衰落了，原先欣欣向荣的贸易全部转移到了果阿。当然，曾经大力支持葡萄牙人的坎努尔和科钦也一样，在果阿面前黯然失色。

除了过去的香料贸易，阿尔布开克又控制了波斯的马匹贸易。从霍尔木兹过来的运马船会被他的战船引导到果阿，无论是马商还是他

251

们的良马，都得到了极好的待遇。而葡萄牙王室从中获取了巨额利润，利润率高达 400%。

没能打下亚丁城

1513 年 2 月，阿尔布开克终于从果阿起航，向红海进军。

此时，他的战略构思囊括了半个地球，印度已不再是他的目的，而是扩张基地。他最终要消灭伊斯兰世界，收复耶路撒冷，让天主教统治天下。

他的第一个目标是攻占亚丁，这样既可以为进出红海提供一个安全基地，又可以对印度洋形成最终的包围之势。4 月 22 日，耶稣受难节，葡萄牙舰队抵达亚丁，它的港口是新月形，里面停满船只，卡瑞克帆船太大，只能停在港外。远远望去，亚丁让人生畏，它处在一座死火山口，四周环绕着九座寸草不生的紫红色岩石山，每座山顶都有一座要塞。

亚丁总督米尔（Aamir Mir）派出一名信使，礼貌地询问来客有何贵干，并送去食物做见面礼。阿尔布开克直截了当，说要去苏伊士运河和吉达消灭埃及舰队。他拒绝接受总督送来的食品："我的习惯是，不接受尚未与我们缔结和约的国家和君主的礼物。"他要求米尔打开城门，让他的士兵进去。信使提议，让总督亲自来谈判，阿尔布开克说没有意义。于是，士兵们摩拳擦掌，磨刀霍霍。

兵贵神速，阿尔布开克必须在沙漠援兵赶来之前把亚丁拿下。

第二天凌晨，军号响过之后，士兵们登上小船，划到浅滩停下，然后涉水上岸，他们浑身湿透，火枪手的火药被水打湿。

为争夺第一个登上敌城的荣誉，他们不畏穆斯林守军的箭和石块，争先恐后地爬上攻城的长梯。城墙很高，梯子不够长，爬到顶端的人再爬城墙的时候速度变慢了，可底下一大群人闹哄哄地在跟进，长梯上便出现了拥塞。看到梯子快承受不住了，阿尔布开克命令戟兵从底下去支撑梯子。但梯子还是倒了下来，戤压断了，戤兵被砸成重伤。

此时，已经登上城墙的人感到没有后援，决定撤退，但他们没有梯子可以爬下来。城下的葡萄牙士兵向上投掷绳子，协助他们下城墙。穆斯林士兵夺回城墙上的塔楼，把葡萄牙人的头颅插在长枪上，向下挥舞。

葡萄牙人试着撞开主城门，但怎么也撞不开。最后他们用火药把城墙炸出一个大洞，可指挥官不敢带头进去，士兵们也只是在原地逡巡。

这是一个关键性错误，如果他们冲进去，可能一口气占领亚丁。

但葡萄牙人没能攻破城池，只好撤退，亚丁战役失败了。

探红海

在船长们和领航员的建议下，舰队绕过亚丁，深入红海行进了180公里，抵达曼德海峡（Mandab）。这些人不想困在红海，希望雨季来临之前能返回印度，所以要匆匆向前。阿尔布开克没有透露他的计划。他想的是，如果天气允许，要驶过整个红海，去苏伊士歼灭埃及舰队。

红海像是一道2300公里长的裂口，切开了阿拉伯半岛和非洲大陆。它很狭窄，只有火炮射程那么宽。它的水不深，还有众多隐蔽的浅滩和低矮的小岛，航行起来很危险。两岸自然环境恶劣，沙漠热风吹打着它，印度洋的雨水却不会落在这里，因此淡水资源匮乏。

阿尔布开克俘获了一艘过路的阿拉伯三角帆船，他派20人躲在甲板下方，把船开到了一个港口，等一名领航员上了船，立即扣押他，强迫他为自己领航。船队俘获了所有他们遇到的商船，把穆斯林船员的鼻子、耳朵、双手砍掉，再送上岸，任他们去散布恐怖信息。他们抢走给养后，把船付之一炬。

阿尔布开克的下一个目标是遍布黄沙的低矮岛屿——卡马兰岛

（Kamaran）——那里是红海中唯一的淡水补给地。船队在那里补充完淡水，阿尔布开克想马上进军吉达，可红海刮起了西风，船队无法前进。好不容易刮起东风，阿尔布开克下令起锚，但没走多远，东风又变成西风，而且一连吹了22天。淡水用完了，葡萄牙人别无选择，只能返回卡马兰岛。在这个被阿尔布开克描述为天堂而其他人认为是地狱的小岛。他们度过了三个月，那里没下一滴雨，大家靠着吃海鱼、山羊、骆驼度日。

阿尔布开克无比乐观，他派遣小吨位轻快帆船四处侦察，抢劫过路商船。但事实是残酷的，他带来1700人，已经死去500人，所有土著都死了，死于很差的饮食和劳累。

7月中旬，风向变了，可以返回印度了。

归途中，他又一次逼近亚丁，下令炮轰它。他研究出了截断其水源的方法，企图把它困死。阿尔布开克原打算来年1月复攻亚丁，但是没能如愿。

为傀儡皇帝清侧

1515年，阿尔布开克本打算去征服亚丁，进入红海，在西岸建造要塞，然后去攻打吉达。但霍尔木兹内乱打乱了他的算盘。霍尔木兹比亚丁更重要，必须优先处置。2月，阿尔布开克离开果阿，抵达阿拉伯半岛忠顺于葡萄牙的马斯喀特（Muscat），从长者那里，他得到了关于霍尔木兹局势的更详细的报告。

霍尔木兹皇帝一直是年轻的傀儡，实权掌握在首相及其家族手中。他们常常用下毒或刺瞎双眼的手段罢黜皇帝，所以那里有一群前任皇帝，全是瞎子。首相努尔丁把年轻的皇帝杀了，立图兰为帝，随后又废黜了他，最后努尔丁被更加残忍的亲戚艾哈迈德排挤出局。艾哈迈德把图兰软禁在深宫，严密监视，随时可能刺瞎或处死他。对图兰来说，阿尔布开克是他唯一的希望。

阿尔布开克匆匆赶路，3月抵达霍尔木兹。他让军号齐鸣，火炮齐射。石弹掠过霍尔木兹的天空，人人胆战心惊，艾哈迈德急忙恢复了图兰的自由。

艾哈迈德想骗阿尔布开克上岸，趁其不备，将他杀死。图兰不知艾哈迈德的阴谋，他觉得阿尔布开克旅途劳顿，想请他上岸休息。好在阿尔布开克谢绝了，他说已经习惯了海上生活，上岸反倒不舒服。不过，他的指挥官们可以上岸，希望国王在岸边提供一些房屋。艾哈迈德企图拒绝，但险境中的图兰像是抓住一根稻草，他同意了。于是，葡萄牙人在岸上获取了一个巩固的阵地。

接下来，阿尔布开克不肯以任何方式承认艾哈迈德的权威，他只愿意与皇帝或其他大臣交流。在葡萄牙指挥官暂住的房间里，在避开酷热的地窖内，阿尔布开克与图兰频频会晤。他告诉皇帝，他想建造一座要塞，图兰又同意了。

阿尔布开克把在果阿事先预备好的木料和工具运上岸，在俯瞰皇宫的地方，建造了一座临时基地。他把火炮布置在周边，然后升起葡萄牙旗帜。

在这个临时基地，阿尔布开克彬彬有礼地接见了波斯皇帝的大使，收下一批珍贵礼物。他把最精美的礼物留给王后，把猎豹送给图兰，把剩下的东西分给了指挥官。他发现没能分得礼物的广大官兵有些嫉妒，便宣布普遍发放奖赏。他请图兰从税收中拿出十万金币借给他，后来发现钱不够，又要了更多金币。

有一天，图兰送来消息，说艾哈迈德要送礼物给总督，想借机刺杀他。

于是阿尔布开克设下鸿门宴。他邀请皇帝、艾哈迈德、前首相努尔丁来海滩的一处房子商谈大事，并通知他们不得携带任何武器。每人可带七名随从，但随从必须在屋外等候。阿尔布开克让船上的大炮做好射击准备，又在临近的营地安排了一大群士兵。他在身上藏好一把匕首，让屋里的军官们假装用长袍做礼物，里面却藏着匕首。

艾哈迈德如约而至，第一个到场。他公然佩戴刀剑，腰里还别着匕首，此外还带着一把小斧子。他说这是他的日常习惯，他进门前丢掉其他武器，留着利剑在身上。

不久，皇帝和努尔丁也到了，他们进门后，门当即被锁上。

阿尔布开克抽出匕首，抓住艾哈迈德的胳膊，他们扭打起来。艾哈迈德一只手扭住阿尔布开克的领子，想用另一只手去抓他握着匕首的手，但他没抓到。他急忙想抽剑，但太晚了。葡萄牙军官们掏出匕首，猛扑过来，把艾哈迈德刺倒在地。由于用力过猛，他们伤到了自己人。

艾哈迈德的部下在门外喊，主人被杀了，他们扑上来撞门。

此时，葡萄牙步兵方阵出现，用长枪逼退艾哈迈德的人。

图兰吓坏了，以为自己也会被杀，他想逃跑，但门被锁着。阿尔布开克上前拉住图兰的手，好言安抚，又为他披上丝绸华服，带他到阳台上，展示给民众。阿尔布开克同时宣布，艾哈迈德的支持者，无论在这里的还是在王宫的，都可以安全离开。

傍晚的宴席上，阿尔布开克发表鼓舞皇帝的演说，然后把图兰隆重送回皇宫。图兰从此成了葡萄牙人的傀儡，只不过他不用再担心自己的性命和眼睛。

阿尔布开克不断给图兰灌输不安全感，比如无法保证艾哈迈德的支持者全都肃清，你在前往清真寺的时候，很可能被敌人用箭射死，所以最好解除所有武装，由葡萄牙人提供保护。他还夸大其词，说埃及将有一支新舰队开来，如果把埋藏起来的火炮全挖出来交给葡萄牙人，就能更好地保卫霍尔木兹。不久，葡萄牙人得到140门大炮。

阿尔布开克还要求，由图兰出资，在葡萄牙人刚来时的暂住地建造一座石制要塞，他同样如愿以偿。5月6日，阿尔布开克在肩上披好一块布，为要塞地基亲自搬运第一块石头，他在壕沟里放下五个金币，把石头压在上面。随后的日子，他很少离开工地，天天去鼓舞士气，而他的睡眠和饮食变得极少。

"海上雄狮"长眠

阿尔布开克已经成为印度洋的传奇，被誉为"海上雄狮"，说他主持公道，统领这里的海洋和陆地，波斯湾和更远地区的君王纷纷来寻求他的友谊。可以说，这确是他一生中的巅峰时刻。

7月，穆斯里夫在吉达哀求埃及总督，如不尽快派增援部队，阿尔布开克会攻占吉达，占领整个印度洋沿岸。阿尔布开克在霍尔木兹，离亚丁很近，他确实盘算着快速攻入红海，扼住伊斯兰世界和埃及的咽喉，但他染上了痢疾，顿感力不从心。此时，他已在印度洋南征北战九年，渐渐成为老人。他周围的人都知道，他身体非常赢弱。在霍尔木兹难忍的酷热中，他已经奄奄一息。

有个叫费雷拉的人，刚从里斯本回来，阿尔布开克问他，朝廷对他有什么说法。费雷拉不敢直接说葡王要撤换他，他非常委婉地告诉总督，国王非常看重他，希望他回到身边，在印度事务方面辅佐他。

阿尔布开克喃喃自语："在葡萄牙，没有哪项荣誉能跟当印度总督相比。在葡萄牙，工作累了可以休息，但我这残躯病体还能休养多久？我的日子不多了，还有什么能比在这儿的劳作中度过残年更美好？这些工作让我感到自己还活着。"

阿尔布开克要回印度了，他指定他的亲戚佩罗·阿尔布开克（Perot Albuquerque）做要塞指挥官，让他接管了要塞工程。他召唤留守霍尔木兹的指挥官们到他身边，轮流和他们握手。他要求他们宣誓，服从他指定的接班人，并把这些誓言记录在案。

11月8日，阿尔布开克登上玫瑰号，他告诉船长，请在午睡时间扬帆出海。这么做可能是为了避免向大家告别。他端详着这艘船，不禁想起五年前，他曾在桅端上绞死了迪亚士。当整个霍尔木兹沉浸在午后的酷热中，玫瑰号和另外三艘船悄悄无声息地驶向外海，在那里，他给图兰皇帝送去最后的道别。

跨越坎贝湾时，阿尔布开克俘虏了一艘迎面而来的小型阿拉伯三角帆船。他审问船长时意外得知，葡王派来了印度新总督。新总督带来许多船和军官，已经在果阿住了一个月，现在去科钦了。对奄奄一息的阿尔布开克来说，这简直是晴天霹雳。

在达布尔港外海，阿尔布开克又遇到一艘葡萄牙船，他从船上的佛罗伦萨商人恩波利（Giovanni Empoli）那里，听到了更坏的消息。他得知，前来辅佐新总督的许多关键人物竟是他的政敌。这些消息，严重伤害了他的自尊心，加速了他的死亡。

12月6日，他给葡王写下最后一封信——

　　　印度的繁荣昌盛就是我的证词……印度和我们已经占领的所有主要据点，我全都留给陛下。唯一的困难是，未能非常巩固地封锁红海。

他立下遗嘱，让留下一笔钱，给迪亚士的灵魂举办90场弥撒。

他希望活着看到果阿，让仆人给他穿上圣雅各骑士团的罩袍，他要穿着这身罩袍下葬。

12月15日黎明前，船队接近果阿，果阿高级教士赶来，为他举办临终涂油礼。一名医生扶他起身，喝了一点葡萄牙红酒。当船队驶入曼多维河时，微弱的曙光打在西高止山上。阿尔布开克挣扎着下床，被搀扶到舷窗旁，最后看了一眼他设想成为殖民地首都的地方，然后再也不能说话了。

船员把他的遗体放进棺木，抬到岸上，转移到教堂。

阿尔布开克死后

1516年3月20日，葡王不知道阿尔布开克已死，给他写了这样一封信：

> 我们从威尼斯得到消息，埃及总督的船队去了印度。既然是这样，尽管我之前命令您回国，但现在请您务必留在印度！根据我对您和您的服务的经验以及天主总是赋予您的胜利，我觉得您在印度，会让我非常安心……我完全依赖您。

对阿尔布开克来说，这封信来得太迟了。

葡王非常幸运地拥有奥梅达和阿尔布开克两位忠心耿耿的总督。他们勇猛勤勉，极富远见，终使小小的葡萄牙变成世上最大的海上帝国。但曼努埃尔一世并不懂得珍惜，先后抛弃了他们。而阿尔布开克死后，接替他的三个笨蛋，没有一个拥有他那样的战略天赋，葡萄牙的圣战事业和殖民扩张一蹶不振。

1517 年，玛利亚王后，葡王圣战梦想最狂热的支持者，在里斯本过世。与此同时，奥斯曼总督塞利姆一世击溃了埃及奴隶王朝，将其末代总督吊死在开罗城门。从此，葡萄牙人将在印度洋，面对一个更为强悍的穆斯林对手。

阿尔布开克遗迹

【伯利恒塔】

耸立于里斯本塔霍河北岸，名为塔，其实是一座碉堡。它的作用是港口和热罗尼姆大教堂的军事防御，它的首层炮台陈设着当年的大炮，它的顶层平台有六座岗亭，每座岗亭有胡椒盒形状的屋顶和一扇瞭望窗。石绳环绕着塔身，它的外墙点缀石结、浑天仪、耶稣十字、一些动植物元素。在岗亭底座上，有一座石雕犀牛，相当引人注目。阿尔布开克从这里出发远航时，它还没有完全建好，但它后来一直是航海家们的起始点，他们运回的金银、宝石、丝绸、香料、珍奇植物、活犀牛，都是在这座瞭望塔附近卸船。

【阿尔布开克雕像】

位于里斯本伯利恒教区，也就是航海家起航的海岸，那里坐落着一间广受尊敬的老伯利恒糕饼店，可以品尝伯利恒糕饼——甜蛋奶沙司果馅饼——它会被烤成褐色，撒上肉桂，再配以黑如焦油的咖啡，而糖、肉桂、咖啡，最初是随着远航船在这里登陆的。

第十一章

西去香料群岛的理想

地球是圆的，何必绕远东去香料群岛，西行必是捷径。麦哲伦这样想，是因为不知道世界上有一片最大的海洋横亘在西行的路上，他同样不知道，西穿南美大陆要走多远路途。为了这个不知深浅的理想，他不惜背叛祖国，效力于祖国的竞争对手。

痴迷远航的麦哲伦

许多历史名人，并非出生在显赫家族，所以成事之前名不见经传，麦哲伦就是这样一个人。关于他的出生地，众说纷纭，莫衷一是。一派编年史家依据他的遗嘱，说他出生在萨布罗萨小镇（Sabrosa）。2018 年，笔者曾带队去过那个偏僻而宁静的地方，从院门外观看过被确定为麦哲伦故居的那栋古建筑。但是这个说法后来被推翻了，因为麦哲伦遗嘱被认定是伪造的，于是他可能性最大的出生地变成西北大城波尔图（Porto）。他的出生时间是大致推算。至于他的家世，只知道属于贵族，处于第四等级，领有少量土地。但不管阶级高低，贵族出身使他有权得到世代继承的族徽，得以进入宫廷。据史学家推测，麦哲伦少年时代应该做过艾莱奥诺拉王后（Eleonora）的侍卫。

然后，时间一下子跳到了可能是他 25 岁那年，他要参加远征了。

1505 年 3 月 23 日，里斯本大教堂的弥撒仪式结束后，葡王曼努埃尔一世向葡萄牙驻印副王兼第一任总督奥梅达授旗，作了长长的祝福演说。奥梅达跪着接过旗帜，亲吻葡王的手。他的 1500 名官兵做完忏悔，接受圣餐之后，在祭坛旁跪下，向上帝和葡王宣誓效忠，他们要在他们到达的所有地方确立上帝的统治。

当时寂寂无闻的麦哲伦骑士，跪在这 1500 名宣誓的官兵中。他只是额外人员，和为征服新世界而战的数以千计的水手和少年见习水手一样，他只能在底舱吃喝和睡觉。我们不可能从对印战争的编年史中找到他的名字，只能大致推测说，这些年为这位大航海家日后的航海事业储备了必不可少的知识和经验。

可以想见，他被安排做各种工作，辛苦而危险。他必须熟练地同时使用测深锤和利剑。在暴风雨来临的时候他要及时收帆并随时排除积水，海战的时候他还跳上敌船甲板，烧杀劫掠。今天顶着烈日在建造要塞的工地上搬运原木和沙石，明天又要去攻城略地，准备流血牺牲。他既要守卫贸易站，又要搬运沉甸甸的货包。就是在这样的劳作中，他渐渐变成海务的行家里手，既是水手和军官，又是领航员和商人。

历史对青年麦哲伦的记述实在太少，他先是出现在远征登记名单中，再一次出现便是在第二年与穆斯林作战的伤员名单之中。

印度卡利卡特的海王早在达·伽马初次登陆时便犹豫不决，不知道该不该与这个不相识的民族进行长期贸易。但他看到葡萄牙人每年都被季风定期送来，完全没间断，他才终于明白，这些葡萄牙人的目的是征服和控制整个印度西海岸。而印度的阿拉伯商人早就知道，葡萄牙人是要摧毁印度洋的旧秩序，在他们建立的新秩序里没有穆斯林的一席之地。由于害怕这些与海盗无异的侵略者，许多人已经不敢再去卡利卡特做生意，香料贸易的交易额大幅锐减，去埃及的骆驼队没了生机。威尼斯人明确感觉到，东西贸易线路被一只突然出现的毒手掐断了。

失去贸易税收入的埃及总督威胁教皇说，如果葡萄牙不停止在印度水域的抢掠，他将捣毁耶路撒冷的上帝灵柩。然而单凭一位英雄根本无力阻止葡萄牙人的膨胀扩张，所以被冒犯者想到联合起来，趁葡萄牙人立足未稳，把他们驱逐出印度洋。在埃及总督的秘密支持下，威尼斯偷偷派去炮手和军械匠，印度加尔各答的统治者已悄悄准备好对葡萄牙人的总攻。

此时，意大利冒险家瓦尔特马（Ludovico Walterma）的偶然出现，改写了历史。瓦尔特马周游世界，是第一个不信伊斯兰教而进入禁城麦加的人，以勇武和豪放著称。他探访完苏门答腊、马可·波罗去过的加里曼丹岛（Kalimantan）、香料群岛之后，回程经过卡利卡特，从两个叛变的基督徒那里听说，海王已调集200艘船，准备奇袭只有11艘船的葡萄牙船队。

他乔装打扮，扮成穆斯林托钵僧，偷偷给葡萄牙人送去了救命情报。

葡萄牙人暗中做好了充分的战斗准备。1506年3月16日，卡利卡特发动他们自认为是突袭的战斗，被严阵以待的葡萄牙船队打得大败。不过，葡萄牙人也付出了不小的代价，有80人阵亡，200人受伤。

麦哲伦便是200名伤员当中的一个。

让他不快的是，命运留给他的只是伤痕，却不是勋章。他和其他伤员一道，远渡重洋，被送往非洲。在那里，他音讯断绝，很可能他住在索法拉。过了一段时间，他大概以香料运输护送者的身份离开非洲，大约1507年夏天，他和瓦尔特马坐在一艘船上，回到了里斯本。

尽管命运不济，但麦哲伦迷上了远航和远方，他在首都热切地等待着下一支远赴印度洋的舰队。

一去马六甲

瓦尔特马应邀进宫，介绍他的世界见闻，当他讲到马六甲的富丽堂皇和香料群岛丰富的资源时，葡王被深深吸引了。葡王下令，装备四艘大船，由贵族塞克拉（Lopez Sekolah）指挥，远赴马六甲做一次侦察。

麦哲伦终于等到了再次远航的机会。

此前十年，达·伽马远航印度，是旷世伟业，被历史学家和诗人

讴歌为壮举。仅仅十年时间，从里斯本到东非蒙巴萨，从蒙巴萨到印度西海岸，每块暗礁，每个海角，每座海港，在航海图上都记得清清楚楚，再也不需要天文学家和领航员，如今每支葡萄牙船队都能漂洋过海。1509年4月，塞克拉的船队没经历什么特别的风险，便抵达了麦哲伦熟悉的印度。

8月19日，船队开出科钦港，向东航行，进入陌生水域。经过三个星期的航行，9月11日驶近马六甲港，葡萄牙人惊异地眺望着这座巨大的城市。

马六甲是马六甲海峡的咽喉，从中国去印度，从波斯去菲律宾群岛，所有商船都要经过这个海港。这里自然成了各种商品的集散地，有中国瓷器、帝汶岛的檀香木、加里曼丹岛的奴隶、香料群岛的干丁香花芽、泰国的象牙、斯里兰卡的红宝石、孟加拉国的开司米、印度的胡椒、大马士革的阿拉伯短剑。许多种族在这里熙来攘往，各种不同的语言混杂交织，热闹异常。

此刻，马六甲总督吃惊而不安地眺望着葡萄牙船队，他早就听说过奥梅达和阿尔布开克杀人如麻的消息。眼前这些人就是那伙海盗的同胞，一帮反对割礼的基督徒，这个残忍可怕的民族居然找到了马六甲。总督觉得，这些人远涉重洋到这里，和平贸易一定是他们伪善的第一步。然后他们会要求建立贸易站，为保卫贸易站他们会要求建造要塞城堡。最后在这里站稳脚跟，再把所有异教徒赶走。

总督知道葡萄牙人大炮的厉害，没人能抵挡。所以最明智的办法是先麻痹他们，在他们没来得及翻脸之前，先发制人，将他们一网打尽。

于是，马六甲总督以无法描述的奢华排场接见了塞克拉的使者，又以夸张的欣赏态度收下他们的礼物。他让他们回去告诉塞克拉，葡萄牙人是他们期盼已久的客人，他们可以随意进城经商。随后，他盛情邀请四位船长来总督府欢宴，想搞一个鸿门宴，但被谢绝了。

过了几天，他通报葡萄牙船队，他已准备好足以装满四艘葡船的香料，请塞克拉明天早晨把所有小舢板全派到岸边来，把堆积如山的香料统统装进船舱。塞克拉非常高兴，他把绝大多数船员和小艇全都发往岸边。而他自己认为从事商业交易有失贵族尊严，而且天气又太热，所以他留在船上，和一名船员下棋。

不久，小吨位轻快帆船的苏斯船长（Garcia Suss）发现，越来越多的马来小船在几乎空巢的船队四周穿梭往来，越来越多的马来人找出种种借口攀着软梯爬上葡船。他忽然生发出一个疑虑，马六甲总督是否会笑里藏刀，在岸上袭击葡萄牙船员，在水上准备进攻葡萄牙船队。幸好他的船上留有一只小艇，苏斯找来一名机灵可靠的船员，让他火速去旗舰提醒塞克拉，这个船员便是麦哲伦。

麦哲伦使劲摇起双桨，奋力前进。当他登上旗舰的时候，塞克拉还在悠闲地下着象棋，几位马来人在旁边观战，他们腰间挂着蛇形短刀。麦哲伦把塞克拉拉到一边，小声告诉他情况异常，塞克拉低声命令一名水手去桅楼观察动静。为了不引起马来人的怀疑，他回到座位上，依旧沉着对弈，一只手悄悄握紧佩剑。

坐在桅楼上的水手看见，总督府上空升起奇怪的烟柱，像是在给陆上和海上的马来人同时发送信号。他立即发出警报，旗舰号手吹起集合号。塞克拉纵身一跳，拔出剑，把马来人逼向甲板，留守船员们把爬上船的所有马来人全都扔进了海里。船队四周坐在小舟上的马来人亮出武器，从四面八方冲过来，但塞克拉已下令起锚，用火炮猛烈射击马来人，迫使他们退向岸边。

那些上了岸的船员命运很悲惨，马来人在数量上占有绝对优势，而葡萄牙人完全没有战斗准备，只能赤手空拳同成倍的敌人搏斗。大部分人就地被砍死，一小部分人逃到岸边，但马来人已经夺取了他们的小艇，切断了他们返回舰队的归路。在马来人的围攻下，葡萄牙人一个接一个倒了下去。

此时，还有一个重要的历史人物在岸边顽强抵抗，他就是麦哲伦最亲密的挚友谢兰（Francisco Sheran）。他负了伤，被团团围住，已经到了最危急的时刻。他没想到，麦哲伦和一名士兵乘小船赶来，

杀开一条血路，冲入敌群，与他会合。紧接着，又重新杀开一条血路，把他带上了小船。

这次远航，舰船无大碍。四位船长、麦哲伦、谢兰均全身而退。但许多官兵死在了岸上，还有 60 人被俘虏，做了人质。

二去马六甲

回印度后，麦哲伦随队执行过一次任务，护送随季风定期来印度运输香料的船队过阿拉伯海。途中，他们的船撞上巴杜恩沙洲（Badonn），虽无人员死亡，但船底碎了，无法继续航行。而小艇绝不可能装下所有船员，船长、贵族、军官要求首先登艇，激起船员和水手们的愤怒。一场内讧眼看就要爆发，麦哲伦身为贵族，却站出来说，如果船长和贵族们以名誉担保，他们一上岸就立即派船来救我们，我愿意和大家一起留下。

麦哲伦这个举动，使高官们第一次对这个无名小卒另眼看待。

1510 年 10 月，新任印度总督阿尔布开克询问皇家船长们，应该如何包围果阿，发表意见的人提到了麦哲伦。这说明，经过五年服役，麦哲伦已经从普通士兵和水手变成阿尔布开克麾下的一位军官。

1511 年 7 月，阿尔布开克率 19 艘战船出现在马六甲海面，他不光是要为塞克拉的失败复仇，要回 60 名人质，而且他要彻底征服马六甲。他在谈判中毫不妥协，随即展开一系列战斗。六个星期后，阿尔布开克挫败马六甲总督，占领了这座繁华的国际大都会。

麦哲伦参加了这些战斗。胜利后，他买了一个马来奴隶。这个奴隶肤色黝黑，身上有几处伤疤，麦哲伦让他接受洗礼后给他取名恩里克。他将是麦哲伦日后远航事业的得力助手。那时候，葡萄牙控制住马六甲海峡的咽喉，切断了穆斯林东西贸易的主动脉。马六甲也是一把钥匙，给葡萄牙找到东部各群岛提供了可能性。而麦哲伦所谓环球航海的最初念头，正是因为谢兰的东寻任务，孕育出嫩嫩的萌芽。

12月，海军上将阿布雷乌（Antonio de Abreu）的三艘大船装备就绪，他要去探访传说中的香料群岛——安汶岛（Ambon）、班达群岛（Banda）、德那地（Ternate）、蒂多雷岛（Tidore）——而谢兰是其中一艘船的船长。

麦哲伦非常向往香料群岛，但他的印度服役期结束了，他只能靠谢兰的书信关注他无法前往的神秘岛屿。

船队没遇到任何困难，顺利抵达布满绿荫的群岛，而且受到出人意料的盛情款待。在那里，赤身裸体的土著过着原始的生活，没有武装和战争的传统，也不懂得金钱为何物，淳朴的岛民背来大堆大堆的干丁香花芽，仅为换取手镯和几个带响的玩具。只在安汶岛和班达群岛，葡船已装满香料，阿布雷乌决定不再开往其他岛屿，分头赶回马六甲。

由于过于贪婪，装货太多，谢兰那条船没走多远，便触礁撞毁。他带领垂头丧气的船员逃上陌生的海岸，生死未卜。后来，谢兰用巧计夺得一艘海盗小船，返回安汶岛。

像他们第一次来时一样，土著酋长又一次款待他们，安顿他们住下来。这一次，谢兰被感动了，他是皇家船长，应该等船员们恢复元气，立即率领他们搭乘其他船，返回马六甲向海军上将报到，但他不再想回去。殷勤善良的土著，天堂般的大自然，幸福慵懒的原始生活，让谢兰放弃了原来的世界。

远在里斯本的葡王大发雷霆，把他从船长名单中勾掉了，而且撤销了他领取退休金的资格。而土著酋长请他做总理兼军事顾问，与西方不同，他管理的不过是邻居之间的纠纷和争吵。

谢兰做得很不错，酋长赏给他带有仆人的房子，还送给他一个黑皮肤的漂亮妻子，她给他生下好几个黑孩子。

直到他九年后过世，这个欧洲白人，一次也没有离开过香料群岛。

谢兰和麦哲伦远隔重洋，却一直保持着书信联系。一旦有船去马六甲，谢兰便让人把信随船捎去，那些信最后会从马六甲辗转到葡萄牙，

送到麦哲伦手上。谢兰一直向麦哲伦热烈而详细地颂扬他的新世界，他说，"我在这里找到的新世界，比达·伽马找到的那个世界更辽阔也更富庶"。他多次呼吁朋友们，及早抛弃欧洲，放弃俸禄微薄的工作，赶快学着他的样子到香料群岛来。

正是谢兰让麦哲伦产生了这样的念头：香料群岛位于最东方，沿着哥伦布西航的路线去那里，应该比达·伽马东航的路线更近、更合理。

麦哲伦并非要做环球远航，他梦寐以求的理想，准确地说，只是西航——穿过美洲大陆，渡过未知的大洋，找到香料群岛。

伤残军人的荣辱

1512 年，麦哲伦返回里斯本的伯利恒教区，他看到的首都和他七年前第一次远航时看到的已经迥然不同。纵目而视，一切都变了。港湾里，停泊着葡船和各种各样的外国船，千帆林立。河岸上，堆满各种仓库已经容纳不下的外国货，而造船工人们还在紧张劳作，赶制更强大的舰船。街市上，达·伽马出海前做祈祷的低矮小教堂，翻新成了辉煌大教堂，来自各国的行人，在富丽堂皇的官邸之间匆匆地穿行。在经纪人事务所里，在银钱兑换商的柜台前，各种语言混杂相间。麦哲伦明白，他和同伴们在印度洋挥洒的鲜血，已经在这个世界贸易中心变成了黄金。

从史料上看，麦哲伦在印度洋仅仅参加过三次战役。但可以推想，在史料之外他曾为葡萄牙的荣誉多少次把生命和健康置之度外，可这一切并没有在他回国之后让他得到合适的职务，甚至生活保障都还是问题。

西航去找香料群岛这个令他着迷的伟大理想，再加上马来奴隶恩里克，这便是麦哲伦在印度洋服军役七年后带回祖国的全部东西。

七年过去了，他过去是什么样，现在还是什么样。没有人热烈欢迎他，也没有向他表示诚挚的谢意。明明回到的是祖国，他却像是来到了异邦。

麦哲伦因为是世袭贵族，所以很早就在王家编制之内，他因此才获得了国王赡养费。但麦哲伦家是小贵族，他被列入最末一等，第一个月只有 1000 瑞斯。经过一番口舌，麦哲伦求得武装侍从的身份，升了一级，月俸 1850 瑞斯。

麦哲伦一筹莫展，无所事事，他荒废了一年时间。

1513 年，葡王组建庞大舰队，攻打摩洛哥的阿扎莫尔要塞（Azamole），还要彻底消灭毛里塔尼亚的海盗。麦哲伦没有任何犹豫，马上报了名，于是在开往阿扎莫尔的庞大军队里，他重新成为一名低级军官，没有职衔。

麦哲伦在一次肉搏战中再次负伤，这一次比哪次都严重。敌人的枪头刺中他的膝关节，损伤了神经，落下了终身残疾，左脚无法屈伸。

麦哲伦本可以告别非洲，以伤残军人的身份，索要更高的抚恤金。但他固执地留在军队，不久后升任船长。

有一次执行任务，麦哲伦和另一个伤号担任押运官，把从阿拉伯人那里抢来的大量马匹和牲畜护送回国。一天夜间，数十只羊不见了，有人说是麦哲伦和那个伤号把部分战利品偷偷卖给了敌人，也有人说是麦哲伦疏忽大意，敌人在夜里偷走了那些羊。

这些可恶的传闻可能会导致军事审判，麦哲伦珍视荣誉，他竟不辞而别，跑回葡萄牙去雪耻。一到里斯本，他便设法求见葡王，由于又急又气，原本只是为了洗清自己，但见到葡王后他的委屈迸发了。他想到自己出生入死，做出过种种贡献，所以他要求得到更相称的职务和更高的俸禄。

而此时，非洲指挥部那边已经传来消息，说麦哲伦船长没有请假，是擅自离队。于是葡王把瘸腿船长视为普通逃兵，他不允许麦哲伦继续讲下去，简单而严厉地命令他，马上返回非洲，听从上级发落。

271

麦哲伦无奈，乘船回到阿扎莫尔。前线没再提及审判的事，他们给麦哲伦提供了证明他功勋卓著和清白无辜的文件，又给了他一份退役证书。

被葡王深深伤害

1515 年，麦哲伦返回里斯本，又去叩见葡王。

野史传说，在这一次觐见中，麦哲伦提出环球远航，没能得到葡王赞许和资助，于是麦哲伦去了西班牙。其实，麦哲伦只是去要待遇要职位，遭到拒绝后负气叛逃，他根本没有向葡王提到过他的远大理想。

麦哲伦其貌不扬，像个肤色黝黑的庄稼汉，他个子很矮，肩很宽，身体很结实，有一脸黑胡子，眉头总是紧锁着。他一瘸一拐地走到葡王面前，深深鞠躬，又躬身把确凿的文件呈给国王，证明谣传他通敌是无稽之谈。然后，他提出第一个请求，由于再次负伤，他丧失了战斗力，叩请国王把他的月俸提高半个克罗赛多。其实，半个克罗赛多，只相当于英国货币的一先令。这个数目小得可笑，但麦哲伦不是为了一枚银币，而是为了他的人格荣誉和阶级地位。因为月俸多少，在这个相互攀比的宫廷里，决定着贵族的身价。35 岁的麦哲伦已经不愿意再在宫廷里和那些服侍葡王饮食或开关马车门的青年人等量齐观。

葡王由衷地不喜欢这个瘸子，他皱着眉头，思忖着怎样对付眼前这个喋喋不休的臣下。对于世上最富有的君主而言，问题显然不在于一枚银币，让他不高兴的是麦哲伦的态度。他不像其他臣工那样诚惶诚恐，不是恳请国王开恩，而是一门心思地直奔主题，顽固不化地索要他想得到的东西，就好像这些东西是他应该得到的。所以，让他慢慢学会敬畏和求赐吧，葡王拒绝了麦哲伦。

葡王没有想到，他为了区区半个克罗赛多却丢掉了千百万枚金杜卡特。30 多年前，老葡王同样是在这座都市，拒绝了哥伦布的西航计划，害得他不得不转而去为西班牙效力。而今，同是在里斯本，新葡王再次演出了同样的历史剧目，只是他并不知道麦哲伦有着一个更为磅礴的西航理想。

看着葡王紧蹙的眉头，麦哲伦知道，他不会得到哪怕是一点点恩赐。但他还想再试试，所以他没有诚惶诚恐地施礼告退，而是不动声色地站在那里，问是否能为他找一个相称的王宫差使。葡王觉得这个人太不知趣，甚至觉得他在挑衅。他忍住龙威，冷冰冰地再次拒绝了麦哲伦，不给他留下任何一点希望。

麦哲伦继续不知趣地问，如果他去愿意向他提供优厚条件的别国效力，国王是否生气。葡王用冰冷的口吻告诉他，你可以去任何你愿意去的地方，去任何你能找到工作的地方去服务，本王根本不在乎。

西去香料群岛的可能性

麦哲伦的远航计划是在他和葡王闹翻之后成形的。

他在葡萄牙又待了一年，主要是和那些长时间生活在海上的船长和舵手们在一起，和那些曾在南半球海域航行过的水手们探讨世界的图景。

他结识了与他同病相怜的天文学家法利罗（Rui Faliro）。许多年来，法利罗一直渴望得到皇家天文学家的职位，毫无疑问，他比任何人都有资格获得这个荣誉，但他同样遭受葡王的怠慢。宫廷大臣为了摆脱他的纠缠，想把他弄进宗教裁判所。他们称他是小丑，说他的研究总是求助于超自然力量，和魔鬼是同盟。

法利罗是理论家，地道的书斋学者。他是通过著作、地图、图表、计算进行理论研究，被认为是天文学权威和制图专家。他不会张帆和掌舵，但他制作的海图、罗盘图、星盘，却是当年最完善的航海工具。他从没坐船出海，甚至从没离开过葡萄牙，但他发明了经度计算法，这种计算法虽然多有瑕疵，但它日后给了麦哲伦巨大帮助。

法利罗变得越来越神经质，脾气暴躁，他谈吐甚健，万分自负，这和孤僻而沉默寡言的麦哲伦似乎极不相配。法利罗的兴趣是从理论层面认识大地和天空，麦哲伦最热切的愿望是亲自远航，实地探索未知世界。恰因为他们性格悬殊，似乎像齿轮一样可以匹配咬合，成为莫逆之交，但也因为这些差异，导致他们的和谐奋斗必定是短暂的。

麦哲伦把他从谢兰那里得到的想法告诉法利罗，问有没有可能不像达·伽马、奥梅达、阿尔布开克那样绕过非洲向东航行，而是从葡萄牙直接西行，穿过美洲，到达富庶的香料群岛。两人即刻投入研究之中。

那个时候，哥伦布已经过世整整十年，西班牙已经不怎么关心对美洲进行征服和殖民。哥伦布关于海地岛到处是黄金的报告基本是个谎言。那里没有多少黄金，也没有香料和象牙，虚弱的印第安人不适合做奴隶。在毕萨罗（Francisco Bisaro）尚未掠取印加宝库而波托西银矿（Potosí）没被开发之前，美洲的发现没有多少经济价值。西班牙人更关心的是，穿过美洲，尽快找到充满财富的香料群岛。但事实上，哥伦布第四次远航曾经向西，一度抵达中美洲大陆，却没能找到穿过去的海峡。亚美利哥的探险队也是如此，他们考察了南美东岸，但没能绕过大陆，到达香料群岛。科泰斯（Hernán Cortés）曾向国王保证，要在巴拿马附近找到通道，一样未遂。美洲大陆比他们想象的要辽阔得多，宇宙志学家在地图上把美洲和南极画得连在一起，西班牙人无法穿过去，也没办法绕过去。西班牙航海家根据国王的命令，一个接一个出发，不断试图绕过新发现的大陆，赶在葡萄牙人之前，攫取香料群岛。他们徒然试着运气，像当年葡萄牙人想横穿非洲去印度洋一样，一次次以失败告终，许多船只遇难。他们似乎已经失去了从大西洋直接驶往东方的信心，渐渐安于与香料群岛天地永隔的事实。

但是麦哲伦和法利罗发现了一丝希望。他们翻阅了葡王秘密档案里所有的海岸图、罗盘图、测程仪记录、最后几个巴西探险队的航行日志，还找到一本用劣质纸印刷的德国小册子《来自巴西大陆的最新消息抄件》。这本小册子，原本是奥格斯堡（Augsburg）维利泽尔家族（Veryzer）最大商行的葡萄牙代理人，不久前寄给顾主的秘密情报。这个小册子用很糟糕的德文写道，一艘葡萄牙船在南纬 40° 左右，发现并绕过了一个跟好望角相似的海角。海角后面，有一条由东向西的宽阔海峡，很像直布罗陀海峡，可以从大西洋通向另一个未知海洋。两人如获至宝。

其实这个情报是错的。那些葡萄牙航海家只是发现了一个河口，他们向里面航行了两昼夜，仍然一眼望不到头，误以为那是一条海峡，他们没能走到另一端便被暴风雨赶了回去。所以可以推断，他们看见的可能是某条大河的入海口，不一定是东西相通的海峡。只有亲眼看见过拉普拉塔河入海口的人才会知道，把像大海一样广阔无边的河口误认为是峡口或是大海本身，简直太正常了。

然而，这份错误情报，让麦哲伦和法利罗欣喜若狂。随后，他们又找到曾经激发过哥伦布的托斯卡内利地图，它把地球的水陆分布画得荒唐透顶。依照它的指示，从小册子上说的那条海峡穿过南美大陆去香料群岛很是容易。当他们又看了贝格侬姆在地图上的错误标注，麦哲伦终于确定了坚定的信念。正是基于这些错误信息而产生的执念，麦哲伦后来毫不犹豫地对西班牙国王说："在大西洋和太平洋之间有一条海峡，我相信这一点，我知道它的位置。请给我一支船队，我要向你们指明这个海峡的地点，然后从西向东环绕地球一圈儿。"

理论家法利罗和航海家麦哲伦相互发誓，在西去香料群岛计划得以实现的决定性时刻以前，必须向所有人保密，否则天打五雷轰。

后来让麦哲伦颇感沮丧的是，法利罗计算出，香料群岛不在教皇为葡萄牙划定的势力范围。它属于西班牙，是西班牙国王的财产。

正是这个原因，当然也因为葡王不器重他，使他不久就做出了叛逃西班牙的决定。可以说，他的行动违背了爱国主义，他不只是离开了祖国，而且是损害了祖国。就像是今天的军官，窃取了总参秘密地图，转手交给竞争对手一样，葡萄牙贵族和皇家船队原船长麦哲伦严

重触犯了法律。而他不像盗窃犯那样怯懦，也不像间谍那样胆战心惊，他坦然地越过国境，投向了敌人，他完全意识到了等待他的是铺天盖地的辱骂。

实际上，法利罗的全部结论也都是错的。香料群岛并不处在西班牙的势力范围，它是在教皇划给葡萄牙的区域。他计算的经纬度也不对，而且十分荒谬，因为他对太平洋的宽广度没有任何概念。

1517 年秋天，麦哲伦让略有胆怯的法利罗暂留葡萄牙，他独自带着奴隶恩里克，越过西葡边界，进入西班牙。

麦哲伦遗迹

【麦哲伦故居】

位于葡萄牙北部偏远的萨布罗萨小镇，一度传说那个院落里的独栋小楼是麦哲伦出生并度过童年的地方，因为里面有人居住，一般无法进去参观，院门紧闭，门旁有各种与麦哲伦有关的信息指示。

【幼年麦哲伦塑像】

在萨布罗萨市政厅前，有一个童年麦哲伦的雕塑，坐在浅浅的水池中的一块石头上，右手推扶着一艘没有甲板也没有风帆的小船。

【麦哲伦塑像】

进入萨布罗萨小镇时，可以看到麦哲伦手指远方的雕像，伫立在花坛中间。

第十二章 环球远航之梦

只有当西班牙国王把西航船队托付给麦哲伦的时候，过去这位一文不值的失业船长才会在葡王心中变成重要人物。反之，自从葡王想尽办法，非要把麦哲伦弄回去，西班牙国王也就无论如何不会把麦哲伦还给他。麦哲伦的西班牙船队一共有五艘船，环球归来时，它们必须带回两种东西，一是尽可能多地给实业财团的钱财，二是地理考察成果。

先做西班牙武器库长官的女婿

1517 年 10 月，37 岁的麦哲伦来到西班牙塞维利亚。

此时，西班牙国王卡洛斯一世（Carlos I）没在这里，这位 17 岁的新君主刚从比利时回到西班牙北部港口桑坦德（Santander），正在前往巴里亚多利德的途中。11 月中旬，他又打算在巴里亚多利德修建新王宫，看来，他不会马上回塞维利亚。

对麦哲伦来说，在塞维利亚静候国王，是一件挺好的事。这里万商云集，船长、代理人、各类经纪人摩肩接踵，纷至沓来。因为大部分商船要经过不远处的瓜达尔基维尔河（Guadalquivir）入海口，然后转道西方，老国王命令在塞维利亚建立特别的海外贸易机构，这便是大名鼎鼎的东印度公司。

东印度公司既是商品交易所，又是船务经理处，更确切地说，它是海上贸易管理局咨询处。在政府监督下，愿意资助海洋探险队的实业家在这里和希望率队探险的船长们谈判，然后签订协议。凡是希望挂西班牙国旗进行海上探险的人，都必须在这里首先取得东印度公司的许可和支持。

麦哲伦并不急于进东印度公司接洽。他审视了自己的条件，认为东印度公司不会对他这个来历不明的外国新移民有什么期许。所以他

决定在时机尚未成熟的时候，先不迈进它的门槛。

像所有渴望推行新计划的人一样，麦哲伦首先要找关系，寻求一个可靠的保人。他有一个远亲——巴尔波查（Diogu Barboza）——他在西班牙担任武器库长官已经 14 年，颇得各界尊重。他决定先去那里碰碰运气。

巴尔波查早在麦哲伦参加远航之前便在印度洋航行过多年，后来他的儿子继承了老爸对海上探险的浓烈兴趣，年纪不大便走遍了印度、波斯、马来西亚水域，所以三人一见如故。巴尔波查干脆把麦哲伦请到家里来住。没多久，麦哲伦得到巴尔波查的女儿巴尔巴拉（Barbara Barboza）的青睐。年底，麦哲伦成了武器库长官的女婿。现在他可以毫不犹豫地走进东印度公司的大门了。

麦哲伦在东印度公司受到怎样的接待，会谈说了什么，都没留下历史记录，所以我们无从知道麦哲伦在多大程度上泄露了他向法利罗宣誓保密的共同计划。可以肯定的是，职业经理人一般总是以怀疑态度对待一切不平庸的东西，东印度公司的高层也一样，由于惧怕风险，他们不愿把钱投到默默无闻却异想天开的人身上。麦哲伦的西航计划没能通过委员会三位王室职业官员的认可，通向国王接待大厅的第一扇大门，没能为麦哲伦打开。

麦哲伦的福星

但出乎麦哲伦意料的是，东印度公司经理阿朗达（Juan Aranda）是否决其计划的三位成员之一，但他觉得这个计划大有前途，而且有利可图，他愿意私下了解这个计划的种种细节。阿朗达和绝大多数君主、统帅、商人一样，不关心探索世界，也不关心人类幸福，他是一位有经验的实业家。他在考虑，是否以个人名义跟麦哲伦达成协议，资助他远航，从而捞到一笔佣金。

这种以王室官员身份否决方案又以私人身份私下暗中谈判的做法，

职业道德上令人不齿，东印度公司后来还对阿朗达追究了法律责任。不过，麦哲伦需要不加选择地寻找一切机会，推进他的伟大设想。他没太在意阿朗达的道义问题，甚至因为觉得情况紧急，他抛弃了与法利罗的誓约，向阿朗达泄露了他俩共有的秘密。让麦哲伦喜出望外的是，阿朗达完全赞同他的计划。

在麦哲伦和法利罗最初搭建的合伙关系中，麦哲伦的投资是他丰富的海上经验，法利罗的贡献是理论知识，现在又出现了第三个人阿朗达，其作用是他在对外联络方面的关键影响力。

阿朗达要利用自己的影响力，并掏出自己的钱，支持初次相识的人去冒险，他一定会像所有有经验的商人一样，先去葡萄牙打探麦哲伦和法利罗的可信程度。为他进行调查的人是亚罗（Christopher Yarrow），他是比利时富商，大名鼎鼎的船老板，与国际大资本家家族瓦利泽尔、福格尔以及威尼斯人关系紧密。他用自己的资本装备过不少航海探险队，曾资助远赴巴西南方探险的第一支队伍，他对查访各种人事拥有十足的经验。他的调查结果对两位陌生人十分有利：麦哲伦是位海洋知识渊博而远航经验丰富的船长，法利罗是杰出的宇宙志学家。

在远航事业方面，东印度公司经理的意见对宫廷决策具有决定性的影响力，阿朗达开始用心安排他和麦哲伦共同的事业。他给首相写了封长信，阐述西航去香料群岛的重要性，说麦哲伦是一位"能够为阁下效大劳"的人。同时，他和王室会议的个别成员商议，安排麦哲伦觐见国王。阿朗达不仅要亲自陪同麦哲伦前往巴里亚多利德，而且还慷慨地借给他旅费。

转瞬之间，麦哲伦时来运转。他在西班牙几个月里赢得的东西，比他在祖国忘我服役七年所获得的要多得多。当王宫的大门即将向他打开的时候，他急忙给法利罗写信，让他不要再犹豫，赶紧来塞维利亚。

法利罗生气了，他觉得麦哲伦自作主张，引进呼风唤雨的新人，

把他排挤到了次要位置。当他得知阿朗达把他俩引进王宫是以参与未来分利为条件，这个没有社会经验的理论家愤怒到了极点。他指责麦哲伦违背诺言，没有征得他的同意便把属于两个人的秘密告诉第三者。他歇斯底里，大吵大闹，拒绝和阿朗达一起去巴里亚多利德。

这时，阿朗达突然接到通知，说国王同意接见麦哲伦。

于是，围绕利益问题，法利罗和阿朗达激烈地讨价还价，直到1518年3月在巴里亚多利德王宫大门口的最后一刹那，三个合伙人最终达成协议，阿朗达退了一大步，他只能获得未来利润的八分之一。

其实，麦哲伦、法利罗、阿朗达到最后谁也没见到一点儿利益。

成功说服王室顾问

王室会议的四位成员中，首相索瓦日（Sauvaire）、荷兰乌德勒支红衣主教阿德里安（Adrien）、国王的年迈太师克罗阿（Ciliwung Croix），全是荷兰人。他们的注意力在德奥，卡洛斯一世将在那里获得皇冠，成为哈布斯堡王朝的统治者。这些权贵不大关心只对西班牙一个国家有好处的方案。而王室会议中唯一的西班牙人，是布尔戈斯红衣主教方萨加（Fonsaga），他是东印度公司监督官，四位成员中唯一懂航海的人。然而，每个海员都知道，此人一直是哥伦布的煞星和宿敌，他总是以敌对态度否决每一个异想天开的计划。阿朗达第一次向麦哲伦提到这个名字时，不知道他是否会不寒而栗。

但此刻，麦哲伦怀着坚强的信心，昂首走进王室会议厅。

自从哥伦布获得成功以来，各种渴望冒险的人蜂拥而至，快要把王宫的门槛踏烂了。不过在王室会议成员看来，眼前这个人矮瘸子确实比一般人更深刻。因为他认识瓦尔特马，与谢兰是密友，所以当他谈起香料群岛的地理位置、气候条件、丰富宝藏时，他所提供的信息确实新鲜而诱人。

麦哲伦还把他从马六甲带来的奴隶恩里克叫出来，望着身材细小的马来人，国王的顾问们惊呆了，他们从没有见过这个种族。

权贵们的兴趣被激发起来之后，麦哲伦转而陈述他的主张。

他说：富得无法形容的香料群岛在印度以东很远的地方，企图像葡萄牙人那样首先绕过非洲，接着穿过整个印度洋，然后再通过巽他海峡（Sunda）前往那里，会绕太大的弯子。正确的走法是直接西航，不错，新发现的美洲大陆横卧在前方，挡住了我们的去路，而且世人都认为海船无法绕过它的南端，可我拥有确切材料，知道哪里有一条通道。如果西班牙向我提供船队，我保证用我和法利罗掌握的地理秘密为西班牙服务。只有沿着我提出的这条路线前进，西班牙才能超过早已把手伸向那片群岛的葡萄牙人。

麦哲伦退到一旁，让法利罗论证宇宙学方面的依据。法利罗带来了一个巨大的地球仪，他用手指划出他和麦哲伦建议的航路，形象地说明香料群岛在地球另一面，位于教皇划给西班牙的统治区。他说，如果西班牙人无视自己的优先权，首鼠两端，逡巡不进，葡萄牙人就会在西班牙的势力范围中建立统治。

几位王室顾问出于好奇，想在地球仪上看看他们梦寐以求的美洲通道，但他们发现，上面没有标明它的位置。法利罗解释说，他故意没有标明位置，免得这个伟大的秘密被别人窃取。

既然学识渊博的宇宙志学家断言香料群岛属于西班牙，国王的顾问们更不想质疑这个令人皆大欢喜的判断。让人没想到的是，对麦哲伦这个计划最欢欣鼓舞的竟不是别人，而是方萨加主教。这个让所有幻想家都感到讨厌的怀疑主义者居然开口明确支持麦哲伦。或许他已经认识到，他在历史进程中已经犯过错误，他不想再像敌视哥伦布那样蔑视麦哲伦。他的表态一锤定音，麦哲伦和法利罗的方案在原则上顺利通过。

几位大人建议，让麦哲伦和法利罗以书面形式，把自己的建议和诉求提交王室会议。

西班牙海军上将

运气正旺时，又一张决定性的王牌从天而降，亚罗来到了塞维利亚。

亚罗的总办事处过去设在里斯本，但葡王的吝啬和忘恩负义惹恼了他，此后凡是能惹恼葡王的不快事，莫不使他心花怒放。亚罗看重麦哲伦，正是因为他背叛葡王，为西班牙效力，这肯定会让葡王追悔莫及，而且从商业角度看，西航去香料群岛会带来巨大利润。

所以亚罗承诺，一旦西班牙宫廷和东印度公司拒绝投资，他会和其他商人合伙，为麦哲伦装备船队。

有了亚罗的保证书，麦哲伦的计划忽然有了最后的保底，他现在可以像资本家一样向王室大胆提条件了。如果王室不想参与冒险，麦哲伦可以骄傲地宣布，这丝毫不会影响他的成功，他只要求挂上西班牙国旗去远航，为此他愿意把五分之一的利润慷慨地交给西班牙。

王室会议只要想到唯利是图的亚罗愿意投资，就会懂得麦哲伦西航这件事肯定有利可图，所以不如从国王的金库拨款，夺得最大利润，获得最大荣誉。经过一番不算激烈的讨价还价，麦哲伦和法利罗的全部要求得到满足。于是，西班牙各级机构以前所未有的速度，办妥了这件大事。

3月22日，卡洛斯一世以他的精神病母亲胡安娜的名义，与麦哲伦和法利罗签署了双边航海合同。

朕命令并答应你们，在今后十年里，朕将不许任何人在你们打算去发现的那些道路上航行。如果有什么人一定想从事同样的航行并请求朕予以恩准，朕将预先通知你们，使你们能在同一时间内使用与想做类似发现的人相同先进的装备和同样数量的船只。

国王同意，麦哲伦和法利罗新发现的土地上全部收入的二十分之一归属这两位船长，如果他们能找到六座以上的岛屿，他们有权获得其中两座。此外，像与哥伦布签署的合同一样，国王授予他们两个人新发现土地和岛屿的总督称号，并世袭传给子孙。至于与探险队随行的皇家监察员和司库，他们只负责监督财务支出，绝对没有监视和限制两位船长行使指挥权的意思。

拘谨而迟钝的卡洛斯一世，忽然成了最热烈的远航支持者。他比任何人都着急，每天都要询问工作进程，无论什么地方出现阻力，只要麦哲伦向他求助，他便立即下达文书，排除所有障碍。卡洛斯一世要负责装备五艘舰船，船只吨位和大炮数量已经商定好，另外，他还要保证组织足够的船员和足以维持两年的食品仓储。在漫长的39年执政期间，卡洛斯一世极易受人影响，经常犹豫不决，他能全力以赴支持一个不知最终胜负的壮举，仅此一次。

麦哲伦终于从被葡王鄙视的逃兵，变为西班牙国王的海军上将，成为整个船队生杀予夺的主宰者，而且他第一次破天荒成为自己命运的主宰者。

葡王后悔莫及

麦哲伦与西班牙国王签署寻找香料群岛的协议，这是葡王得到的最坏消息。目前，他的船队刚刚抵达香料群岛，如果西班牙人真的能从东边开进，占领香料群岛，那等于是直接夺去他的金库。于是，他委托驻西班牙宫廷大使科斯塔（Alvaro Costa），设法扼杀麦哲伦的计划。

科斯塔首先去找麦哲伦，说难道你没想过，你为外国君主效力会在上帝和自己的国王面前犯下怎样的罪过。难道你不知道，你的合法国王正打算去娶卡洛斯一世的妹妹，如果葡王受到损害，这件婚事就将告吹。如果你理智正派地行事，重新听从合法国王的指挥，国王肯

定会在里斯本重赏你。

麦哲伦清楚，葡王对他没有好感。如果回国，等待他的不会是装满黄金的钱袋，肯定是匕首。所以他彬彬有礼地表示遗憾，说现在为时已晚，他已经向西班牙国王做出保证，他必须履行诺言。

科斯塔又去觐见西班牙国王，说一位国王不顾另一位友好国王明确表达出的意志，居然任用他的臣民，这不体面，也不道德。您自己有足够的臣属，他们可以在任何时候做出发现，没必要求助于不满意葡王的两个人为您效劳。如果葡王得知这俩人请求回国而没能得到西班牙批准，他会感到受了极大侮辱，现在不是刺激葡王的时候，更何况是为了一桩靠不住的区区小事。为了您自己和葡王的利益，您或者批准这俩人回国，或者把他俩的探险推迟一年。

卡洛斯一世明白，葡萄牙使臣为什么提出把探险推迟一年，是因为葡萄牙正好需要一年时间便可以赶在西班牙人前面，控制香料群岛。他冷淡地同时拒绝了科斯塔的两项建议。

但卡洛斯一世表示，丝毫没有为难葡王的意思，所以他让大使去找红衣主教阿德里安商谈。红衣主教又让他找王室会议，王室会议叫他去找布尔戈斯主教。在这种拖延战术面前，葡萄牙的外交抗议，被缓缓地消磨掉了。

只有当西班牙国王把西航船队托付给麦哲伦的时候，过去这位一文不值的失业船长才会在葡王心中变成重要人物。反之，自从葡王想尽办法，非要把麦哲伦弄回去，西班牙国王也就无论如何不会把麦哲伦还给他。

挑拨与陷害

科斯塔什么目的都没达到，葡王便把秘密破坏麦哲伦船队的任务，转交给葡萄牙驻塞维利亚领事阿尔瓦列什（Sebastiao Alvarez）。

阿尔瓦列什是个特务，他一直密切关注着麦哲伦船队的筹备进程。

西班牙国王给麦哲伦调集的五艘旧帆船驶进塞维利亚，阿尔瓦列什幸灾乐祸地向葡王密报，说这些"船全都破旧不堪，打满了补丁……船舷软得像奶油"。情况差不多真是如此，麦哲伦第一次看见这几艘匆忙买来的破船，心情很不好。但他是经验丰富的船长，懂得再破旧的船，只要经过悉心修理，完全可以续用。随后的日子，阿尔瓦列什天天徘徊在船队四周，记录修船细节，观察船上安装了什么，什么货物已经装进船舱，然后写成报告，送给葡王。

阿尔瓦列什和几位西班牙船长建立了要好的关系，一有机会他就愤怒地大声质问，西班牙贵族必须绝对服从两个脱离祖国的叛徒，这是真的吗？极端民族主义意识是一根最容易拨动的琴弦，而且最容易产生共鸣。不久，塞维利亚海员开始在私底下愤愤不平，说这两个葡萄牙叛徒，他们从没在西班牙旗帜下航行过，只因为会吹牛，我们就把船队托付给他们，还把他们晋升为海军上将。

对阿尔瓦列什来说，船长们在小酒馆里窃窃私语，低声抱怨，完全不够。他必须极力煽动起一场真正的暴乱，让麦哲伦丢掉海军上将的军衔。当然了，如果能结果他的性命，那更好。

10月的一天，麦哲伦从凌晨3点开始，一直在监督技师工作。

天亮后，旗舰特立尼达号倾斜船体，技师把软木和麻絮蘸上焦油，仔细填进船上的缝隙，再用锤子轻轻敲平。此时，来了一群无所事事的塞维利亚人。他们嚼着中美洲烟叶，手插在裤兜里，围观看热闹。突然，一名警察指着特立尼达号的主桅愤怒地喊："多么蛮横无理，麦哲伦这个抛弃祖国的流浪汉竟然在我们塞维利亚，在西班牙国王的港湾里，在西班牙船上无耻地升起葡萄牙国旗，难道我们能容忍这种侮辱？"听了他的话，大家并没有发觉这个义愤填膺的爱国者是葡萄牙领事阿尔瓦列什假扮的警察，根本不是西班牙人，大家只是被他的爱国激情点燃了，纷纷指责麦哲伦。

听到吵吵闹闹的声音，爱看热闹的人从四面八方蜂拥而至，市长

也赶来了。麦哲伦急忙跟市长解释说，这是误会，主桅没升西班牙国旗纯属偶然，它刚刚被取下来去做修整。现在挂着的是西班牙国王授予他的海军上将旗，并不是葡萄牙国旗。麦哲伦请市长把胡闹的人统统赶走。可是，民族情绪煽动起来很容易，平息下来却非常难。激愤的民众和麦哲伦的船员险些发生暴力冲突，只是因为麦哲伦冷静镇定，才阻止了挑拨者暗中导演的流血惨案。激愤的民众不依不饶，市长站在了他们一边。他们要把所谓外国旗帜摘下来，否则他们要自己动手。东印度公司的一位高官想努力恢复秩序，但根本做不到。市长叫来港湾警卫司令和一大队警察，警卫司令指责麦哲伦侮辱西班牙王权，下令逮捕他。东印度公司高官警告警卫司令，逮捕国王授予崇高权力的船长，对你这样的皇家官员来说，是一件相当危险的事。

麦哲伦说，好吧，我把旗降下来，放弃这些船，让这些暴民们随便摆弄国王的财产，但可能造成的一切损失，必须由你们这些港口官员负责。听了这话，市长不知所措，有些害怕了。看到市长面有难色，民众们也都嘀咕着散去了。

麦哲伦立即给国王写信，说王权受到了侮辱。卡洛斯一世当然站在他的海军上将一边。几天后，港口官员接受惩罚，闹事者也统统遭到鞭笞。

舰队复杂的人员构成

麦哲伦抓紧时间，趁技师日夜整治旧船的时候，着手招募有经验的海员。

公告员敲着鼓，在塞维利亚每条街道上喊叫，但没多少人响应。招募者无奈，跑到加的斯和帕洛斯去张罗，但麦哲伦需要的人还是没能招满。原因是，招募者无法说清探险队到底要去哪里，另外船上要储备整整两年的食品，这引起海员们不小的顾虑，不知道要去多远的地方。后来，麦哲伦招到的人全都衣衫褴褛，不像是职业海员。这群人国籍复杂，有西班牙人和黑人，有葡萄牙人和巴斯克人，有塞浦路斯人和希腊科孚岛（Corfu）人，也有德国人、英国人、意大利人。他们全是亡命徒，只要能发一笔横财，他们不怕把命交给魔鬼。至于向东还是向西，是去印度洋还是走大西洋，他们根本不在乎。

东印度公司只对船上的葡萄牙人特别敏感，认为加入西班牙皇家船队的葡萄牙人太多，担心麦哲伦势力太大，所以事先声明不会付给这些人一个马拉维迪。国王曾授予麦哲伦自行招募人员的无限权力，让他按照自己的愿望去组织船员，于是麦哲伦给国王写信，请求重申他的命令。但这一次，麦哲伦似乎触到了西班牙的痛处，卡洛斯一世借口不愿得罪葡王，没有答应麦哲伦的请求。实际上，他和东印度公司一样，是担心麦哲伦带着葡萄牙人闹独立，但是他让了一小步，说整个船队最多可以接受五名葡萄牙人。

麦哲伦自作主张，违背国王御令，骗过东印度公司，偷偷吸收了30名葡萄牙船员。其中包括好几位他认为十分可靠的亲友，首先是他的大舅子杜亚托·巴尔波查（Duato Barboza）和他的堂弟麦斯基塔（Alvaro Mesquita）。其次是他的好兄弟谢兰的亲戚若昂·谢兰（João Sheran），他曾跟随毕萨罗和阿里亚斯（Bidlo Arias）远航，麦哲伦把他登记为西班牙人。再次是葡萄牙最优秀的舵手戈麦斯（Estevão Gomes）。另外还有卡尔瓦洛（João Carvallo）和他的私生子，卡尔瓦洛去过巴西，和巴西黑色情妇生下儿子，一直带在身边。这对父子懂得巴西语言，熟悉南美情况，在那里可以充当向导。如果探险船队真能从西边找到香料群岛和马六甲，进入马来语世界，麦哲伦的葡萄牙籍奴隶恩里克可以作为翻译，帮上大忙。

麦哲伦兼任旗舰船长，旗舰载重110吨。五艘船中，最大的是圣安东尼奥号，比旗舰还重10吨，船长是法利罗。90吨的康塞普西翁号，船长凯塞达（Gaspar Kathada）。维多利亚号85吨，船长是敌视麦哲伦的缅多萨（Luis Miadosa），他是国王派来的司库。圣地亚哥号载重75吨，船长是谢兰。谢兰的船很小，吃水浅，麦哲伦打算用它进

行先头侦察。

因为不想把海峡的秘密泄露给多嘴的人，让外国密探知道。麦哲伦三缄其口，始终不透露探险队的目标，让船长们感到一丝不安和不快。

说到麦哲伦船队，一定要特别提到一个人，他是来自意大利的年轻骑士毕加费塔（Antonio Pigafette）。这位骑士跟随教皇法庭的书记官来到巴塞罗那王宫，听说麦哲伦探险队要沿着没人走过的路，前往没人去过的地方，他请求卡洛斯一世恩许他参加探险。卡洛斯一世把他推荐给麦哲伦，于是职业海员中来了一位天真烂漫的历史记录者。

实际上，毕加费塔不善于洞悉人性，他对海军上将和各位船长之间的心理冲突几乎不甚明白。他只记录进程和结果，醉心于观察自然界的各种细节。他的记录并不是完全可信，因为他像孩子一样纯真，他会听信老舵手们告诉他的一些荒谬故事。但是他毕竟留下了足够多的历史信息。

要知道，壮举不被文字记下来，它便在历史长河中黯然失色，而许多大事并非在它完成之初便具有历史意义，相反，是在它变成后代的精神财富时才更有价值。如果不能在历史记录中变成永恒，如果艺术家不再演绎历史中的这些故事，英雄如同不曾存在，英雄的事业也只能像转瞬即逝的浪花。假如只有舵手们枯燥无味的航务记录，我们就会对麦哲伦和他的奋斗知之甚少，而恰是因为这位年轻骑士勤奋的全程记录，才使得麦哲伦的西航冒险永世流传。

没有什么能让麦哲伦放弃

远航筹备并不像阿尔瓦列什旁观的那样顺利，麦哲伦经常要为许多事情没完没了地与国王和相关部门通信。曾经几度，麦哲伦甚至觉得，船队未及起航，已经快前功尽弃了。

完整装备大船队，总共需要 800 万马拉维迪，可司库突然宣布，东印度公司钱库空了。似乎因为缺钱，远航要无限期拖下去。麦哲伦说服官廷，转而接纳一批富商参与他的事业，于是亚罗匆忙组织财团，送来了 200 万。作为回报，这些财团得到了以同等条件参加探险活动的权利。

资金问题解决了，接着又出现了其他状况。一会儿是在其他省份甚至远在德国采购的货物没能按期送到，一会儿是缅多萨船长粗鲁无礼地拒绝服从命令，当着船员的面羞辱海军上将，但麦哲伦却不能开除他，因为他是国王强加给船队的司库。

不过，没有任何事可以阻挡麦哲伦，他的决心已定。

破旧的帆船全部修理完毕。甲板洗得焕然一新。从桅杆梢头到船舱龙骨，全部涂好焦油，打了蜡。腐烂的长木方梁全都换上了新木。风帆用新染的粗麻布做好，很结实，上面印着圣地亚哥的十字架。锚链和缆绳全部更新，锚擦得闪闪发光。船上每一个小部件都配制得一丝不苟。

五艘船满载货物，只待出海命令。

此时，阿尔瓦列什来到麦哲伦家，做最后的挑拨离间。

他劝麦哲伦不要相信西班牙国王的承诺，不要相信红衣主教的甜言蜜语，国王的确是任命他和法利罗为海军上将，似乎授予他俩指挥船队的全权，但他是否能肯定，国王没有向其他人下达暗中限制他们权力的密令。西班牙国王的担忧不无道理，谁背弃了一面旗帜谁就可能背叛另一面旗帜，谁背叛了一位国王谁就可能背离另一位国王。阿尔瓦列什明确告诉麦哲伦，国王安插在船队的那些官员，都接受了国王的各种秘密指示。

麦哲伦不由自主地打了一个寒战，他不禁自问，国王违背合约，禁止他招募五名以上的葡萄牙人，难道不是怀疑他的忠诚吗？他强塞进来的这些人——监察员、司库、会计——真的只是统计局的官吏？他们是否肩负着秘密监视他的特殊使命，随时可能剥夺他的指挥权？麦哲伦知道，面前这个消息灵通的特务居心险恶，但他的话无疑是

真的。

他细细算了算，在他的 265 名属下当中，他能完全相信的仅有十人。片刻间，麦哲伦忽然有了不祥的预感，但他很快恢复了镇定。他断然回答阿尔瓦列什，即使西班牙国王不信任他，甚至最后不犒赏他的功绩，他都坚决不会和葡王签约。做人要厚道，他必须忠于自己做出的承诺，为西班牙国王效力。

出发前的决断

送走阿尔瓦列什之后，麦哲伦做出一个决断，在纷杂的局面中，不让法利罗增加对自己的干扰。显然，他无法驱逐国王的监察员和司库，但在可能出现的复杂斗争中，在每一个决定性的时刻，他必须尽可能争取独立，不能出现由两个海军上将共治产生的内耗。所以他不愿在如此诡异的远航中，再被法利罗这样一个性情乖张的平级长官拖累。他必须出港之前，把这个包袱扔下，事实上，这个天文学家已经成了麦哲伦的累赘。

恰好，法利罗仰观星象，断定自己不可能在这次远航中生还，他自愿放弃出海。于是国王下御旨，任命他为日后第二支船队唯一的海军上将，交换条件是，他必须把地图和天文图表让予麦哲伦。

法利罗暗降明升，很有面子，但麦哲伦的忧虑减少得不多。原来由法利罗指挥的圣安东尼奥号，改由国王派来的总监察员卡尔塔海纳（Juan Kaltahayner）担任船长。此人是布尔戈斯主教的堂兄弟，他冷漠傲慢，毫不掩饰对麦哲伦的轻蔑。

1519 年 8 月 10 日，维多利亚圣玛利亚小教堂，麦哲伦率领来自九个国家的 265 名船员，跪下宣誓，然后从莱瓦总督（Saint-Martinnez Leiva）手里接过西班牙国旗。

船队离开停泊场，顺瓜达尔基维尔河而下，先行前往桑卢卡尔港。

此时，武器库长官巴尔波查的女儿站在麦哲伦面前，臂弯间抱着儿子，肚子里又有了第二个孩子，她全身颤抖，失声痛哭。在和妻子相处的一年半时间里，麦哲伦第一次感受到真正的幸福。他最后一次拥抱妻子和儿子，为了不被妻子的眼泪动摇，他转身登上小船，去追赶桑卢卡尔的船队。

细致周全的远航准备

没有人能够告诉麦哲伦，西航去香料群岛，然后继续西航回西班牙，究竟需要多长时间。他不知道这条无人知晓的路线会让他经历哪些国度，感受什么样的气候，见识到哪些民族。他只知道，设计总方案时有多大胆，对每一个细节的思考和计算就要有多周密。他对五艘船了如指掌，曾亲自验收一切货物，检查每一张发票。他在厚厚的登记本里，一个马拉维迪都不遗漏地记下每根方木和缆绳、每袋食盐、每把小锤头、每令纸张的价值。这些枯燥整齐的数字最能说明麦哲伦超乎寻常的耐心细致。

在出发前，麦哲伦从一艘船走到另一艘船上，检查各种物资。

麦哲伦的食品总存量，像是万吨远洋巨轮上的数目，根本不像是总重量只有600吨的五艘帆船的用量。船上主要食品是面包干，足够两年之用。船上堆放着渔网、几十把大鱼叉、几千个鱼钩，以供途中捕鱼，除面包干之外，鲜鱼将是船员们的主要食品。船舱里密密排放着一袋袋白面和豆类，同时贮存着2600公斤腌肉、200桶沙丁鱼、984块圆形干酪、450捆葱蒜，还有大量的糖、醋、芥末。此外，麦哲伦还储备了各种美味，其中蜂蜜700公斤，葡萄干和扁桃干各1500公斤。船上还养着七头奶牛，在它们死之前，可以保证大家喝到新鲜牛奶，在它们死后，可以吃上新鲜的牛肉。对于身强力壮的年轻船员来说，酒比牛奶重要。为了保持船员们的旺盛情绪，麦哲伦在赫雷斯买下最上等的417皮囊和253木桶好酒。这些酒也是供给两年之用。他要让每个水手每天都能喝上美酒。

为保障船员的身体健康，船上有足够多的药箱和拔火罐。为了船员的精神健康，麦哲伦在船上安排了5面大鼓和20面铃鼓，另外还有几把小提琴和风笛。为了记录更多的细节，麦哲伦给所有官员每人预备了15个簿记。为了制裁反叛者，船上预备好了镣铐和锁链。

至于航海用具，星座一览图和星盘、罗盘和罗盘针、沙漏计时器、扇形齿轮，必不可少。每一件索具，替换旧桅杆用的粗大圆木、做新风帆的粗麻布、锚，都准备了双份。还有麻絮、一桶桶焦油和树脂、蜡，供弥补船缝之用。各种必要的工具，铁锹、镐头、锤子、钳子、锯、钻、钉子，一应俱全。麦哲伦对照明用品也做了长期准备，船上有89盏灯笼和6400公斤蜡烛，另有专做礼拜用的又粗又大的蜡烛。

要知道国王派遣这支船队，总花销高达八千万马拉维迪，他并非只是想知道世界是什么样子。五艘船归来时，不仅必须带回地理考察结论，而且必须带回来尽可能多的钱财。麦哲伦必须仔细考虑带去什么产品，以交换欧洲人梦寐以求的商品。他觉得有两种东西到处都受欢迎，一是镜子，它可以让肤色各异的土著清晰地看到自己，所以船队带了900面小镜子和10面大镜子，只可惜，这些镜子大部分在途中破碎了；二是铃铛和其他可以发出声响的玩具，它们能取悦于所有孩子，所以船队带上了至少20000个这类小玩具。此外，所带产品清单上还有4000把德国刀、600把剪刀、花头巾和红帽子、铜手镯、五光十色的假串珠。这些东西在西班牙的价格，低得就像香料价格在香料群岛一样，但它们绝对符合交易需要。船上也有贵重产品，比如华美的土耳其服装和各式各样用天鹅绒做成的欧洲古代女装，也许有些特殊人物需要这些东西。

所有这些东西，只是庞大清单中开列的一小部分，它们是航行生活中成千上百物品里最基本的必需品。

麦哲伦最后视察了船上的武器，58门大炮、三门巨大的射石炮、七门长筒鹰炮。在船舷上露出炮孔，甲板下藏有大量铁弹、石弹，码放着装满铅的木桶，一旦子弹打光，可以用这些铅铸造新子弹。船上还有 1000 支标枪、200 杆长矛、200 只盾牌，一多半船员装备了头盔和胸甲，海军上将还在西班牙北部的毕尔巴鄂（Bilbao）订制了两身能把自己从头到脚遮盖起来的铁铠甲。

在桑卢卡尔港小教堂，麦哲伦进行了预先忏悔，然后再次和全体船员在一起进圣餐。这个港口小镇，是世界史上第一次环球远航的起点，也将是它的终点。

麦哲伦遗迹

【麦哲伦博物馆】

位于萨布罗萨小镇，离过去认定的麦哲伦故居不远，是一个不大的博物馆，里面有麦哲伦航海介绍和麦哲伦海船的大型模型。

第十三章　麦哲伦寻找麦哲伦海峡

麦哲伦证实了，在南美大陆南部，有一条海峡连接着大西洋和另外一片未知海洋。他是征服这条险峻海峡的第一人，在以后漫长的岁月中，另有数十支探险船队在这里全军覆没，而他却是穿过这条海峡而未损一船的唯一一人。完全可以说，麦哲伦能最终穿越麦哲伦海峡，绝对是一个奇迹。

所有人必须跟我走

1519 年 9 月 20 日黎明，麦哲伦在桑卢卡尔港下令起锚，篷帆孕满海风，船队鸣放告别礼炮，渐渐远离海岸。

船队来到加那利群岛的特内里费岛（Tenerife），加粮上水。10 月 3 日，麦哲伦正要扬帆起航，忽见一艘轻快帆船从老远驶来，向船队发出信号。这艘船给麦哲伦送来岳父的密信，岳父告知女婿，他从可靠方面了解到，几位船长们将在途中拒绝服从麦哲伦指挥，带头的是那条最大的船的船长卡尔塔海纳。

麦哲伦揣好密信，下令起锚，几小时后，特内里费山渐渐隐没在海平线上，那是绝大多数船员最后一次看到属于西班牙的土地。

麦哲伦规定，每天夜幕降临前，四艘船要逐一驶近旗舰，把船长送上甲板，船长必须在他面前列队，向他致敬说："愿上帝保佑您，海军上将先生，保佑舵手们，保佑值得尊敬的全体船员。"他一直没有召集船长议事，只是要他们听取完自己对夜间三班的指令，然后打发他们下船。船长们很不高兴，麦哲伦在西班牙时闭口不谈探险目标，他们理解，那是怕把秘密泄露给外人。但现在是在大海上，他们原以为麦哲伦会把他们召集到旗舰上，指着海图，告诉他们行驶意图。可他们见到的是，海军上将变得更加沉默寡言，审慎得难以接近。他从

不向久经考验的船长们请教，也从不征求他们的意见，不知他在想些什么。

入夜，麦哲伦采用他自制的夜航联络法，在旗舰船尾点燃浸过树脂的火炬，让后面的船能始终看见自己。如果除了火炬，又点燃两盏灯笼，表示遇到逆风，其余船只应当立即减速或曲折前进。如果点起三盏灯笼，预示暴风即将来临，应当系紧辅助帆。如果点起四盏灯笼，必须落下所有风帆。如果燃起许多忽亮忽灭的灯火或鸣炮，是警告提防浅滩或暗礁。四位船长，必须白天追着他的旗帜，夜里跟着他的火炬。

麦哲伦没有按照哥伦布的经验朝西南方向驶往巴西，而是沿非洲西海岸平行南进。这样会绕远，至少要耽误两个星期。可直到几内亚，麦哲伦依然在朝南走。

一天晚汇报时，卡尔塔海纳直率地质问他，为什么不朝西南行驶。

如果卡尔塔海纳仅仅是圣安东尼奥号的船长，他便是海军上将的下属，麦哲伦可以援引他与国王的合同，确认自己是船队唯一的最高统帅，所有下属都没有质疑权。但卡尔塔海纳同时是国王的总监察员，他有权要求海军上将做出解释。其实，向卡尔塔海纳解释始终南行的原因，是一件毫不费力的事，但麦哲伦却强硬地拒绝了。他冷漠地回答："所有人必须跟我走，任何人无权要求我做出解释。"

事实表明，卡尔塔海纳率直质疑的，恰是麦哲伦的严重错误。

船队沿着非洲海岸一直走到塞拉利昂，仍未找到顺风，反而一丝风都没有。船队在大海里滞留了两个星期，紧接着，他们很快又被猛烈的暴风雨笼罩了。

逮捕国王的总监察员

一天傍晚，卡尔塔海纳的圣安东尼奥号像往日一样，驶近旗舰。但卡尔塔海纳第一次没上旗舰，他派水手长代替他去旗舰甲板致敬辞，而水手长对海军上将的敬辞竟是，"愿上帝保佑您，船长先生，保佑舵手们"，他没称他是海军上将，只称他是船长。麦哲伦不相信致敬辞临时改变是偶然的口误，他认为是卡尔塔海纳授意下属特意这样做，这是要让整个船队明白，卡尔塔海纳认为他仅仅是个船长。他命令水手长转告卡尔塔海纳，希望今后能得到应有的敬意。卡尔塔海纳傲然答复，他很后悔，这次竟委托最亲密的助手去读致敬辞，下一次，他要随便挑出一名少年见习水手去。

圣安东尼奥号一连三天违反致敬和汇报礼仪，卡尔塔海纳以无声的姿态，藐视海军上将的威严，不承认总司令的权力。

卡尔塔海纳的船，比旗舰大，武器装备也更精良，在苍茫的大海上，不可能强硬撤换这样的船长。麦哲伦控制住自己，无论受到什么侮辱，他不再发脾气，紧闭的嘴唇一丝不动。周围人看到的，是他在旗舰甲板上走来走去，专心致志地处理各种船务。船长们有些惊讶地觉察到，这个一直难于猜度的人忽然变得和蔼可亲了。他们完全不知道，麦哲伦在等待时机，要一举制服对手。

恰好有一名海员做了违背道德的事，麦哲伦第一次邀请四位船长来旗舰议事。大家很吃惊，误以为麦哲伦是因为选错航向而幡然悔悟，从此要试着向经验丰富的船长们征求意见，或者是因为他和同事们不睦，他终于感到了苦恼，想改变和大家的关系。其实，麦哲伦希望卡尔塔海纳顶撞他，借机逮捕他。

卡尔塔海纳真的登上旗舰，他不顾议题，再次质问麦哲伦为什么不向西南行驶。麦哲伦早有准备，他泰然自若，即将运用国王授予他的裁判权。他觉得机会到了，一边说"您是我的俘虏"，一边抓住卡尔塔海纳的肩膀，他命令军需管理员和警官把他抓起来。其他船长惊呆了，面面相觑，不知该怎么办。

卡尔塔海纳向大家求救，但没人敢动一动，甚至谁都没敢与麦哲伦对视。

这突如其来的转变和麦哲伦突然表现出的魔鬼般的勇气，一下子

瓦解了所有人的意志力。几分钟之前，他们还完全站在卡尔塔海纳一边，但此刻他们只敢在心里支持他。只是在卡尔塔海纳要被押往囚室前，一位船长十分恭敬地请求麦哲伦，考虑卡尔塔海纳的高贵出身，如果有谁愿以名誉担保做他的看守人，那就不要给他戴镣铐。麦哲伦退了一步，接受这个建议，问谁愿意监管他。缅多萨船长表示愿意，麦哲伦提出一个条件，缅多萨必须起誓保证，一旦海军上将要传唤卡尔塔海纳，必须立即把他送到旗舰上来。

一小时后，圣安东尼奥号交由国王派来的会计军官科卡（Antonio Kocka）指挥。傍晚，科卡作为船长登上旗舰，向海军上将致敬。但是最后，麦哲伦认为科卡不可靠，转由他的堂弟麦斯基塔接管圣安东尼奥号。由此，麦哲伦牢牢控制住船队中最大的两艘船，谢兰那艘最小的船也在他的掌握之中。

在巴西海岸休整

11 月 29 日，旗舰桅楼上的海员欢呼报告，望见了巴西海岸。随后，大家辨认出伯南布哥（Pernambuco）附近的海岸轮廓。

12 月 13 日，船队驶进里约热内卢湾。

这个海湾属于葡萄牙的势力范围，麦哲伦本不应该在这里靠岸。但葡萄牙人尚未在这里建立军事要塞和殖民点，所以海湾仍像是无主地。在绿树隐隐的海岸和那些美如仙境的小岛之间，西班牙船队可以毫不担心地自由游弋，也可以随心所欲地抛锚停泊。麦哲伦派小舢板驶近岸边，土著们便从茅屋和树林中朝他们跑来，好奇地观看这些身穿铠甲的武士，似乎一点儿也不害怕。

毕加费塔后来得知，这是一群酷爱吃人的部族，他们杀死敌人后，常常用铁叉叉住尸体，放在火上烧烤，再把香喷喷的人肉切成块吃掉。不过，他们没能被从未见过的白人激起这种兴致，相反他们和蔼温厚，还把不久后下的一场好雨归功于白人的到来。

几个小时后，易物交换开始了，土著用足够 20 个人饱餐一顿的鲜鱼换了一把剪刀，用十只大鹦鹉换了一面小镜子，用两只鹅换了一只梳子，用五六只鸡换了一个鱼钩。他们抬来满满一筐欧洲人从未见过的白薯，换了一个带响声的玩具，甚至只是为了把旧牌里弄坏的大王换上一张新的。

和白薯一样，菠萝也是欧洲人从未见过的美味，土著把食品卖给异邦人，价格便宜得不可思议。毕加费塔欣喜不已，但他心地善良，觉得土著太傻了。他还写道，这里的姑娘更便宜，"长长的头发是她们唯一的衣饰，用一把斧头或一把刀，可以换来两三个，供终生享用"。

那些日子，每当岸边举行庄严的祈祷仪式，土著会成群结队前来，好奇地观看莫名其妙的仪式。他们看见白人跪在十字架前，自己也学着跪下，合起双手，祷告起来。在笃信上帝的西班牙人看来，这是土著们自然领悟了天主教圣礼的奇迹，他们为上帝增加了臣民。

麦哲伦牢记着向西班牙国王做出的保证，决不在巴西沿海使用暴力，也决不在那里抓捕奴隶，免得让葡萄牙人找到瑕疵。于是，麦哲伦和平寄居在这里，最后和平地离去。经过 13 天停泊，船队在 12 月 26 日告别难忘的海湾。

传说中的海峡不存在

麦哲伦过了圣玛利亚角，如果当年葡萄牙船长的情报是正确的，而贝格依姆在地图上标注的峡口纬度也正确，那么再往前走，就会找到那条横穿南美大陆的海峡。1520 年 1 月 10 日，在暴风雨中，麦哲伦看见一座小山，他把它命名为蒙得维的亚（Montevideo），他要船队驶进向西伸延的辽阔海湾，在那里躲避风暴。

这个辽阔的海湾其实是拉普拉塔河巨大的河口，麦哲伦不可能理解这一点，因为在塔霍河、莱茵河、波河、埃布罗河河口，都能清楚地看见左右岸，但在这里，四下环望，根本看不到边际。

麦哲伦查看地图，发现此处正是贝格依姆标注峡口的地方，这儿的纬度和位置也和葡萄牙船长提供的秘密情报完全相符。所以，这里就是多年前葡萄牙人企图由此西去的那条海峡。海员们完全相信他们的海军上将，幻想几天内就穿过这个海峡，到达另一片海洋，驶往香料群岛。

在拉普拉塔河河口熬过两个星期，暴风雨平息了。麦哲伦把船队分成两部分，三艘小船沿预想的海峡西去，他亲率两艘大船跨过峡口向南，仔细测量南部水域。

麦哲伦在蒙得维的亚兜了两个星期的圈子，远远看到三艘返航的小船，它们没有把胜利的长旒挂在桅杆上。船长们带回消息，说这条巨大的水路不是海峡，而是一条异常宽阔的淡水河，它越走越窄，无法穿过南美大陆。

为了纪念死在这里的船员索利斯（Juan Solís），麦哲伦把这条河命名为索利斯河，但是后来它改名为拉普拉塔河。

麦哲伦意识到，葡萄牙船长说他们发现了海峡是一个轻率的误判，贝格依姆地图是错的，法利罗的理论推测也是错的。他在三个错误的基础上制订的西航计划也是错的，他向西班牙国王和顾问们许诺的一切全是虚妄的。

麦哲伦没有立即陷入悲观，他判断，假使世界上真有那么一条海峡，它的位置也应该在稍微靠南的地方。但是向南航行，如果不能很快找到海峡，就会赶上南美的严冬。那时只有两个办法，要么返回温暖的巴西，要么在寒冷的某个地方过冬。麦哲伦横下一条心决定南下，2月2日，他下令离开拉普拉塔河河口。

前方再也不见了热带森林，没有了多种多样的动物，也见不到一群群热闹的土著。在没有树木的沙岸上，只有不怕冷的企鹅慢慢地挪来挪去。在岩石上，一群群浑身脂肪的海豹懒洋洋地晒着微薄的阳光。在大片大片的荒漠中，只有一次见到几个身材高大的土著，他们像爱斯基摩人，从头到脚裹着兽皮，一看见船队便惊恐地躲到岩石后面，向他们挥舞能发出响声的玩具和五光十色的花帽子，全都无济于事，他们死活不愿接近陌生人。

航行越来越困难，越来越缓慢了，但海峡还是没有出现。

此时，麦哲伦已经不再相信那张地图了。但他还是坚持不懈地沿着南美东岸继续向南，沿途测量水的深度，考察每一个海湾。

2月24日，船队驶进阿根廷辽阔无际的圣马提阿斯湾（Saint Matthias），渐渐熄灭的希望重又燃起。麦哲伦再次派小船向海湾深处侦察，看它是不是通往另一片大洋的海峡。很遗憾，他依然一无所获，这里只是一个封闭的海湾。

接着，麦哲伦又考察了企鹅湾和历险湾。上岸的船员冻得半死，从岸上拖回被打死的海豹，但没有任何关于海峡的消息。

船队在阴沉沉的天空下继续南行，白昼变得越来越短，夜晚变得越来越长。灰白色的巨浪翻腾起伏，寒冷的狂风撕扯着船帆，雪片开始落在甲板上，寒冷已成为船队的最凶恶的敌人。

半年过去了，麦哲伦没找到目标，甚至一丝痕迹都没发现。

船员们表露出毫不掩饰的焦躁。在塞维利亚招募人马的时候，不是告诉过我们，船队要去一些温暖的地方吗？但眼前这个阴郁而沉默寡言的瘸子，为什么会沿着荒漠向越来越寒冷的地方前进？这个疯狂的葡萄牙人要把我们带到哪里，要去冰天雪地的南极吗？

与船员们溢于言表的不满比起来，船长们的沉默不语更危险，他们开始避免和麦哲伦交谈。这些人航海经验丰富，麦哲伦被虚假的情报和错误的地图引入歧途，这一点是瞒不过他们的。假如这个瘸子真知道海峡在哪个经纬度，他就不必让船队在拉普拉塔河白白耗费两个星期，也不必用严冬前越来越宝贵的时间去侦察每一个没用的小海湾。事实很清楚，他根本不知道海峡在哪里，他欺骗了王室会议和国王，他在漫无目的地乱找。船长们内心里有点儿幸灾乐祸，就让这个傲慢的哑巴继续向南摸索吧，不跟他争论，很快他将被迫承认失败，那时候再逼他交出指挥权。

严冬中的避风港

航行了九个月的时候，麦哲伦仍未像预想的那样在香料群岛靠岸，他依然被南美大陆拦着。而找到并穿过海峡的时机错过了，冬天赶在了麦哲伦的前头，把他的整盘计划打翻了。现在最明智的办法，是把船长们召集过来，不再固执地向他们隐瞒，承认葡萄牙船长的情报和书斋地理学家制作的地图骗了他，另外争取他们的信任，熬到开春之后继续寻找海峡。但问题是，过去他对那些对自己稍有怀疑的人处罚过重，现在要是承认自己是错的，他便成了笑话。而一旦他认输，下令转舵返航巴西，他的权威和尊严就全没了。麦哲伦已无路可退。

他终于决定，找一个偏远的湾区，把船阻留在那里，即使大家想强迫他返航也不可能。开春后，如果还是找不到海峡，那一切就完了，他甘愿认输被嘲讽。如果找到了海峡，万事大吉，所有质疑都会烟消云散。两者之间没有中间道路。

南美进入隆冬季节，有几个船员冻死了。3 月 31 日，在南纬 49° 的荒凉海岸，麦哲伦发现一个无人居住的海湾，此前没有任何一位航海家来过这里，这就是今天阿根廷的圣胡利安湾（San Julian）。

麦哲伦心中又燃起希望，不知道它是不是救命的海峡，遗憾的是，它仍是个封闭海湾。根据粗略的观察可以断定，这里不缺鱼和泉水，麦哲伦命令船队开进去，抛锚停泊，在这里过冬。这时候，大家真的不喜欢坚韧不拔的人。

宣布长住后的头一天，麦哲伦下令大幅削减每天提供的面包和酒，激怒了原本已经怨气冲天的船员。他们抗议说，如果食品不够，就应该返航，历史上没有任何人到过这么南面的地方，谁也不可能指责他们没有认真履行探险义务，他们受雇是前往香料群岛的，不是去南极洲。可那固执的瘸子说，他宁愿一死，决不带着耻辱返航。

船队在天涯海角的无人区驻泊，是否能挺过严冬，是否开春后仍有余力继续探索。值此危急时刻，船长们不仅有权利，而且有义务，要求麦哲伦把他的通盘打算说出来，这关乎所有人的性命。他们告诉麦哲伦，忍耐已经到了尽头，请把闷葫芦里的东西拿出来。

麦哲伦为了减轻独断专行给大家带来的心理阴影，居然破天荒邀请诸位船长来旗舰一起听复活节晨祷，然后共进午餐，这是一个难得的礼貌姿态。但是西班牙贵族真的生气了，这个人长达九个月一意孤行，现在说什么都太晚了，他们不讲礼貌地拒绝了这个意外的恩宠。

麦哲伦和堂弟麦斯基塔端坐在桌边，等了很久，满桌美味无人分享，其他椅子一直是空的。兄弟俩简单吃了几口，麦哲伦开始发布各种日常命令，最后他舒展了一下僵硬的身体，带着船长们给他留下的心理阴影，离开了餐厅。

铁腕镇压内乱

漫长的黑夜，空中布满铅云，船队所有灯光熄灭了。五艘船似乎像五头黑色的困兽，悄无声息地睡着了。但凯塞达带着卡尔塔海纳和科卡，还有 30 名武装船员，悄悄离开康塞普西翁号，登上小舢板，划向船队最大的圣安东尼奥号。那是卡尔塔海纳被非法剥夺权力之前指挥的航船，如果扣留麦哲伦任命的新船长麦斯基塔，国王的人就控制了三艘船，拥有压倒优势。如此，就可以用不流血的方法，迫使麦哲伦尊重多数船长的意见。

圣安东尼奥号没安排夜间岗哨，没人会想到，在这个无人出没的海湾会有敌情。国王的人沿着绳梯，爬上了大船。卡尔塔海纳和科卡都曾是圣安东尼奥号的指挥官，他们在黑暗中也能摸到船长室。于是，麦斯基塔被武装船员抓下床，戴上镣铐，关进司书小舱室。几个船员惊醒了。舵手艾洛里亚加（Juan Airoliyaga）赶过来，厉声质问凯塞达深更半夜来这里要干什么，凯塞达用匕首猛刺他几下，艾洛里亚加倒在血泊中。麦哲伦的葡萄牙亲信全部被上了锁链。为了把其他人拉拢到自己一边，凯塞达打开储藏室，让水手们天亮后尽情吃喝。

他们把圣安东尼奥号交给一个叫卡诺（Sebastiao Carnot）的人指挥，让他拒绝执行麦哲伦的指令。具有讽刺意味的是，后来命运偏偏选中这个人，最终完成了麦哲伦的所有夙愿。

几位贵族没去袭击旗舰和麦哲伦，说到底，他们只是想向海军上将施压，迫使他把皇家船队日后的每一个行动提前通报高层。他们以为这样做，就可以安心返回康塞普西翁号，静等海军上将痛改前非，于是他们没做其他善后。

冬天的黎明来得很晚，麦哲伦起床后开始布置日常工作。他首先派一艘小船去各个船接人，一起去岸上寻找供船队当天用的淡水和木柴。小船像往常一样，首先驶近圣安东尼奥号，但圣安东尼奥号没有放下绳梯。小船桨手生气地大声吆喝，要甲板上的人快点下来，但上面告诉他们，这艘船今后不再服从麦哲伦的命令，只服从凯塞达指挥。这让小船上的人大吃一惊，他们立即摇船返回旗舰，向海军上将汇报。

麦哲伦立即派这艘小船再到其他船转转，得到的结果是，除了谢兰的圣地亚哥号，其余三艘船均站在凯塞达一边。三比二，但更准确地说，是三比一，因为谢兰的圣地亚哥号太小，不能是战斗单位。不过凯塞达并不耀武扬威，他一开始便表示愿意谈判。

谈判全权代表凯塞达派人划着小舢板给麦哲伦送来一封信。

这封信不是战书，他在信封上恭敬地写着"呈文"二字，其内容也相当谦顺。他首先解释了昨夜政变的动机，说只是因为海军上将似乎心里没大家，让他们不得不去夺回圣安东尼奥号，因为国王为这艘船任命的船长是卡尔塔海纳，不是海军上将的堂弟。请海军上将不要把他们的行动理解为否认国王授予他指挥船队的全权。他们只是盼望他今后待人态度更好一些，如果能满足这个要求，"今日我辈吻着阁下的手足，乞求宏恩，将来我辈仍将恳请大人的庇护"。

麦哲伦扣留了前来送信的几名水手，没收了小舢板。他当即采取迂回战术，不是直接收拾圣安东尼奥号上的首要敌人，而是派船队警卫艾斯皮诺萨（Gonzalo Espinosa）带领五名水手，先去控制维多利亚号。艾斯皮诺萨让五名水手在无袖上衣里藏好暗器，一起登上没收来的小舢板，驶向维多利亚号。

敌对者分别从三艘船上看着小舢板逐渐接近维多利亚号，他们没料想到会有危险。小舢板上只有六个人，他们不可能斗得过维多利亚号上的 60 名武装船员。

艾斯皮诺萨带着五名战士，慢吞吞爬上大船，把海军上将的信交给缅多萨，邀请他乘坐小舢板去旗舰谈判。缅多萨读信时，卡尔塔海纳被接到旗舰，突然被捕。缅多萨望着旗舰那边的喧嚣，笑着说："哼，你抓不住我。"艾斯皮诺萨不耐烦了，拔出匕首，刺穿了他的喉咙。此刻，麦哲伦的大舅子巴尔波查率 15 名士兵乘另一艘小舢板登上维多利亚号，接管了指挥权，占领了各个要害部位。船员们惊恐地望着船长的尸首，纷纷表示服从巴尔波查的指挥。

另外两艘敌对船还没弄清是怎么回事，维多利亚号已经起锚扬帆，向旗舰开去。仅仅五分钟，麦哲伦的旗舰、巴尔波查的维多利亚号、谢兰的圣地亚哥号一起堵住出海口，使凯塞达的康塞普西翁号和卡诺的圣安东尼奥号无法逃脱。国王安插的人立即失去了优势。

凯塞达被迫自卫，他全副武装，一手拿着长矛，一手提着利剑，号召船员们揭竿而起。但吓破了胆的船员不敢追随他，等麦哲伦的人乘着小舢板一到大船跟前，圣安东尼奥号和康塞普西翁号立即停止了反抗。

麦斯基塔重获自由，镣铐戴在了凯塞达身上。

残酷的判决

麦哲伦清楚，他不能打击所有敌对者，在荒无人烟的南美，如果依照军法把五分之一的船员吊死在横檩上，他会一下子失去数十个劳动力，日后无法航行。他只能杀一儆百，而把大多数人留在身边，用

良好态度把他们争取过来。

4月7日，麦哲伦选定牺牲者——凯塞达船长，他动用武器，亲手杀死一名无辜舵手，是唯一的杀人犯。于是，在这片没有政权归属的海域，麦哲伦设置了临时法庭。庭长麦斯基塔指控凯塞达犯杀人罪和叛乱活动罪，审讯专门请了录事，把冗长而又拘泥细节的证人证词全部记录在案，卷宗写了一页又一页。

麦哲伦最后做出判决：一、凯塞达斩首，用剑做行刑工具；二、凯塞达的仆人英利诺（Luís Enlino）也参与了杀害舵手的行动，同样该处死刑，但如果他同意亲手砍掉凯塞达的头，自己可以得到豁免。

要么自己被处死，要么亲手杀死自己的主人，这种残酷的抉择给英利诺带来极大的内心痛楚。最后，他想通了，反正主人必是一死，而他有可能活下去。于是，他一剑砍掉凯塞达的头，保住了自己的脑袋。

按照当年远航时的野蛮惯例，凯塞达的尸体和缅多萨的尸体一样，被砍掉四肢，插在了船杆上。

如何处置卡尔塔海纳和另外一名始终煽动不满情绪的牧师，麦哲伦最初有些犯难。他认为他们有罪，但卡尔塔海纳是国王派来的总监察官，和自己几乎处于同等地位，他不能把他交给刽子手。而作为虔诚的天主教徒，他不愿意处死接受过涂圣油仪式的牧师。可给两名主犯戴上镣铐，带着他们继续远航，同样是不现实的。最终麦哲伦在临时法庭上宣布的第三项判决是，将卡尔塔海纳和牧师逐出国王的船队，船队起航时，发给两个人一定数量的食品和酒，让他们留在圣胡利安湾荒无人烟的海岸，任其自生自灭。

诱捕大脚人

麦哲伦觉得，懒散而无所事事最容易引发消极和躁动不安，所以他从一开始就让船员们不停歇地紧张劳作。他命令，从龙骨到桅杆，一一排查出问题，然后上岸砍伐大量木头，锯成各类木材，补修船体损坏的部分。在严冬的圣胡利安湾滞留的五个月里，麦哲伦甚至生生弄出一些根本不必要的活计，让船员们忙来忙去，保持他们旺盛的情绪。

一天早晨，岸边小山冈上忽然冒出一个高大的土著，他比一般人高出一倍，欧洲人只能勉强到他的腰部。他的白头发很短，宽阔的脸盘上涂着红条纹，眼睛四周涂着黄圆圈，两腮画着心形斑点。他的衣服是巧妙缝缀在一起的兽皮。西班牙人最惊讶的是，他的两只脚大得出奇，于是他们把这儿的土著命名为"大脚人"，称他们的国家为"大脚"。

大脚人善良地微笑着，一边手舞足蹈，一边唱歌，不停地把沙子撒在头上。麦哲伦接触过许多原始部落，凭直觉他猜想，往自己头上撒沙子是表示友好，是想接近自己。于是他吩咐一名船员学着大脚人的舞蹈，把沙子撒在头上。大脚人看到答复，走到白人跟前。白人把一面金属小镜子举在巨人面前，大脚人第一次清晰地看见自己，非常吃惊，急速向旁边躲闪，撞倒了四名水手。

他的胃口很大，水手们惊奇地看着他吃东西，一时忘记了口粮匮乏。大脚人一口气吃掉半筐面包干，喝下一桶水。船员们为了填饱他那填不饱的肚子，捉来几只老鼠，他连肉带皮，活活吞下，船员全惊呆了。

大脚人对船员们产生了真诚的好感，麦哲伦又送给他几个带响的玩具，他高兴地跑远了，很快带回来另外几个大脚人，有男也有女。

这些原始人不可能知道，麦哲伦从东印度公司领受了一项任务，不仅要把他没见过的植物和矿物带回国，而且要把他没有见过的人种也带回国，他们已经面临着失去自由甚至失去生命的危险。

船员们觉得，要活捉这么大的大脚人如同去抓鲸鱼一样危险，他们围着大脚人转来转去，没有一点儿自信。

最后他们想出了一个卑鄙的诡计。他们塞给两个大脚人很多礼物，让他俩在怀里抱着，而后让他俩看着叮当作响、闪光铮亮的脚镣，

问他俩愿不愿意戴在脚上。大脚人泛起憨厚的笑容，连连点头。他们抱着一堆小玩意儿，弯腰观看船员们怎样把闪闪发光的铁环套在他们脚上，然后他们被推倒在沙滩上，玩具洒落一地。大脚人遭到他们信任的人欺骗，愤怒咆哮，使劲儿蹬腿，生气地打滚，向他们的神进行无助的求救，但他们还是被背信弃义的白人拖到船上。

麦哲伦其实无法把大脚人运回国，大脚人饭量太大，而船队食品不足，被抓到船上的大脚人，注定很快会被饿死。

岸上的大脚人从此开始躲避他们。有一次，西班牙人追赶大脚人，这一次不是想抓他们，只是想拜访其中几个女大脚人。但大脚人认为他们是险恶的骗子，因此拼命奔逃，惊恐地杀死了一名船员。

目标近在咫尺

天气不特别冷了，麦哲伦把船队中船体最小、航速最快、由谢兰指挥的圣地亚哥号派出去，向南航行，去勘察每一个海湾，然后回来报告。

时间过去好久，麦哲伦仍然不见回船，他开始每一天都焦急不安地凝望着远处的海面。有一天，他看见两个人影拖着双脚，摇摇晃晃，从海边的小山冈上走下来。那是圣地亚哥号的两名水手，他俩已经饿得不行，冻得半死。他们带回了极坏的消息，5 月 29 日，谢兰进入圣克鲁斯河（Santa Cruz）宽阔的河口，正要探察，却风暴骤起，把船抛到岸上，撞坏了，死了一个黑人，其他船员保住了性命，现在大家都在圣克鲁斯河等待救援。他们俩沿着海岸，用了不堪回首的 11 天，吃草根维生，一步步走回了圣胡利安湾。

麦哲伦立即派一艘小舢板，把遇难的船员们接回海湾。

春天快到了，麦哲伦最后看了一眼留在岸上的两位贵族，下令起航，离开了圣胡利安湾。这一次，他开诚布公地宣布，沿大脚海岸南下，如有必要，可以一直走到南纬 75°，如果那时还找不到连接两个大洋的海峡，那就走达·伽马、奥梅达、阿尔布开克的老航线，绕道好望角，奔向目的地。这是麦哲伦头一次向新船长们承认，海峡也许根本不存在，也是他第一次做后退计划。他其实已经失去找到海峡的绝对信心。

8月26日，在谢兰发现的圣克鲁斯河河口，麦哲伦命令船队停泊两个月，等候春到。其实，他只要继续南行两天，再走两个纬度和不远的海路，他的海峡就在那里。但他并不知道，目标近在咫尺。

经过两个月难挨的等待，荒僻的海岸终于吹起春风。麦哲伦举行弥撒，全体船员接受圣餐，然后满帆，驶出圣克鲁斯河河口，继续向南。

10月21日，女殉教者节，船队前方呈现出一个海角，麦哲伦把它命名为"圣母角"。绕过圣母角，麦哲伦来到一个暗黑色的海湾，四周除了几株稀疏的树木和一些灌木几乎毫无生机，只有海风不停地呼啸，打破了死寂。船员们有些恐惧地望着暗黑色的海水，根本没有设想夹在两山之间的这片阴森水域，能通向另一片海洋。他们断言，这里不过是北欧常见的那种峡湾，三面是封闭的，所以进去侦察是白耽误工夫。想想看，勘察大脚地区的海湾已经耗费了太多时间，所以别在这里耽搁了，应该赶紧前进。如果不能很快发现海峡，那就必须利用有利的季风，赶快走葡萄牙人的经典老航线，绕过好望角去印度洋。

让他们觉得又好笑又可气的是，麦哲伦下令，对这个海湾进行同样的纵横考察。于是，旗舰和维多利亚号留在原地，负责对海湾连接大海的区域进行勘测，谢兰率圣安东尼奥号和康塞普西翁号向里尽可能深探海湾，但最多五天时间必须返回。

暴风突然来了，海湾顿时恶浪滔天，一片污浊。麦哲伦的两艘船的锚链断了，只得降下篷帆，听任命运摆布，好在狂风没把它们吹到岸边的岩石上。风暴持续了两天，麦哲伦最担心的不是自己，他的两艘船虽然剧烈颠簸，可毕竟处在海湾开阔处。可谢兰那两艘船怎么办，假如狂风在狭窄水道袭击它们，那里既没办法回旋躲闪，也没办法抛锚固定。

第三天，第四天，谢兰仍不见踪影。

驶进麦哲伦海峡

最后一天，旗舰桅楼传出一声呼喊，观察哨看见远处有烟柱。麦哲伦的心顿时收紧。这种信号表明遇难船员在呼救，也就是说，谢兰的两艘船沉没了。麦哲伦命令，放下舢板，驶进海湾去援救。

但他马上看到了一艘船和风帆，谢天谢地，总算保住了一艘船。紧接着，他又看到第二艘船，圣安东尼奥号和康塞普西翁号全都安然无恙地回来了。

谢兰的两艘船逐渐驶近，它们都在左舷不停地闪动火光，陆续升起所有表示胜利的长旒和旗帜，同时大炮轰鸣。麦哲伦发现，两艘船的船长和船员们都在挥手叫喊，他终于确信那是他们胜利的欢呼。

谢兰汇报说：他们进入水道深处之后，刮起了可怕的狂风，他们立即降下所有风帆，但被激流冲进水道最深处。他们差不多准备好了马上要死在峭壁边，但在最后一刻他们突然发现，横在他们面前的一排险峻岩石并不是闭锁的，绕过最突出的那块岩石，背后是一条狭窄的河汊子。这里风暴不厉害，从河汊子穿过，他们进到另一条水道。这条水道像第一条水道一样，开始窄小，但随后越来越宽，他们走了三昼夜，仍然没走到尽头。他们没有继续走下去，但探测到这条水道绝不是河。它是咸水，水深始终如一，探深锤一直探不到底，它的涨潮落潮均衡交替。而且它不像拉普拉塔河那样离河口越远就越窄，相反它越走越宽。因此，这条水道不会中断，肯定是通向另一片大洋的海峡。

谢兰发现海峡那天，适逢圣徒节，麦哲伦将它命名为"所有圣徒海峡"。后人为纪念麦哲伦，便用这位大航海家的名字重新命名了它，这便是麦哲伦海峡。

10 月 25 日，船员们向上帝做完祈祷，鸣礼炮向国王致敬。麦哲伦下令，起锚扬帆，进入麦哲伦海峡。

迎接他们的是可怕的寂静。天空低垂，乌云密布，两岸是黑魆魆的山冈，山顶覆盖着白雪，微风吹来它们的寒气，黑色的海水泛起铅灰色的浪花。四艘船像是在死寂的阴界穿行。

海员们环顾四周，察觉不到生命的迹象，觉得这里不像人间。麦哲伦派水手们上岸，让他们寻找人和动物。但他们只发现20座荒芜的坟冢和一条巨大的死鲸。船员们在从未见过的沉寂中闷闷地前行。

不过麦哲伦认为，有一片很远的区域必定有人居住。在夜色中，那里总有火光闪烁，所以他把那个地方命名为"火地岛"。很久很久以后，人们才弄明白，那里居住着文明发展最低阶段的土著，他们不知道如何取火，只好在茅屋里日夜烧着干草或树枝。这些永不熄灭的火光在以后几个世纪一直能看到。

展现在麦哲伦面前的海峡，不像是宇宙志学家贝格依姆坐在舒适的书房里标在地图上的那样。他们简单化地想象海峡，觉得它基本是一条平庸的直线，而实际上，这条海峡弯弯曲曲，有许许多多拐弯。它时而极其狭窄，时而开阔无比，它有许多小海湾和深凹挡，水中小岛星罗棋布，浅滩比比皆是，很难在它们中间迂回前进。这里充满复杂的枝杈水道，很难猜出北面西面南面的入口哪一个通往正确的方向，而水流又经常分成三四股，忽左忽右，只有具备非凡的航海天赋和命定的幸运，才能艰辛地走出这些迷宫。

麦哲伦令人信服地自证，他的领航技巧极其高超。他那个时代，那些笨重的木船，只能靠巨大的篷帆和木舵航行。在那些迷宫中，他从不把在复杂水道中选择出路交给运气，他会勘察测试所有的路，以便找出正确的一条。所以每遇到一个分叉，他都把船队分成两股，当两艘船在北部勘测时，另外两艘船一定在努力研究南面的路，然后在约定地点会合，一起驶向正确的方向。而这所有的一切，全是在所有船员疲惫不堪的情况下进行的。

麦哲伦从容不迫，不急于冒进，用了整整一个月时间进行耐心细

致的探索。他同时也提心吊胆，忧心忡忡，生怕海岸会在远处合拢，中断水路。然而没有，而且一直没有，这条奇异的海峡弯曲着向远方伸延。一切迹象表明，它最终会通向大海。麦哲伦只是不知道，他盼望已久的时刻何时到来，不知道那一刻将是怎样的情景。他们日夜前进，冷风从两岸的山中吹来，发出古怪的声音。

麦哲伦又来到一个分叉口，没人知道，哪个水道是死路一条，哪个水道通往大海。麦哲伦又把船队一分为二，圣安东尼奥号和康塞普西翁号考察左手方向，他的旗舰和维多利亚号前往右手方向。约定最多五天后会合，地点在一条小河的河口，这条河因为盛产沙丁鱼被称为沙丁鱼河。

最大最好的船叛逃了

分队行动之前，麦哲伦顺便向船长们了解食品储备情况，得知食品已经减少到了可怜的地步，最多只够三个月之用，而今后他们可能遇到许多未知的困难。

麦哲伦说，"现在已经毫无疑问完成了第一个目标，可以认为海峡通向另一片大洋的航道，已经找到"，请要员们坦率发表意见。船队是满足于已经取得的这个成就，还是继续去完成他向国王许下的诺言，抵达香料群岛。要知道，最终完成大业，等待大家的财富和荣誉将是巨大的。

大家颇感惊奇，这位一往无前的独裁者从来不征询任何要员的意见，也从来不承认任何要员拥有参与决策的权力，为什么他会忽然把大家从绝对下属视为和他平等的人。实际上，这个转变再合理不过。独裁者在取得胜利之后，都会表现出宽容。此刻，海峡已找到，麦哲伦的威望得到巩固，他不再害怕别人提问题。

船长们心有余悸，不敢明确表态，只有圣安东尼奥号的舵手戈麦斯直率地说，海峡已经找到，明智的做法应该是先返回西班牙，以后乘新装备的船，再次穿越这条海峡去香料群岛。他说，现在船过于破旧，粮食储备又不足，而且谁也不知道穿过海峡之后面临的新大洋究竟有多大。如果他们走错了路，找不到海湾，只能四处漂泊，等待船队的将是无望的覆灭。

麦哲伦允许言论自由，但做决断的还是他自己。戈麦斯的意见对麦哲伦根本没起作用。麦哲伦坚定地宣布，自己有义务继续航行，前往他向国王许诺要去发现的国度，即使饿得吃皮革和索具，也在所不惜。他警告船长们，必须向船员隐瞒食品殆尽的机密，凡敢泄密的，哪怕是模糊暗示实情的，也会被处以死刑。

分头出发的命令从一艘船传达到另一艘船，麦斯基塔指挥圣安东尼奥号，谢兰指挥康塞普西翁号，很快消失在弯弯曲曲的迷宫里。麦哲伦的旗舰和维多利亚号在沙丁鱼河河口抛锚，他派出一艘小舢板单独去做预先侦察，大队人马抓紧时间休息。船队会合时间改为三天之后。

这里的自然风景变得柔和可亲，两岸不再是光秃秃的悬崖峭壁，而是草地和树林，白雪覆盖的山峰退到了远方。一直喝着木桶里发霉的臭水的船员们享受到了岸上纯洁的泉水。这里生长着许多美味可口的野果，几个月来，大家第一次补充了足够的维生素。他们有时兴致勃勃地捕捞多得出奇的沙丁鱼，有时安静地躺在草地上，观看飞鱼跃出水面。

第二天，小舢板回来了。海员们离得很远就不断挥手，他们欣喜若狂，因为他们找到了海峡出口，亲眼看见了海峡外面的大海。

可另外两艘大船怎么还不回来，约定的期限已经过去。第五天又过去了，它们还是不见踪影。到了第六天，远方出现一片风帆，那是谢兰的康塞普西翁号，只有这一艘船回来了。谢兰说，分头行动第一天，圣安东尼奥号就失踪了。

麦哲伦像当时所有人一样，误认为占星术是真正的科学，他把替代法利罗随队的占星家和天文学家圣马丁（Andres Saint Martin）

叫来，让他用法术弄清楚圣安东尼奥号究竟出了什么事。占星家清楚地记得戈麦斯主张返回西班牙，所以他说圣安东尼奥号在 11 月 8 日被舵手戈麦斯劫走了，戈麦斯给麦斯基塔船长戴上了镣铐。

事实上，确实是戈麦斯率众叛乱，扣押了麦斯基塔，要把船队最大、最好的那艘船开回西班牙，那上面装载的食品最多。

11 月 21 日，麦哲伦第二次征询船长们的意见，他让剩下的两位船长用书面方式答复，是继续航行还是返航。回答含糊不清，看来，除了麦哲伦，其实没人愿意前行。22 日，三艘船驶离沙丁鱼河河口。28 日，麦哲伦来到海峡尽头，那里有一个海角，麦哲伦把它命名为"希望角"。

绕过希望角，眼前顿时呈现出浩瀚无际的海洋，在遥远的海平线后面，应该是物产丰富至极的香料群岛，香料群岛后面应该是东方最伟大的国家——日本、中国、印度——而再往前去，应该是麦哲伦的出发地——西班牙和欧洲。

这是麦哲伦一生中的巅峰时刻，他证实了在南美大陆南部有一条海峡连接着大西洋和另一片未知海洋。这是一条过去无人知晓的海路，他的名字因为这条海峡而永垂青史。麦哲伦的眼睛模糊了，泪水流进蓬乱的胡子里。

在闯入陌生大洋之前，麦哲伦下令，降帆抛锚，做最后一次的休整。

麦哲伦遗迹

【麦哲伦纪念碑广场】

位于麦哲伦海峡中智利麦哲伦省的首府沙尖，传说亲吻麦哲伦雕像的大脚能带来好运，他的大脚丫子已经被游人亲得掉漆了。

【维多利亚号博物馆】

同在沙尖，博物馆的核心是麦哲伦船队的维多利亚号、麦哲伦战舰、比格尔号的三艘复制船。维多利亚号是麦哲伦船队唯一返回祖国的航船。比格尔号是达尔文去加拉帕戈斯群岛考察时坐过的船。游人必须爬许多台阶才能爬到甲板上，然后再走下甲板。甲板下没有灯光，但如果你使用闪光灯拍照，会有一些惊喜。令人惊讶的是，这些船不大，乘坐这些船长途航行，环境该是多么逼仄。

　　麦哲伦获知美洲和亚洲之间有一大片辽阔无际的海洋。哥伦布首次横渡暴虐无常的大西洋用了两个月零几天，而麦哲伦横渡风平浪静的太平洋竟用了将近四个月。由此可知，太平洋要比大西洋宽阔得多。这足以说明，地球大部分区域不是陆地，而是海洋。人类终于知道了，所有海洋并不是相互隔离的，它们是连接在一起的完整水域。从此，人类头脑中的世界，已经和真实世界大致吻合。

命名太平洋

1520 年年末，三艘西班牙船发射礼炮，起锚升旗，驶进未知的海洋。从这时开始，所有地图都没了意义，没有任何一张地图上有过这片大海。

这片大海没有风暴，总是风平浪静，麦哲伦命名它为"太平洋"。

法利罗坐在书斋里计算出来的航程完全是错的，麦哲伦以为早已过了日本，实际上他刚刚走过太平洋的三分之一。

面包干不多了，而且已经变成灰渣，长满虫子，还夹着老鼠屎。船员们收集锯末，拌在面包渣里，增加微薄的口粮。他们怒不可遏地追捕偷吃粮食的老鼠，但逮住一只，却能换得半个杜卡特金币，令人羡慕的买家便可以贪婪地吞下这顿美食。他们不得不吃包在缆索外面的牛皮。这东西包在大横桁上，经过阳光长期暴晒和风吹雨打，硬如铁皮。船员们只能把这些皮吊挂在船舷外面，让船溅起的海水湿润四五天，等它们变软一点之后再拿到煤火上烧烤，然后再狼吞虎咽地吃掉。

因为缺少充足和良好的食物，麦哲伦捕获的大脚人最先死去。

败血症开始在船员中蔓延。起初，这些船员牙床浮肿，开始出血。接着牙齿松动然后脱落。最后会咽头红肿，疼痛难忍，吃东西的时候难以下咽。先后有 19 个人在痛苦中死去，他们是自麦哲伦海峡峡口起

航时船员总数的十分之一。

航程没完没了，船员们在饥饿中，能干活的水手一天天在减少。

能够提提精神的葡萄酒早已一滴不剩。装在皮囊和木桶里的淡水，被烈日晒热发臭。船员们用手捏住鼻子，才能咽下每天分到的一口水，用它润润干得直冒烟的嗓子。淡水奇缺比口粮匮乏更要命。

1521 年 1 月 24 日，桅楼上传来警戒员嘶哑的喊叫，他看见了一座小岛。快要渴死、饿死的船员像疯了一样，全都涌到甲板上，连那些躺倒的病人也挣扎着站起来瞭望。他们正在向一座小岛靠近，兴奋地幻想着清澈的河水和泉水，他们太渴望能踩一踩坚实的陆地。

让他们失望的是，这是一座光秃秃的岩礁，荒无人烟，没有动物、植物、水。绝望的水手们给它起名"不幸岛"。

船队重又在蓝色的大洋里继续航行。

强盗抢劫强盗岛

3 月 6 日，旗舰桅楼上又传出喊声："陆地！陆地！"

麦哲伦远航，使此前所有地图集全部变成了废纸，人们必须重新确立世界的样子。麦哲伦完成横渡太平洋的壮举，获知美洲和亚洲之间有一大片辽阔无际的海洋。哥伦布首次横渡暴虐无常的大西洋用了两个月零几天，而麦哲伦在一路顺风的情况下横渡太平洋竟用了将近四个月。由此可知，太平洋要比大西洋宽阔得多，这基本已经可以推导出地球大部分区域不是陆地而是海洋的结论。而且从此开始，人类终于知道了，所有海洋并不是相互隔离的，它们是相互连接在一起的统一完整水域。也是从此开始，人类头脑中的世界，已经大致和真实世界相互吻合，只差一些细部尚未完善。

船队刚刚拐近海湾，船帆尚未落下，便有几艘小船向他们驶来。每艘小船都是五颜六色，船帆用棕榈叶缝制。几个光着身子的土著灵敏地爬上西班牙船，他们似乎没有社会规范，看见什么都想拿走，丝毫不觉得在道德上有什么不妥，反而因为轻易拿到许多没见过的东西而兴高采烈。转眼间，许多东西不见了，最后他们把旗舰上的小舢板从拖曳索上解了下来，急急忙忙弄到了岸边。

麦哲伦不干了，这艘小舢板不是一般的东西，是他在塞维利亚花了大价钱买来的。第二天，他派40名全副武装的水手上岸，去要小舢板。

这里的岛民完全不知道什么是杀人武器，西班牙人的利箭刺进他们的身体，他们还没弄明白，这些带羽翎的细棍从老远的地方飞过来，怎么会扎在他们身体里这么深。他们先是揪住露在外面的一截儿，想把它拔出来，但是太疼了，于是惊慌失措地逃进丛林。

西班牙人烧毁了几座茅舍，抢回了小舢板。饥肠辘辘的水手把土著茅舍里的鸡、猪和各种水果全都掠走，还为干渴已极的病人弄到了水。抢来的食物挽救了快要饿死、渴死的船员。

这是马里亚纳群岛中的一座小岛。在这里，先是岛民抢了西班牙船，后是西班牙人抢了岛民的家。最后，西班牙抢劫者给这座小岛起了一个永世蒙羞的名字，叫"强盗岛"。

休息三天之后，西班牙人鼓起勇气，继续向西前进。

航行中，又有几个人因为太过虚弱而死亡。船队仅有的一个英国人也死了，另有数十名水手病倒了。

菲律宾群岛

麦哲伦计算错误，他在太平洋的航向往北偏了整整10°，朝这个方向走，他是不可能到达香料群岛的。3月16日，船队前方出现一大一小两座岛屿。麦哲伦凭直觉判断，这里不是香料群岛。

他不知道航向偏得太多，但他的判断是对的，这里是菲律宾群岛。

"菲律宾"这个名字源自卡洛斯一世的儿子菲律佩二世。

麦哲伦无意之间为卡洛斯一世增添了一个殖民地，他自己也因

此得到了第一块领地，他将是这里的总督，是这里一切利润的永世分享者。

因为许多船员生了病，麦哲伦想避开大岛上的土著，免得疲惫之师提前遭遇战斗。他选择在没有人的小岛停泊，把病人抬到岸上，为他们宰了一头从强盗岛抢来的猪，喂他们泉水喝。

第二天下午，一艘小船从大岛驶来，船上的土著热情地向西班牙人挥手。他们带来了许多欧洲人从未见过的香蕉和椰子，一场活跃的易货交易开始了。饥饿的水手们用两三个叮当作响的小饰物和一些亮闪闪的串珠换到了鱼、鸡、蔬菜、各种水果和棕榈酒。所有人，健康的和生病的，三个月以来第一次吃饱了肚子。

在这个静谧的热带岛屿上，经过十天的精心护理，几乎所有病人都恢复了健康。麦哲伦开始要考察整座群岛了。

3月28日，船队抵达利马萨瓦岛（Limasawa），这是菲律宾群岛中不知名的芝麻小岛，在普通地图上要用放大镜才能找到。

三艘满帆的大船靠近小岛，成群的岛民涌到岸边，好奇而友好地等待船员们上岸。麦哲伦很谨慎，只派他的马来奴隶恩里克先行上岸。半裸身子的岛民们嚷叫着，团团围住恩里克，恩里克居然听懂了他们说的个别单词。

12年前，恩里克被麦哲伦从故乡买走，向西去了葡萄牙，而今，恩里克跟着麦哲伦从西班牙出发，还是向西，经过巴西和大脚湾，越过太平洋，此刻竟听到了相近的家乡话。麦哲伦明白了，要不了多久，恩里克就可以回到他的家乡，而他自己也将回到12年前曾经战斗过的马六甲。

这是人类史上的一个重要时刻，这对主仆事实上已经绕地球走了将近一圈。自从地球形成以来，他们是第一次，在绕行地球一周后，回到他们相遇的地方。科学家们推导出来的结论——地球是圆的，现在由于麦哲伦的勇敢无畏已变成不容置疑的真理。只要坚持不懈地向前行走，无论朝哪个方向，一定会回到出发地。

星期五，麦哲伦派毕加费塔带队上岸，去见酋长。

酋长热情地把客人请到自家的竹棚，这一天是天主教徒最神圣的斋戒日，但酋长的大锅里正煎着诱人的猪肉，灶台上咝咝作响，竹棚内外四下飘香。可能是因为礼貌，不便推辞，也可能就是因为抵抗不住诱惑，暂时放弃了教规，一贯虔诚的毕加费塔居然吃了一大份猪肉，还喝了棕榈酒。此餐刚罢，酋长请毕加费塔前往他的木房，那里有第二顿盛宴。既然已经开戒，那就没必要矜持。西班牙人们盘腿而坐，接受了鲜姜炸鱼，又喝了不少棕榈酒。

土著们很喜欢麦哲伦带来的礼物，那些能看见自己的镜子，还有亮闪闪的刀具，而那些沉重的利斧，一下子就可以砍倒一棵巨大的棕榈树。但最使他们惊奇的是西班牙官兵身上闪闪发光的铠甲和毕加费塔手里的羽毛。

麦哲伦叫出一名身穿铠甲的水手，让土著用他们的骨箭射他，面对雨点般的箭矢，这个西班牙人哈哈大笑，毫发未损。而毕加费塔总是拿着一根羽毛，在他和别人说话时，他便用羽毛在白纸上画下一些符号，过了许多天之后他还能准确无误地把以前听到的话全部复述出来。

这些白人在他们叫作复活节的那一天举动奇妙。他们在海边修了一个叫作祭坛的建筑物，上面竖立着一个大十字架。一名军官带着50名士兵，穿着最好的军服，向那个建筑物走来。当他们面对十字架下跪时，三艘船上突然射出一道道闪电，顷刻间，雷声在晴空中大作。酋长和土著们胆怯地跪在地上，虔诚地模仿他们看到的每一个动作，恭敬地去吻了十字架。在麦哲伦看来，这是异教徒皈依天主教，酋长不仅是西班牙国王的同盟者，而且在信仰上成了他们的兄弟。

麦哲伦非常高兴，他允诺在岛上树立一个更大的十字架，无论在海上什么地方都能看见它。实际上，麦哲伦想探查整个菲律宾群岛，在所到之处都树立起十字架和西班牙旗帜，让这片土地统统归西班牙所有。

与宿务结盟

因为人手不够，麦哲伦无法在菲律宾群岛留下政权代表和商务代表，他想找出群岛中最有实力的统治者，跟他订立条约，由他代行宗主国主权。酋长告诉他，最大的岛是宿务岛（Cebu）。麦哲伦请他派一名可靠的领航员即日前往宿务岛。酋长很热情，他恳求麦哲伦，请给予他亲自担任领航员的荣誉。

让酋长亲自做自己的领航员，麦哲伦也很有面子。但为了这面子，他不得不延迟起航，这位酋长在征集大米时喝得烂醉，一时无法上阵。

酋长酒醒后，上船领航。4月4日，船队接近宿务岛。

麦哲伦看到，沿岸有众多的小村庄，判断这里人口稠密。酋长引导船队直奔都城，麦哲伦发现，除了无数土著小舟，这里有不少外国帆船。他确信，他会在这里见到等级更高也更有文化的统治者。

麦哲伦下令鸣放礼炮。和以往一样，这些晴天霹雳给土著带来前所未有的恐惧，他们叫着喊着向四面八方逃窜。麦哲伦立刻派翻译恩里克上岸，他的外交使命是，首先向大酋长解释，刚才那些可怕的雷声不意味敌意，相反是西班牙海军上将在用特殊礼节表达对宿务酋长的敬意。

恩里克还告诉大酋长：船队奉命寻找香料群岛，想利用这个机会，对宿务进行友好访问；奉献陛下从未见过的稀罕商品，并同他易货；他们不想在这里滞留，在表达友谊之后，会立即离岛，不会给国王带来任何麻烦。

大酋长并不害怕炮声，翻译的谦恭奉承也迷惑不了他。他冷漠地对恩里克说，他不拒绝外国人在港湾停泊，也希望跟他们进行贸易，但每艘船必须缴纳停泊费和贸易税。恩里克知道，海军上将任何时候都不会向一个微不足道的土著酋长纳税，因为这样一来，等于承认这是一个独立国家，而根据罗马教皇训谕，这些土地全部属于西班牙。

因此恩里克执意说服大酋长不要征税，以免激怒船上的雷神。大酋长不肯让步，他的原则是金钱第一，友谊第二。

为了证实所有来客都在遵循着他的法令，他下令叫一位伊斯兰商人过来。这个人从泰国坐帆船来到宿务，服服帖帖交了所有的税费。哪知道，伊斯兰商人一见欧洲船队，脸都吓白了。这些带着大炮和前膛火枪的基督徒，居然找到了东方最后一个和平贸易的僻静角落。完了，一切都要完了，和平交易要结束了，丰厚的利润也要被抢走了。他慌张地对大酋长低声说，小心啊，千万别跟这些不速之客争吵，这些人就是征服和掠夺卡利卡特和马六甲的白魔，没人干得过他们。

伊斯兰商人把西班牙人错当成葡萄牙人，但他的警告对大酋长起了作用，大酋长害怕了，他放弃了自己的要求。为了表达友谊，他让恩里克转告麦哲伦，请派使者来赴宴。

毕加费塔作为全权代表上岸。他发现，大酋长的饭菜不是放在草编小筐里，也不是放在小木板条上，而是十分讲究地装在中国瓷碗里。他邀请大酋长上旗舰参观，大酋长亲眼看见，他的20名士兵用匕首、棍棒、矛枪轮番围攻穿着铠甲的西班牙士兵，而裹在铠甲里的人丝毫无损。

大酋长宣布与强大的西班牙国王结成永久联盟。

顺利普及天主教

易货交换开始了。宿务土著最感兴趣的是铁，用它可以做剑、矛、锹。他们认为，黄金质地太软，跟铁没法比，所以他们欣喜若狂地用七公斤黄金换回六公斤在欧洲一文不值的铁。西班牙人也欣喜若狂，准备拿自己的衣服和一切零碎用品去大量换黄金。麦哲伦非常担心，如果水手们一直这样发疯般地换取黄金，土著们会猜出黄金的价值，最后会使欧洲运来的货物大幅贬值，所以他不得不严厉制止聪明人去欺骗傻子。另外，麦哲伦非常严厉地监视交易，换给宿务岛居民的东西，

决不允许缺斤短两。

土著人对威武却和蔼的陌生人产生了信任，大酋长和身边的大多数人都明确表示，愿意信仰天主教。毕加费塔记述说："海军上将对他们说，不要因为害怕我们或是为了讨好我们才成为天主教徒，如果他们果真愿意接受天主教，促使他们这样做的唯一理由，只能是他们自己有这种愿望，有对上帝的爱。如果他们不愿信天主教，我们不会加害他们，对待他们和对待接受天主教的人会一视同仁。这时，土著们争先恐后地喊，他们不是因为害怕，也不是因为讨好，确实是自愿成为天主教徒。他们愿意听从海军上将的吩咐，希望他像对待他的部下一样对待他们。随后，海军上将噙着泪花，拥抱他们，紧紧握着大酋长的儿子和利马萨瓦酋长的手，说他以对上帝的信仰和对双方统治者的忠诚起誓，将努力维系西班牙国王和他们之间的永久和好，土著们也向他做出同样的保证。"

4月14日，星期日，集市广场布置好一个祭坛，老远就可以看见上面树立着高大的十字架，数千名皮肤黝黑的土著围站在祭坛四周。祭坛旁边支着奢华的大帐，帐下面铺着从船上卸下来的地毯，上面放着两把用丝绒罩的座椅，一张坐着大酋长，一张留给麦哲伦。此时，麦哲伦已觉得万无一失，他这才第一次登上海岸，于是船队响起礼炮声。土著们又被炮声吓坏了，四散逃走，当他们远远看见大酋长依然故我，才觉得不好意思，又赶紧跑回原处。

麦哲伦前面有40名全副武装的士兵，身后是几名军官簇拥着的旗手，旗手高举着卡洛斯一世的绸旗。这是西班牙王旗在这个西班牙新省上空第一次飘扬。

大酋长夫妇和他们的子女走到十字架下，低下头。麦哲伦行使教父的权力，为大酋长取名卡洛斯，取替他的异教徒名字，大酋长美丽的太太改名胡安娜，两位公主改名为伊莎贝拉和卡捷琳娜。

随后，宿务岛和临岛的贵族们纷纷前来皈依天主教，船队神父两手不停地为他们画十字，一直忙到深夜。

其他岛上的土著听说白人魔法师举行了玄妙仪式，他们第二天成群结队地涌向宿务岛。几天之后，附近岛上的所有酋长都在圣水刷子下低过了头，也都已宣誓效忠西班牙。

其他西葡大航海家不得不使用暴力和暴虐刑罚，花了很多年时间才获得的结果，麦哲伦这位对天主教深信不疑却又与狂热教徒格格不入的征服者，只用了几天时间，不流一滴血，没采取任何强迫措施就得到了。

展示武力的轻敌计划

麦哲伦不可能留在宿务岛，他认为只有一个办法可以有效巩固西班牙在菲律宾群岛的统治，那就是让这里的第一位天主教徒卡洛斯凌驾于所有酋长之上，如果有人敢于反对他，麦哲伦答应向他提供军事援助。

说来也巧，这几天正好有一个机会，可以为卡洛斯助威。

宿务岛对面，有一座弹丸小岛马克坦（Mactan）。麦哲伦的水手们在海上压抑太久，到了菲律宾群岛就开始疯狂追逐女人。他们在这座小岛上乱来，引发了一起斗殴流血事件，有几座茅舍在斗殴中被烧毁。所以这里的酋长讨厌白人，禁止他的臣民给白人提供粮食，也鄙视卡洛斯的卑躬屈膝。

麦哲伦一向反对不必要的战斗和流血行动，他不是好战主义者。但他认为，周围大小岛屿的酋长，也包括宿务岛的卡洛斯，都应该亲眼看见抗拒西班牙人是怎样被征服的。而炫耀西班牙的威武，一场流血不多的小战，比任何言辞都有说服力。于是麦哲伦问卡洛斯，想不想用枪炮教训一下对面的酋长，这样可以让其他酋长都对他服服帖帖。大酋长没有表示出特别愿意，他大概是在担心这些岛屿会在西班牙人走后报复他。

巴尔波查和谢兰力劝海军上将，没必要采取讨伐的方式去征服马

克坦。麦哲伦退一步，决定先礼而后兵。他先派恩里克和伊斯兰商人带着和平建议去见酋长，他们只求一点，要他承认西班牙的最高权力和宿务岛大酋长的权力。要是他拒绝承认，那就让他尝尝西班牙的枪炮有多厉害。

酋长毫不示弱，说他的人是用矛枪武装起来的，虽说他们的武器是用竹子和芦竿做成的，但枪尖淬火很好，西班牙人可以尝尝它的厉害。

麦哲伦可以抽调 150 名船员去作战，卡洛斯也说可以拨给他 1000 名士兵，但麦哲伦不想搞大屠杀。他认为，用一支完整的军队去对付这些家徒四壁的野蛮人有损帝国尊严。他的目的刚好相反，他要用实例证明，一名武装齐备而披盔戴甲的西班牙人，不费吹灰之力，就能战胜 100 名赤身裸体的土著。此次讨伐的核心目标，是让菲律宾群岛的所有土著都坚信，西班牙人是神。

一向谨小慎微的麦哲伦这一次疏忽了。事实上，他和后来的著名大航海家库克船长（James Cook）一样，对危险性考虑不足，所以他很有可能和库克一样，会在小规模战斗中丧生。而且，在以往所有的冒险行动之前，麦哲伦都会让全体船员领受圣餐，这一次却没有。他只带 60 人上岸，而让大酋长带领辅助队留在船上，不参与战斗，只是作为观众和见证人，观看即将出现的奇迹。

西葡大航海家在绝大多数战役中都是以少胜多，60 名身披铠甲的战士征服上千名赤身裸体的土著，从历史经验上看，并非荒谬绝伦的妄想。科尔特斯和毕萨罗率领 500 名士兵战胜了数十万墨西哥人和秘鲁人，征服了许多国家。而麦哲伦只是去征服一座针尖大的小岛，这简直就是一个小小的动作，他没把这次行动看作大事。

殒命弹丸小岛

4 月 26 日夜晚，麦哲伦率 60 名士兵，分乘三艘舢板。当他们渡过窄长的海峡时，所有的狗都狂叫起来，有一只很像乌鸦的神秘黑鸟站在一座茅屋顶上。迷信的船员预感不祥，纷纷在胸前画起十字。可是，一位走过险恶的海峡、穿过南美大陆、坚韧横跨过太平洋的超级勇士，怎么可能因为狗叫和一只黑鸟就畏惧不足为道的野蛮人呢？麦哲伦信心十足。

在离岸很远的地方，密集的珊瑚礁拦住了舢板的去路。麦哲伦带着士兵跳进水中，背着沉重的武装，在大腿深的海水里走了好长一段时间，但仍没靠近岸边。此时，有些前膛火枪被海水打湿，失去了作用。

他们看见，岸上大约有 1500 名土著，挥舞着木盾，疯狂吼叫。因为敌我距离不够远，船队不敢发射大炮。麦哲伦一边向岸边行进，一边让火枪手和弓弩手向岸上猛射，土著胆怯后退。但半小时过去，远距离发出的子弹和箭，连野蛮人的木制盾牌都没射穿。为了节省弹药以备决战，麦哲伦大声下令停止射击。土著以为白人的武器太差，根本不可能伤着他们，于是不再后退，吼叫声越来越大。他们在木盾的掩护下，一边左躲右闪，一边不断射箭，投出标枪、石头、土块。最后，他们端着淬过火的木矛逼近岸边的侵略者，有人把矛枪投向麦哲伦。

麦哲伦从进攻变成自卫，在岸边苦战了一个多小时。他把船员分成两队，一队在岸边对搏，拖住土著主力，另一队上岸放火，去焚烧土著茅舍。麦哲伦这样做是为了恐吓土著，但他万万没想到，家园被烧，激起了他们更大的仇恨。他们同样是分成了两部分，一部分在岸边围剿西班牙人，更加凶残地向敌人扑去，另一部分奔向燃烧的茅舍，打死两名水手。

土著发现，西班牙官兵身上穿着盔甲，腿上却没有防护，便一起攻击他们的双腿。一枝毒箭射中麦哲伦的右腿，他不得不下令逐步后撤，可大多数水手们全都是转身便跑，麦哲伦身边只剩七八个人。他的左腿有残疾，现在右腿又负了新伤，所以走得很慢。此时，标枪和石头不断从四面八方飞来。麦哲伦和几名亲信一边拼命抵抗，一边慢

慢后退，渐渐离开岸边有了一箭之地，海水齐到膝头。

土著们紧追不放，从水里捞上刚刚投出的矛枪，再次投掷出去。

他们认出了海军上将，首先要干掉他，他们两次打掉麦哲伦的头盔。一名土著用矛枪扎伤了麦哲伦的脸。麦哲伦怒不可遏，立即举起长矛，刺进打伤他的敌人的胸膛。长矛卡在死者身体里，麦哲伦一时抽不出来，他想赶紧拔出剑，但土著用标枪扎残了他的右手，然后一窝蜂地朝他扑来。一名土著用马刀砍伤了他的左腿，他倒在了地上，被乱枪捅死，这便是大航海家麦哲伦的结局。

见海军上将阵亡，身受箭伤的毕加费塔和同样负伤的恩里克奋力杀出重围。那些几个小时前还根本不把小岛酋长放在眼里的西班牙船员，竟然没当机立断地派人增援，也没有把海军上将的尸体夺回来，他们只是把毕加费塔和恩里克抬上了船。然后，他们怯懦地派出一名军使，让他带着几件小玩意儿和一些花花绿绿的布匹去见酋长，请求用这些东西把海军上将的尸体换回来。然而，傲慢的胜利者拒绝交易，他们不屑和白人谈判。

土著们把麦哲伦的尸体安放在茅舍里，守望他三天，看看这个宿务岛的保护神能否复活。后来，没有人知道他们怎样处理麦哲伦的尸体，不知道是埋了、烧了，还是扔到海里了。总之，麦哲伦没有坟墓，一点儿痕迹都没留下，这位揭开世界奥秘的海航家消失得无影无踪。

在这次小规模战斗中，西班牙只有八人阵亡，这个数字原本微不足道。但可怕的是，其中一人是海军上将，马克坦酋长不费吹灰之力杀死麦哲伦的消息传遍大小岛屿，白人的神圣光环顿时消失了，而失去首领的西班牙船队阵脚大乱。

宿务岛落井下石

麦哲伦的大舅子巴尔波查和麦哲伦密友的亲戚谢兰，被推选为船队长官。他们觉得西班牙人的威望骤减，没人再高看他们，甚至再在这儿待下去可能会遭遇危险。所以，他俩想赶紧把各种货物和所有黄金装上船，起航去香料群岛。

要在香料群岛做买卖，西班牙人离不开恩里克，只有他懂土著语言。此刻，也许是伤痛难忍，也许是在默默地为他死去的主人难过，恩里克裹着席子，躺在船上一动不动。巴尔波查一上任便干了件蠢事，他违背麦哲伦的遗嘱，粗暴地对恩里克说，不要以为主人死了他就不再是奴隶，就可以游手好闲了。他照样得服从命令，如果他不马上起来上岸做翻译，他就会尝到鞭子的厉害。而且回国后，他会把他立即交给麦哲伦的孀妻。恩里克低着头，听完威胁，感到万念俱灰。

恩里克表面上没有丝毫抱怨，顺从地抱病去市场，顺从地在买卖交易中做着翻译，但他私下里去见了宿务岛大酋长。他告诉卡洛斯，西班牙人已经准备把没卖出的货物搬到船上去，明天就带着全部财宝悄悄起航。如果大酋长愿意，他可以不用任何东西交换，把所有货物抢下来，甚至还可能把三艘大船一并扣下。

大酋长当机立断，立即与恩里克制订好计划，准备杀人越货。

但从表面上看，像麦哲伦在世时一样，卡洛斯和天主教兄弟格外亲热，活跃的易货贸易依然在进行中。5月1日，卡洛斯派人给两位新首领送去消息，说他终于弄到了答应送给西班牙国王的珠宝，为了把赠送礼品的仪式尽可能搞得隆重，他把臣民和他管辖的部落首领全都召来了，请巴尔波查和谢兰带领西班牙贵族们全都上岸，共同来接受礼物。

巴尔波查和谢兰大喜过望，他们和星占家圣马丁一道，率27位西班牙人上了岸，顿时被热烈的气氛包围，受到隆重欢迎。大酋长要在棕榈林宴请他们，一个劲儿地引领大家往棕榈林深处走，一群又一群土著好像是出于好奇，从四面八方涌来。

舵手卡尔瓦洛忽然觉得似乎正在走进一个阴谋，他把疑虑告诉给船队警卫艾斯皮诺萨，两人决定立即返回船队，把船上的船员调到岸上，一旦发生不测，可以搭救大家。他俩找出一个妥当的借口，从人群中挤了出去，向大船奔去。他俩还没爬上船，岸上就传来了惊恐凄

惨的喊叫声。

卡洛斯背信弃义，公然下手了，他缴获了上岸船员的武器和盔甲，下令夺占西班牙人在岸上的全部货物。

船上没有长官，所有人都惊呆了，不知所措。不多时，卡尔瓦洛自告奋勇，下令靠岸，用所有大炮炮击海岸。

第一批炮弹摧毁了许多茅舍的时候，谢兰从土著手中挣脱出来，径直跑到岸边，土著追上他，捆住了他的手脚。他用尽最大力气，命令船队立即停火，否则他会被杀死。他要求船队，看在上帝的分儿上，派一艘船带上一些货物把他换回去。土著叫嚷着，让送来两门大炮和几桶黄铜。连想都不用想，用这点儿东西换回一路上最勇敢、最辛苦的船长的性命再值得不过。

交易眼看就要做成了，但土著不去取货，他们要求船员把货送上岸。卡尔瓦洛顿起疑心，怕这些没有信义的恶棍不仅会拿走货物，而且会抢走舢板，甚至杀掉送货船员，当然，也有可能是他起了贪图功名之心，不愿失去突然落在头上的指挥官称号，不想再在谢兰手下当舵手。他决定见死不救。

站在海边，汗如雨下，浑身是血，被土著押着的是谢兰。站在旗舰上，近在咫尺，控制着三艘战船的是卡尔瓦洛。两人是结义兄弟，远航中，一起度过了千难万险。此刻，他们即将生死两隔。

谢兰睁大发红的双眼，再一次扯起脖子高喊，快呀，快把东西送过来。但他却看见，大船收起了救命的小舢板，鼓起了船帆，旗舰开始掉头，率队向远方缓缓驶去。谢兰用嘶哑的嗓子向逃跑者央求喊叫，当他明白了三艘船已决计弃他而去。他吸足了一口气，顺着陆地吹向大海的风，向卡尔瓦洛送去诅咒——在最后审判那一天，你会被召到至高无上的上帝面前，对卑鄙的背叛行为做出回答。

船员们远远地看见，他们的船长被土著乱刀砍死在岸上。

平时好奇心极重的毕加费塔，因为在马克坦岛战斗中负伤而没能上岸，幸运地保住了生命，他愤怒地记下了这可耻的一幕。

船队驶出海湾之前，他们树立的大十字架，已在土著的欢呼声中被推倒了。

船队胡乱寻路

麦哲伦船队从西班牙出发时，船上共有266人，现在只剩下115人。这些人不可能操控三艘大船，所以只好放弃一艘船。于是，谢兰的康塞普西翁号被选中做牺牲。它早已漏水，难以继续航行。5月4日，船队停泊在保和岛（Bohol），船员们把康塞普西翁号上一切还可能有用的东西统统搬到另外两艘船上，空无一物的大船被付之一炬。

现在，麦哲伦留下的船队只剩下两艘船了，一艘是旗舰特立尼达号，另一艘是维多利亚号。

5月6日，当两艘船还在大海上茫然寻路的时候，从麦哲伦海峡临阵脱逃的圣安东尼奥号已经抵达塞维利亚，开始编造种种谎言。

与此同时，没有了天才的航海家掌舵，麦哲伦船队像瞎子一样在巽他群岛之间胡乱摸索。他们没有朝西南方向走，驶向近在咫尺的香料群岛，而是绕着弯子，去了西北方向，然后迷了路，在找不到目标的漂泊中白白浪费了半年时间。

实际上，失去海军上将对军纪的严格约束，比失去船队总指挥不断指明前进方向，要更为可怕。卡尔瓦洛原本只是普通舵手，如果没有马克坦土著和宿务土著杀死了所有官阶比他高的人，他不可能成为统帅。他没有统帅的自持力，寻找香料群岛的一路上，他是任何一条小帆船都不放过，碰到什么抢什么。而被他抢来的财宝，他统统毫不客气地塞进自己的腰包。他大权独揽，既是司库，又是会计，他无须向任何人报账。麦哲伦过去为了保证风纪，从不让任何一个女人上船，而卡尔瓦洛先后从他抢劫的小帆船中抢来三名土著女人，说是要把她们送给西班牙国王，其实是做他的情妇。

小人得志终于引起众怒。维多利亚号船长卡诺说，这个人关心的

不是国王的事业，是他自己的私利。最后，水手们罢免卡尔瓦洛，推选舵手篷赛罗（Pomcelo）做船队指挥官，又选出卡诺和特立尼达号船长艾斯皮诺萨组成三人执政。

在这片人口稠密的水域，通过易货贸易和抢劫来补充食品和淡水并不费劲，于是迷途的水手们似乎有恃无恐。两艘船依旧毫无意义地绕来绕去，在几个星期中，他们曾不止一次到过离香料群岛很近的地方，然后又稀里糊涂远离了目标。

终于找到香料群岛

有一天，他们抢劫了一艘小船，发现船上有一个人出生在香料群岛中的德那地岛，他十分清楚回家的航路，而且还认识麦哲伦的密友谢兰。

能把他们带出迷宫的人终于找到了。

经过几天平安的航行，11月6日，他们终于远远看见浮在海面上的山峦，看见了德那地岛和蒂多雷岛的山顶。被劫持的领航人说，这就是香料群岛。船员们兴奋异常，用隆隆炮声庆祝胜利。

为了最终找到这个群岛，他们已经在海上漂泊了两年零四个月。

船队停泊在蒂多雷岛，那是一个香料市场，是麦哲伦向往的五大富岛之一。

麦哲伦的弟兄们终于来到了他曾许诺要带大家抵达的乐土，他自己却没能看到这一切。而那个一直在召唤他前往香料群岛的谢兰，在他的下属到来之前的几个星期被人毒死了。人们在谢兰的文件中找到麦哲伦的一封信，麦哲伦说，他不久就要前来德那地岛，而且，"如果不经过葡萄牙，就走新的路"。

谢兰对香料群岛热情洋溢的描绘并没有夸大其词，这里风景优美，资源丰富，土著非常温暖可亲。

谢兰的好友——伊斯兰教徒阿尔曼索尔酋长（Almanzor）——当

即登上一艘大船，端坐丝绸华盖之下，出海迎接客人。一起上岸的时候，他在客人身上闻见了猪肉味，不禁捂住鼻子，但他还是把大家视若兄弟，一一拥抱了这些基督徒。阿尔曼索尔心地善良，他心甘情愿地承认西班牙国王的地位和权力高于自己，其他酋长和西班牙人交往，想的是从西班牙那里多弄一些实惠。但阿尔曼索尔却请求西班牙人不要给他太多礼品，因为他没有什么好东西可以体面地回赠。

西班牙人迫不及待地以廉价物品疯狂换取大批香料，把丁香、豆蔻、肉桂装满船舱。因为归期不远了，他们把衣服、皮腰带、雨衣、火枪全都卖了，用低价买回无数宝物。有了这些财物，回到祖国后他们就会成为富翁。

12月18日，香料、食品、盛满淡水的大桶装船完毕，旗舰已经升旗，旗上写着"此乃我们平安返航的保证"。但旗舰刚刚起帆，破旧的底舱却突然发出巨大的折裂声，很快灌满了水，但怎么也找不到窟窿。

没办法，只好赶紧卸货，把船拖上岸。不过，要找到并把损坏的地方修好，肯定要花上好几个星期的时间。想起来不禁让人伤感。旗舰最先驶离桑卢卡尔，始终走在最前面，它首先通过麦哲伦海峡，横渡完太平洋，它是领航船和统帅意志的体现。现在，海军上将已经逝去，他的指挥船也无法远行了。

现在，正是刮东风的时节，维多利亚号完好无损，可以一路顺风返回祖国。所以大家一致赞同，让47名海员驾驶维多利亚号，立即起航。如果是这样，其余51人必须留下，等旗舰修好后再走。不过，这个坏消息反而使许多船员大为快乐，有的人很想仿效谢兰，永远留在这个人间天堂。

此刻，一度是敌人的两位船长——艾斯皮诺萨和卡诺——面对面站在一起，准备在共同航行两年半之后暂时告别，也可能是永别。

在圣胡利安湾政变那天夜晚，年轻的卡诺是普通水手，他站在反对麦哲伦的阵营，参加了夺占圣安东尼奥号的行动，代管这艘大船。

而船队警卫艾斯皮诺萨是麦哲伦最忠实的助手，他用匕首杀死缅多萨船长，控制住维多利亚号。后来，麦哲伦原谅宽恕了卡诺，慷慨奖励了艾斯皮诺萨。如果命运公平，它会选中麦哲伦的忠诚战士艾斯皮诺萨，但它偏偏让艾斯皮诺萨和旗舰水手们在苦难的漂泊中死去，被历史遗忘。同时它过于宽厚地祝福了一度反抗过麦哲伦的卡诺，使他成为最后领受灿烂星辉的唯一一人。

12 月 21 日，即将起航的 47 名船员收好 51 名暂留者的家书，和他们最后一次拥抱，然后起锚。留在蒂多雷岛上的人回到舢板和马来亚小帆船上，与维多利亚号并行很长一段距离，以便互相多看一眼。直到黄昏降临，桨手划累了，他们才掉转船头。维多利亚号大炮轰鸣，最后一次向留下来的人致敬和告别。

千辛万苦的回航

卡诺在帝汶岛停泊，再次储备食品和淡水，1522 年 2 月 13 日真正上路。

我们知道，在马六甲和印度，在东非和莫桑比克，在佛得角群岛，全都有葡萄牙殖民地，但卡诺必须克服的最大困难恰恰在于，他不仅不能利用这些葡萄牙基地进行补给和休整，而且必须在很远的地方就避开它们。从蒂多雷岛出发前，他们已经从一个葡萄牙叛徒那里获知，刚刚过世的葡王生前有令，截住麦哲伦船队的所有船只，把他的全体船员当海盗关起来。所以卡诺必须驾着这艘被虫蚀坏而且几乎超载的破船，一口气穿过整个印度洋，绕过好望角，中途一次不停泊。这即使是在 500 年后的今天，对于装备着先进设备的现代轮船来说，也不能不说是个巨大的挑战。

起初几天，维多利亚号经过一些岛屿，海员们可以远远看见热带树林。因为季节已晚，卡诺必须抓紧时间，利用从船尾吹来的东风跑路，所以一处也不能停留。渐渐地，最后几个岛屿隐没在船后的海平线下，无边无际的海洋包围了维多利亚号，周围是一片毫无变化的蓝色。

他们在空寂的印度洋上航行了一个又一个漫长的星期。

船上储备了五个月的食品，主要是猪肉。但在帝汶岛没弄到盐，在灼热的太阳烤晒下，未经彻底风干的猪肉很快腐烂了，臭气熏天。他们只好把所有猪肉全扔进大海，而后唯一能吃的主食是大米。不久，大米越来越少，淡水越来越臭。

5月初，维多利亚号沿东非海岸南下，一部分船员要求停止航行，把船开到前面的莫桑比克，交给那里的葡萄牙人，否则大家会饿死在半路。卡诺当年做水手时，曾想迫使海军上将放弃前行，现在他自己成了长官，却要求大家做出最后努力，"宁可死，决不把自己出卖给葡萄牙人"。

流行病开始在船员中蔓延，败血病再次出现，卡诺被迫做登陆尝试。但在荒凉的不毛之地，他们没找到水，也没找到水果，只好痛苦地继续南下。

5月18日，船到达好望角，暴风向他们袭来，刮断了前桅杆，中桅杆也出现了裂痕。备受病痛折磨的海员使出最大的力气，勉强把损坏的部分修好。大船吱吱呀呀地驶过危险水域，然后吃力而缓慢地沿非洲西海岸北去。

在这段航程中，每天都有尸体被送进海里，船员减少到35人。而抵达佛得角群岛前，又有四名船员死亡，从香料群岛抓来的19名土著，仅有三人还活着。

佛得角群岛和圣地亚哥港是葡萄牙殖民地，在这里停泊，等于在离目的地只有十步远的地方束手就擒。但食品最多只够三两天之用，饥饿让他们别无选择，必须壮起胆子去行骗。

卡诺决计做一次大胆尝试，他挑选出几名水手，让他们上岸购买食品。他要他们郑重起誓，绝不向葡萄牙人透露他们是麦哲伦船队的幸存者，绝不能透露他们即将完成环球航行。一旦被识破是西班牙人，只能说是被暴风从西班牙的美洲殖民地吹过来的人。

船的破损惨状和刮断的桅杆，让他们的谎话如同真话一般。葡萄牙人没做特别盘问，也没派官员上船检查，大概是出自海员和海员的特有情感，他们十分热情地放行了西班牙小舢板。他们很快给西班牙人组织好食物和淡水，小舢板来回走了两三趟，每一次都装满粮食。久违的面包和肉，让海员们重新精神抖擞，储备好的粮食已足够他们吃到塞维利亚。

意外发现国际日期变更现象

特别值得一提的是，在佛得角群岛，毕加费塔第一次发现了此后一个世纪科学家们企图努力破解的奇特现象。毕加费塔在将近三年的远航中，每天写日记，无一例外地逐日写着星期一、星期二、星期三……日日如此，上岸采购食品那天，毕加费塔记的是星期三，但海员们回到船上说，岸上的葡萄牙人都说当天是星期四。毕加费塔怀疑自己记错了，或许漏掉了一天。于是他去问每天写航海日志的舵手，舵手十分肯定地说当天是星期三。

后来，毕加费塔的这个记述引发了学者们的兴趣，似乎公元前400年赫拉克利特提出的假设得到了证实。赫拉克利特说，地球在太空中并非静止不动，它始终围绕自己的轴在做等速转动，随着它的转动向西航行的人会在无限的时间流中获得更多的时间。这个论述，无论是希腊哲学家还是亚里士多德和托勒密，都没与之共鸣。幸亏毕加费塔与众不同，并非一心只想着把一袋袋香料带回家，他带回欧洲的最宝贵的东西，为日后划定国际日期变更线提供了实践依据。

7月18日，卡诺向岸上最后一次派发小舢板，只需它运回一些大米和水果就万事大吉了。但奇怪的是，这一次小舢板迟迟没有回来。

卡诺猛然发现，葡萄牙人正要从岸上出发，前来扣留维多利亚号。如果他忍痛丢下岸上的几名船员，船上只剩下18人。卡诺容不得多想，立即下达了起锚扬帆的命令，不顾一切地逃离了虎口。

30 人操劳的活计，现在只有 18 人在干。离祖国越来越近了，但船板一块接一块地脱榫，海水不停地从洞隙间涌进船舱。在这种情况下，最好的办法是从 700 公担的香料中挑出一部分扔掉，减少船的吃水量。但卡诺不愿丢弃已经属于国王的财产，他让疲惫不堪的海员日夜轮流操作两台抽水机。而除了这项保命工作，他们还要升帆收帆、操舵控制方向、在桅杆上警戒，还要其他各种必须完成的日常船务。已经严重透支身体的水手，一连几夜不能睡眠，一个个像梦游患者一样，左摇右晃，强打着精神困守各自的岗位。

9 月 4 日，桅楼上传来嘶哑而兴奋的叫喊，警戒员望见了葡萄牙的圣文森特角，陡直的悬崖渐渐从海涛中耸起，船员们得到鼓舞，信心倍增。

他们计算着，只要再忍耐两天两夜……只剩下一天一夜了……最后还有一夜……只有这一夜了！终于，他们全都跑上甲板，眺望远处夹在大地中间的一条银带，那是瓜达尔基维尔河。他们兴奋得发抖，三年前，他们顺流而下，就是从这里开始跟随麦哲伦远航的。

9 月 6 日，18 名船员摇晃着病弱的身子，从维多利亚号上走下来，纷纷跪倒在地，亲吻桑卢卡尔港坚硬而安全的土地。

巨大荣誉和巨额收益

卡诺登岸后的第一项工作，是派信使把环球远航的伟大胜利和维多利亚号平安归来的喜讯送到巴里亚多利德，报告给卡洛斯一世国王。

而他的海员们贪婪地吃着别人慷慨赠予的热面包，他们已经三年没享受过家乡的肉、美酒和水果。他们吃饱喝足，纷纷倒在凉席上睡着了。三年来，他们第一次睡上安稳觉，不用担心任何危险。

环绕地球一圈的维多利亚号，再也不能自己逆流而上了。第二天清晨，卡诺率部下登船，由另外一艘船向瓜达尔基维尔河上游的塞维利亚拖行。他们迎面遇到驳船和小船，船上的人向他们招手致意，却

无法辨认出这条大船就是三年前从这里出发的维多利亚号。

9月8日，塞维利亚的白色钟楼在远方闪现，"鸣炮！"卡诺下达了最后一道命令，远航宣告结束。

上岸后，市民们围住英雄，送给他们食品，想请他们到家里做客，想听他们讲讲远航中的见闻。海员们拒绝了。他们此刻什么都不想说，他们首先要做的，是履行在致命危险面前许下的诺言，前往维多利亚圣玛利亚教堂和圣玛利亚·安提古阿教堂朝圣赎罪，这是一项刻不容缓的天职。

18名幸存下来的海员，手拿点燃的蜡烛，穿着白布尸衣，光着脚，走进昏暗的教堂，跪在地上。风琴响起，神父把圣餐盒举到他们头顶。海员们感谢上帝和上帝虔诚的信徒们在无数次危险中保全了他们的性命，他们为没能回来的海军上将和死难船员的灵魂轻声祈祷。

卡洛斯一世不久前刚在德国沃尔姆斯会议上亲眼看见马丁·路德彻底摧毁了教会的精神意志，他从德国回到巴里亚多利德，又得知麦哲伦已经把旧的世界概念彻底颠覆了，他以生命为代价，证明了地球确实是圆的，在地球上，海洋大于陆地，所有海洋是一个整体。

国王欣喜若狂，他急于想知道远航光辉业绩的详情，他要卡诺尽快从生还者中挑选两位久经考验而且是最理智的人，一同来巴里亚多利德城堡，同时把船上的全部资料交给他。卡诺挑选的两个人，一个是毕加费塔，一个是舵手阿尔瓦罗（Alvaro）。

卡诺没有把麦哲伦留下的任何文字交给国王。原因有两种可能，一是麦哲伦手迹全部在旗舰上，旗舰仍在香料群岛；二是麦哲伦的记录中有圣胡利安湾反叛信息，卡诺不想让国王知道这件事，以保全自己的荣誉。历史上保存下来的麦哲伦的唯一文件，是后来葡萄牙人俘获了麦哲伦的旗舰，从船上抢来的。

卡诺成了没有任何污点的英雄。国王晋升他为骑士，授予他每年500杜卡特金币的终身退休金。他还得到了徽号，徽号正中的图案是两枝交叉的肉桂，周围是肉豆蔻果和石竹花，徽号上方是一项头盔，头盔上方是地球，地球上刻着这样一句话："你第一个围绕我航行了一圈。"

为麦哲伦远航探险队提供装备的东印度公司和亚罗也高兴坏了，他们本打算把装备五艘船花费掉的 800 万马拉维迪写进亏损账目，但不期而归的维多利亚号满载珍宝并从香料群岛运回 26 吨香料，这不仅足以抵偿失去四艘船所遭受的全部损失，而且还带来了意想不到的 500 杜卡特金币的巨额纯利。当然，在这种计算中，200 多条人命的价值完全归零。

尘世的犒赏

只有一小撮儿人害怕得要死，他们是戈麦斯及其同党，当年从麦哲伦海峡临阵脱逃的叛乱者。他们逃回西班牙后，一直提心吊胆地幻想着最好船队无一人生还，这样便没有证人能指控他们叛乱。

在国王成立的调查委员会那里，他们曾说，麦哲伦的探索是无目的而且毫无价值的。他们造谣说，麦哲伦为把舰队出卖给葡萄牙，杀害了国王派驻的官员，他们出于爱国信念，果断拘押了麦哲伦偷偷安插进船队的堂弟麦斯基塔，挽救了船队最大的那艘船。他们竭力隐瞒真相，没有透露在他们抛弃麦哲伦时其已经找到海峡，他们只是淡淡地提了一句，说船队曾经驶进过某个海峡，而麦哲伦最后找到的不是海峡，只是个开阔的港口。

好在塞维利亚法庭的法官们对他们的供词并不完全相信，他们理智地认为，指控者和被控者都有可疑之处。于是他们把叛乱说谎者和忠诚而无辜的麦斯基塔一同关进了监狱，麦哲伦的妻子也被限制出行。法庭决定，等待海军上将和其他几艘船回来，弄清事实再做终审决断。

然而，第二年过去了，麦哲伦依然杳无音讯，戈麦斯重又打起了精神。可现在，一艘船居然回到了塞维利亚，戈麦斯觉得自己要彻底完蛋了。

当他听说麦哲伦已经死去，他的心情顿时轻松了不少，至少主控人已经不能再说话了。当他得知率领维多利亚号回国的竟是卡诺，他便如释重负。

因为有卡诺作证，麦斯基塔被释放了，他所蒙受的损失也得到了补偿。同样因为有卡诺祖护，戈麦斯逍遥法外，而且得到了奖赏。

尘世的犒赏，绝大部分落在远航壮举中那些干扰者和破坏者身上，真是天眼不明。而麦哲伦，除了得到历史荣誉，他起航前要求的一切全被厄运吞噬了。

在与国王的合同里，他为自己和亲人争取到的东西，无法落在他的家中，可以继承遗产的家人全已不在人世了。在船队远航的三年里，麦哲伦的两个孩子和妻子相继去世，能继承他的族徽的人，无论是兄弟和侄子，还是族人，一个也没有，麦哲伦家族绝了后。

麦哲伦开辟的西向航线没有被利用。他找到的海峡没带来任何收入。西班牙人宁可在中美洲把货物搬上岸，拖着走过巴拿马地峡，也不会南下去找麦哲伦海峡。直到今天，从大脚湾到火地岛，仍是荒凉贫瘠的海岸。凡是想重蹈这位大航海家覆辙的西班牙船，无一不在麦哲伦海峡覆灭。

1913 年秋天，威尔逊总统在华盛顿按动电钮，打开巴拿马运河的闸门，大西洋和太平洋永远连接了起来，麦哲伦海峡成了历史故事。

麦哲伦以生命为代价，要赶在葡萄牙前面，为西班牙寻找香料群岛，但卡洛斯一世最终把它卖给葡萄牙，收取了 35 万杜卡特金币。

麦哲伦遗迹

【麦哲伦十字架】

位于菲律宾群岛的宿务岛，有一个红顶小房子，里面有麦哲伦在宿务岛传教时树立的木制十字架。起初土著认为，把木制十字架的表皮刮下来泡水喝可以治病，所以为了保护这个十字架，教会组织特别制作了一个外包装，把十字架装在里边，这就是今天在红顶下看到的一个箱子。

【麦哲伦殉难纪念碑】

位于菲律宾群岛的马克坦岛，建于1866年，碑的正面写着："麦哲伦。1521年4月27日，麦哲伦死于此地。他在与马克坦岛酋长西拉普拉普的战士们的交战中受伤身亡。麦哲伦船队的一艘船——维多利亚号，在卡诺的指挥下，于1521年5月1日升帆驶离宿务港，并于1522年9月6日返抵西班牙港口停泊，第一次环球航海就这样完成。"其背面写道："西拉普拉普。1521年4月27日，西拉普拉普和他的战士们，在这里打退了西班牙入侵者，杀死了他们的首领麦哲伦。由此，西拉普拉普成为击退欧洲人侵略的第一位菲律宾人。"在这个小公园里，麦哲伦殉难纪念碑和西拉普拉普的雕像同时置放，令人感慨。

第十五章 大航海改变了世界

西葡大航海，让千百年来隐匿在地球各个角落的陆地和岛屿呈现在世人面前，使人类真切地认识到世界真正的样子。随后，世界按照欧洲人的意志改变了各自的原始风貌，欧洲人成了世界的统治者，只是掌权人由西葡变成了大不列颠王国。而被统治者，或欣喜，或痛苦，或悲喜交集地接受了现代文明，又同时遭受着歧视和奴役。最终，经由道义和抗争的力量，世界变成今天的样子。

人类脑海中正确的世界

公元 1000 年前后，北欧人曾在美洲东北部的纽芬兰岛短暂居住，并在北美的大西洋海岸登陆。不过，北欧式的地理局部发现是零星偶发的、断断续续的、后继无人的，并且不以认识世界和传播地理知识为使命的。

然而在中世纪晚期，葡萄牙亲王恩里克开启的远航探险实践，却是长期计划性的、连绵不断的、后继如潮的，而且其重要使命之一是改变人类对世界的认知并传播关于真实世界的各种常识，因此它是科学性的。大航海家们一手拿剑，一手拿笔，攫取了巨额财富，也描绘出完整的世界图景。而在西班牙的旗帜下，意大利人哥伦布开始认识全然未知的大陆。同样是在西班牙的旗帜下，葡萄牙人麦哲伦基本找到了所有未知陆地和未知海洋。从哥伦布到麦哲伦短短 30 年时间，探索已从渐进量变发展成质变飞跃，人类对世界的清晰认知，超过了之前数千年。

至麦哲伦船队回航，已经持续 104 年的地理大发现基本完成，但大航海时代远未结束，随后又绵延了 300 年。而本书的使命，主要是勾勒和描述大航海时代的初年，也就是被称为地理大发现的那段岁月，那是改变地球和人类命运的特别关键期。

351

大航海让我们知道了世界真正的样子。

南北伸展的美洲和浩瀚无际的太平洋，闯入人类的视野，彻底否定了前人对地球面积的低估。在新的世界图景中，海洋远大于陆地，陆地集中在北半球，南半球大部分是海洋。非洲和美洲都有南端，它们并不与南极相连。海洋切割开了所有陆地，而它自己却是彼此相通的一个整体，从大西洋可以进入印度洋，也可以进入太平洋，从太平洋一样可以进入印度洋。

世界没有边缘，只要不是飞，谁也不可能走出地球。

前仆后继的远航探险，不仅勾勒出世界的总体轮廓，而且描绘出世界各个角落的细部。非洲没有贯通大陆的河流和海峡，美洲既有巴拿马地峡也有麦哲伦海峡。中美洲岛屿的空间关系被写得清清楚楚，菲律宾群岛的民风故事栩栩如生，香料群岛有了确切定位。在阿尔布开克进军红海之前，红海两岸在地图上只是两片信息空白的真空地带，那次远征失败了，但当阿尔布开克撤离亚丁时，世界地图上的红海已经和真实地理中的红海完成了相互对应。

人类脑海中正确的世界终于形成了。

人种、物种大交汇

大航海用远洋航船把自古以来所有孤立的地区连接了起来，使世间产生了广泛的涵盖各种内容的国际交流，把世界给抹平了。

首先，大航海让互不相识的人种不期而遇，或因为屠戮，或因为交易，此消彼长，相互融合，还形成了前所未有的新人种。哥伦布船队在中美洲，麦哲伦船队在菲律宾群岛，许多海员在易货交易的同时就使土著女人怀上了自己的孩子，在其他果实尚未孕育完成的时候，第一代混血儿已经问世。后来，或者为了宗教信仰，或者为了自由，或者纯粹为了土地和财富，340万白人来到美洲。而在与非洲黑人部落的战争中，胜利一方总是将他们抓获的俘虏卖给白人做黑奴，他们也会把罪犯卖给白人。于是 1170 万黑人陆续被白人转卖到美洲，白人和土著、黑奴和土著、白人和黑奴生下混血的孩子，逐渐形成许多新兴民族。其中，西非战斗民族和美洲土著大规模混血，形成了马伦人，他们曾经建立过主权国家。而在大规模混血之前，世界上并无今天的墨西哥人种和巴西人种。

其次，大航海导致物种大交换，丰富了各地物产。

哥伦布发现美洲人吃土豆，高产时每亩 20000 斤，它的最低亩产竟是欧洲小麦最高亩产的 18 倍，而且它不像欧洲水稻那样依赖水。他把薯类和玉米带回欧洲，又把小麦和水稻带到美洲，丰富了欧美的粮仓。

如果没有物种交换，每个民族的食物都会像最初那样单调。

唐朝以前，我们的作物只有五谷，麻是用来榨油的，黍是酿酒做糕的黄米，菽是豆类总称，小麦的产量有限，主食只有小米，而且不算好吃。宋朝的时候，我们引进了越南的占城稻，在珠江、闽江、长江流域大面积推广，南部中国人的主食普遍改成了大米。

唐朝时期，我们从东南亚引进了胡椒，宋朝的时候，我们从伊朗引进了胡萝卜，而汉唐宋时期进入中国的农作物，中文名称前都有一个"胡"字。明朝和地理大发现时代是同期，我们引进了更多作物，这些作物的名称前带有"番"字，红薯叫番薯，玉米叫番麦，西红柿叫番茄。而漂洋过海进入清朝的农作物，名称头一个字改成了"洋"，比如洋葱。荷兰人在明朝时把土豆带到中国台湾，叫荷兰豆，清朝时土豆进入大陆，名叫洋芋。

从中美洲回到西班牙的船队，除了满载黄金和奴隶，还带回充满异国情调的蔬菜，青椒、芸豆、花生、红辣椒，让欧洲人的厨房和餐桌飘出闻所未闻的香味。

他们从把美洲热带地区的可可带回欧洲，制作出巧克力。他们把亚洲的茶叶运回欧洲，在美酒之外，欧洲多出一种不会使人迷醉的饮品。他们把加勒比海域的烟草带回欧洲，制作出雪茄。

他们把欧洲的苹果、非洲的西瓜和各种开花结果的植物带到美洲，

却发现那里没有蜜蜂，所有花朵仅凭风来授粉。于是他们把蜜蜂也带了过去，让大量开花植物把美洲变成了果园。

他们在北美移植烟草，却发现烟草很废地力，种完一季来年就得另寻他地。当他们一筹莫展的时候，却意外发现，蚯蚓可以化解难题。运送烟草的船队每次去北美之前，都要把木桶装满欧洲的泥土，用来压舱底，好让货船吃水深一些。到了北美，把土倒掉，装满烟草返航，他们无意之间在泥土中把欧洲蚯蚓带到了美洲。蚯蚓大量繁殖，为烟草田翻土，吃掉腐烂的叶子，排便，让贫瘠化的土地重获地力。

大航海之前，美洲的驯化动物少得可怜。人类的 38 种驯化物种，美洲只有六种，他们有狗，却从来没见过马、驴、骡、牛、羊、猪。因为没有任何一种大牲口，土著不可能发明木车和车轮，羊驼是他们唯一用于工作的大动物，但它们体形太小，不可能拉车。同样是因为没有大牲口，土著无法犁地，只能用放火烧荒的方式获得钾肥，下雨之后播种，只要完成收获便抛弃这片土地，再烧别的森林。因为烧荒面积太大，北美上空笼罩着二氧化碳，形成了温室效应。欧洲人带去了新的方式，他们用铁器伐树，用大牲口犁地，二氧化碳渐渐消失，蓝天重现。

航海家将驯化动物运到新世界，把各种珍禽怪兽带回旧世界。西班牙水手把中美洲的大鹦鹉卖给欧洲贵族，葡萄牙船员把一头大象送给了罗马教皇。

局部疾病全球扩散

不幸的是，大航海也使原先局限在一个地区的病魔闯入其他地区，夺去了成千上万的生命。

牛痘是发生在牛身上的一种传染病，是天花病毒引起的急性感染，母牛乳房会出现局部溃疡。天花病毒可以传染人类，但大航海前天花病毒仅限于欧洲，尤以英国为最，染病的多是挤奶员和宰牛场的工人。

患者的皮肤会出现丘疹，慢慢发展成水疱、脓疱，对免疫系统有缺陷的患者而言，感染牛痘病毒就意味着死亡。

对于天花，美洲土著完全没有免疫力，大批人因此死亡。

欧洲人找到美洲，又把非洲黑奴卖到那里，造成人类史上规模最大的种族灭绝，亡者占总人口的95%。但是如果认为这些死亡全是武力征服所致，那就大错特错了。实际上，死于新疾病的人，是被暴力杀死的人的数千倍。在欧洲人抵达前，美洲没有霍乱、麻疹、伤寒、白喉、流行性感冒、百日咳。在欧洲猪出现之前，美洲也没有旋毛虫病。后来，黑奴和蚊子又带来了疟疾。所以，90%的土著不是被杀死的，而是因为没有免疫力，染上新病而死。

从新病免疫力角度看，我们便会知道黑奴为什么那么受欢迎，市场价格为什么那么高。因为他们既不怕天花也不怕霍乱，更不在意自己带来的疟疾，他们的死亡率很低。

当然，欧洲人从没见过的美洲病，也给他们的染病者带来80%的死亡率。

哥伦布船队在海地岛很不检点，把那里独有的梅毒带回西班牙。起初，欧洲人并不知道这种最终会导致患者长满脓包、全身腐烂、痛苦不堪的疾病是什么，曾经管它叫"白人的耻辱""大水痘""那不勒斯症""法国病"。死于梅毒的欧洲人超过1000万人，全世界死了多少人无法统计。

西葡带动欧洲崛起

大航海使欧洲强大起来，使其他地方衰落下去，一些文明消失了。

起初，大航海家只是物物交换，把冷兵器和面包带到中美洲和东南亚，再把中国的丝绸和印度的药品运回欧洲。很快，他们建立了殖民地和纳贡体制，直接攫取资源和大量掠夺财富是他们的使命。最后，欧洲占据了80%的世界财富，文艺复兴运动走向高潮。

355

早在哥伦布出海之前，全世界排在前12位的大城市没有一座是欧洲的。那时候世界第一大城市是北京，它是唯一一座拥有100万人口的城市。当时人口在50万以上的城市有阿拉伯地区最大的城市开罗，有印度孟买，有墨西哥城和印加帝国的首都。欧洲最大的城市是巴黎，人口不到20万，排在第13位。

而大航海之后，世界排名在前20位的大城市已全部是欧洲城市。

这个变化过程中，基督徒狂热推广天主教，消灭了许多异教文明。

1521年，西班牙航海家科尔特斯（Hernan Cortez）攻占墨西哥城，随后摧毁了阿兹特克文明。此时，玛雅文明已接近尾声，但在尤卡坦半岛还残存着一些玛雅小城邦。1527年，西班牙航海家蒙特霍（Francisco de Montejo）前往尤卡坦半岛，用暴力建立殖民地，强行推行天主教。玛雅人展开百年游击战，1697年，最后一个玛雅城邦被西班牙人摧毁。

麦哲伦死后不久，西班牙国王卡洛斯一世和他的王后葡萄牙公主伊莎贝拉迎来了西班牙的空前盛世。而此时，德奥和东欧是他们的，意大利的三分之二是他们的，荷兰是他们的附属国，从南美直至菲律宾群岛全是他们的，太平洋成了西班牙的内海。所以卡洛斯一世自豪地宣称，"在我的领土上，太阳永不下落"，西班牙成为第一个日不落帝国。

自1545年起，西班牙海军在随后15年里，从海外运回了5500公斤黄金和24.6万公斤白银。及至17世纪之前，全世界开采的贵重金属中，83%为西班牙所得。西班牙达到了空前的繁荣。大航海给欧洲人带来了大发展的强大物质基础，开阔了他们的眼界，极大拓展了他们的创新空间，于是现代文明首先在欧洲而不是其他地方诞生了。不过，现代文明的每一道曙光总是出现在英国，而西葡背负的全部是夕阳的余晖。

1556年，卡洛斯一世逊位，把超级庞大的帝国交给菲律佩二世。

对于菲律佩二世来说，这一切或许来得太容易了，他骄傲却没有珍视，而是把注意力和执政重心转移到了宗教斗争上。在一次次重大的军事失败之后，西班牙以及被它拖下水的葡萄牙开始渐渐下滑，最终世界霸主之位被英国收入囊中。

西班牙在各个殖民地，没能像后来的英美那样，形成巨大的军政优势，他们想的只是做生意。当它在海上贸易中尝到甜头后，又没有及时拓展工业，因此后发力不足。此时，为了长年大规模作战，它又投入了其难以承受的军费。

因为种种原因和原因种种，西班牙拖着葡萄牙一道日益走向衰落。

新经济机制在英殖民地萌芽

英国参与大航海，比葡萄牙晚了 190 年，比西班牙也晚了 110 年。后发的劣势在于，土地空间有限，势单力薄，但后起的好处却是，冒险代价很小，汲取的教训和经验又足够多，收益不低。英国在避短而扬长的过程中，想出了许多行之有效的新方法，造就了现代文明。

大航海在英国首先催生了股份公司和议会制度。

西班牙王室和贵族在南美发现大量金银，变得极端富裕，英国人判断，当时没有任何一个白人定居的北美也一定有金银。但英国没钱去探险和开拓，于是它鼓励那些大胆的商人自筹资金，集体合股，在伦敦注册了全球第一家股份企业——弗吉尼亚公司，由私人企业去完成国家的殖民大业。公司股东拥有殖民地所有权和红利，公司员工是真正的殖民者，领取固定工资。

1607 年，弗吉尼亚公司的普利茅斯集团和伦敦集团把各自的第一批殖民员工送到北美，分别在缅因州和弗吉尼亚州建立了殖民地。前者只维持了一个冬天即告失败，后者成为北美第一成功的殖民地。

起初，弗吉尼亚公司很艰难，后来转种烟草，股东们获得暴利。由于弗吉尼亚公司的运作，烟草比土豆和玉米更早地传播到了全世界。

当年，北美生存环境恶劣，6000 名英国人去弗吉尼亚，来年只剩

下 1000 人。公司股东都不愿意去殖民地，于是产生了世界上第一批股东代理人。要知道弗吉尼亚不是一般的企业，它不光要生产、经营和贸易，而且要管理土地，以一种政权的形式出现。于是股东代理人成了议会议员，这便是代议制的雏形，而弗吉尼亚实际上成了世界上第一个民主政权。

新政治思想在英殖民地确立

和弗吉尼亚一样，《五月花号公约》同样是日后美国建政的基础，但毫无疑问，这些东西最初都是英国人的成果。

1620 年 9 月 23 日，三桅捕鱼大帆船五月花号，离开英国，目的地是纽约哈德逊河河口。船上负载着 102 名移民，其中多是贫苦农民、渔民、工匠、契约奴隶，还有清教徒。由于风浪险恶，他们错过了目标，11 月 11 日在麻省的省镇港（Provincetown）抛锚。他们决定不再继续航行，就在这里登陆。

上岸前，41 名拥有政治权利的成年男子讨论着，应该如何管理未来的新世界。他们讨论的核心问题，是最高权力来自哪里，是英王敕令，是枪杆子，还是领袖的个人权威。他们要把这个问题弄清楚之后再上岸。

经过激烈讨论，他们最后决定建立一个必须由大多数被管理者共同认可的自治团体。在这里，一切依法而治，大家都要受到约束。

最后，这些英国人在羊皮纸上写下简洁的公约，一一签上了名字。日后，它成为美国史上第一份重要的政治文件，被称为"美国的出生证明"。

在公约上签字的 41 人，成为殖民地第一批拥有选举权的公民。

冬天来了，这批移民处在饥寒交迫之中，挣扎在生死线上。尽管土著给他们送来了生活必需品，但活过冬天的只有 50 来人。签约的41 人死了一半，而剩下的一半成为殖民地政治的核心成员。

开春后，土著教他们种玉米和南瓜，教他们狩猎和捕鱼，英国人感激涕零。那时，狂热信仰天主教的西班牙人憎恶英国新教徒，不断骚扰英国移民，直到新教徒首领娶了土著酋长的公主，西班牙才被迫停止打扰他们。第一个秋天，英国移民获得了丰收，他们要感谢上帝恩惠，同时邀请给予他们真诚帮助的土著一同过节，这便是第一个感恩节。

感恩节第一天黎明，移民鸣放礼炮，列队走进充当教堂的房屋，虔诚地向上帝表达谢意，然后点起篝火，举行盛大宴会。接下来的两天举行摔跤、赛跑、唱歌、跳舞等活动。这次感恩节非常成功，其中许多庆祝方式流传了数百年，一直延续到今天。

后来，土著和殖民者势不两立，数千万土著奋战了数百年，却以失败告终。而白人一直在过感恩节，后来他们还用阿帕奇、切诺基、支奴干这些土著部落的名字作为商品品牌，只是不知他们是否还记得那些帮助过他们祖先的土著。

在北美最初的岁月，那些拥有选举权的人每年开一次代表大会，通过各种法律，选举总督和总督助理。1636年，他们通过了统一基本法，对殖民地的政治结构和居民权利做了文字上的规定。三年后，殖民地代表大会变成殖民地议会，只要是自由人，哪怕是非教会成员，都可以选入议会做议员。

合建大不列颠王国

大航海使苏格兰失足，被迫与英国合并，催生出大不列颠王国。

1695年，苏格兰萌发了开拓海外殖民地的强烈愿望，成立了"苏格兰对非洲及东西印度群岛贸易公司"，开始实施殖民中美洲地峡的达连湾（Darien）计划。

达连湾位于后来的巴拿马运河地区，是扼守南美、北美的要道，苏格兰想在地峡建殖民地，使其成为连通大西洋贸易圈和太平洋贸易圈的中转站。苏格兰公司多方募资，爱丁堡和格拉斯哥的资产阶级倾

其所有，把大量资金赌注般地投入这个冒险计划。

英国也注入了很多资金。但是，达连湾地处西班牙殖民地的边缘，西班牙早视之为本国领土。而此时，英王威廉三世（William III）正忙于对法作战，急需西班牙盟友和它共同对抗路易十四。所以对达连湾计划英王室百般阻挠，禁止英国各殖民地去帮助苏格兰。最后，英国议会通过决议，撤回所有资本。

1698 年 7 月，苏格兰公司的殖民船队满载全国的希望扬帆起航。次年，他们抵达目的地，成功建起定居点，苏格兰一片欢腾。但灾难接踵而至，肆虐的热带疾病使移民死亡率高得惊人，先后有 2000 人惨死。而当西班牙人来攻打他们，英国盟友袖手旁观，苏格兰人一筹莫展。1700 年，苏格兰公司不得不终止这项殖民计划。

达连湾计划的失败，使苏格兰损失了 153000 英镑，这是它的全部流动资本的四分之一。此时，苏格兰正在闹饥荒，硬通货币已经消耗了很多。达连湾灾难对苏格兰风雨飘摇的经济更是致命一击，它的经济濒临崩溃的边缘。

于是英国要趁火打劫了。许诺可以承担苏格兰的一切经济损失，但条件是苏格兰必须放弃自己的议会，与英国完全合并。经过一系列激烈的讨价还价，苏格兰被迫在 1707 年和英国合并，共组新王国，这便是大不列颠王国。

橡胶与鸟粪

大航海使西班牙人在美洲发现橡胶与鸟粪，大不列颠王国弄到这些东西，使工业革命有了可能性，而且又完成了一次农业革命，这为其成为世界新霸主并巩固霸主地位提供了相当雄厚的资本。

橡胶的原产地并非东南亚，而是美洲。西班牙人捕捉美洲土著回国时，已经发现他们把一种叫作橡胶的东西涂在脚上，干了以后当鞋穿，但探险队没有想到橡胶有什么大用场。他们把土著献给国王，国王要土著们做些表演，土著们便踢橡胶球，国王注意到这些橡胶球弹性极好，知道了橡胶的用途。

此后，美洲橡胶的产量每年翻一倍，但价格不仅没有下降反而暴涨，最高的时候它和等重的白银一样贵。西班牙国王下令，谁把橡胶种子交给外国人，就对谁处以极刑。

大不列颠王国派间谍去西班牙偷橡胶种子，他们用了好几年时间才找到机会，扛上70多斤种子跑回英伦。大不列颠王国得到种子后，选择在东南亚种植，没想到那里比美洲更适合橡胶生长，劳动力更便宜，最终把美洲橡胶挤垮了。

工业革命最重要的三大元素是燃料、钢铁、橡胶，钢铁是不密闭的，没有橡胶，蒸汽外漏，所以任何材料都不可能代替橡胶的密封作用。于是，旧大陆的钢铁和新大陆的橡胶相结合，为现代大工业提供最基本的可能性。

而欧洲农业革命，原本进程缓慢，它有了铁器生产工具，有了基本的水利设施，但一直没有足量的十分有效的肥料。大航海使西班牙人来到秘鲁南海的三座小岛，在那里发现了堆积数百年的鸟粪。这种有机肥料有丰富的磷和氮元素，是农作物生长的催化剂。鸟粪厚达45米，气味恶臭，方圆几公里无人靠近。那时候，华工在美洲的价格最低，社会地位同样最低。他们是挖鸟粪的苦力，黑奴是监工，每个华工每天要用镐头凿出五吨鸟粪才有饭吃。由于工作环境恶劣，大量华工累死，就地埋在鸟粪里。这些用生命换取的有机肥运往欧洲，为大不列颠王国购得，使它的农业生产和工业生产一样获得了飞跃式的大发展。

简短的结束语

西葡大航海，让千百年来隐匿在地球各个角落的陆地和岛屿呈现在世人面前，使人类真切地认识到世界真正的样子。随后，世界按照

欧洲人的意志改变了各自的原始风貌，欧洲人成了世界的统治者，只是掌权人由西葡变成了大不列颠王国。而被统治者，或欣喜，或痛苦，或悲喜交集地接受了现代文明，又同时遭受着歧视和奴役。最终，经由道义和抗争的力量，世界变成今天的样子。

总之，人类世界的存在，已经数以万年。但直至大航海，真实的世界才刚刚在我们头脑中形成。而世界的构造，直到今天，仍在不断的调整之中。

大航海遗迹

【埃斯科里亚尔修道院】

位于马德里瓜达拉马山南坡，由菲律佩二世于 1584 年建造，其实是王宫和王陵。其中分六部分：哈不斯堡王朝宫殿、波旁王朝宫殿、巴西利卡教堂（教堂地下室的先王祠埋葬着 16 世纪中期至 20 世纪初期大多数国王的遗骨）、巴洛克图书馆、王室墓穴、战争厅。

【地理大发现纪念碑】

位于里斯本的塔霍河北岸，北距热罗尼姆修道院 600 米，西距伯利恒塔 1400 米。最初，它是 1939 年设计建造的非混凝土结构的临时建筑。外形是小吨位轻快帆船形象，船头面向塔霍河，置放在热罗尼姆修道院和现在永久纪念碑之间的帝国广场。葡萄牙世界博览会结束，碑体于 1943 年撤除。1958 年，葡萄牙海外省、公共工程部、里斯本市政院共同发文，放大 1939 年碑体模型，修建永久纪念碑。1960 年建成，碑高 52 米，向恩里克亲王逝世 500 周年献礼。

碑南侧站着手拿帆船模型的恩里克亲王，在他身后船帆的东西两侧坡道上，各排列着 15 位地理大发现时代具有影响力的葡萄牙人。恩里克亲王身后东侧坡道上，第一人是阿方索五世国王，第二人是达·伽马，第三人是巴尔达亚，第四人是卡布拉尔，第五人是麦哲伦。

纪念碑北侧的大广场地面，是一个巨大的圆形风玫瑰，风玫瑰中心是一幅标有葡萄牙地理大发现路线和年代的世界地图，圆形外以波浪纹填满广场。